全国行政执法人员培训示范教材

QUANGUO XINGZHENG ZHIFA RENYUAN
PEIXUN SHIFAN JIAOCAI

行政强制制度教程

全国行政执法人员培训示范教材编辑委员会 / 编

胡建淼　著

中国法制出版社
CHINA LEGAL PUBLISHING HOUSE

全国行政执法人员培训示范教材
编辑委员会

总　序

为深入学习贯彻习近平法治思想，认真贯彻党中央关于全面推进依法治国、加快法治政府建设的重大决策部署，全面落实《法治政府建设实施纲要（2021—2025年）》，严格履行司法部"指导行政执法队伍规范化、制度化建设，指导开展行政执法人员培训工作"的职责，全面提高行政执法人员素质，建设德才兼备的高素质行政执法队伍，大力推进严格规范公正文明执法，经司法部部领导批准，司法部行政执法协调监督局、中国法制出版社会同国家有关部委法制机构和地方司法行政部门成立全国行政执法人员培训示范教材编辑委员会，负责全国行政执法人员培训示范教材编写工作。

全国行政执法人员培训示范教材编写工作实行编审分离的原则，各编写组负责示范教材各分册教程的具体编写工作。全国行政执法人员培训首批示范教材包括一个基础教程和六个具体制度教程，即《行政执法基础教程》《行政处罚制度教程》《行政许可制度教程》《行政强制制度教程》《行政救济制度教程》《行政征收征用制度教程》《行政执法监督制度教程》。

本套教材适应全国行政执法人员培训标准化体系建设的需要，着眼于全面提高行政执法人员素质，具有权威性、基础性、示范性、实用性的鲜明特点。在体例、内容和形式上都力求符合行政执法人员培训工作的要求，紧紧围绕行政执法实际问题指导行政执法实践，体现为执法服务，适应不同层级、不同行业、不同岗位行政执法人员培训工作的多样化需求。本套示范教材的出版将有力促进行政执法人员培训工作的制度化、规范化、常态化，推动形成行政执法人员培训教材体系，全面提高行政执法人员素质，为推进国家治理体系和治理能力现代化提供有力的执法人才支撑。

教材在编写过程中，得到各有关单位的关心和支持，教材编写组各位主编、副主编、作者对教材的编写倾注了大量的心血，在完成时间紧、编写任务重、质量要求高的情况下，比较圆满地完成了本套教材的编写任务，在此表示衷心感谢。因编写时间有限，错漏之处在所难免，恳请广大读者不吝指正。

司法部行政执法协调监督局

2022 年 9 月

党中央确定到2035年法治政府基本建成。行政机关及其执法人员能否做到依法行政，乃是衡量法治政府是否建成的基本标准。坚持依法行政，是法治政府建设的前提和重要抓手。

行政强制，作为行政强制措施与行政强制执行的合称，是我国行政机关行政执法的常用手段之一，是行政行为的一种形态。《中华人民共和国行政强制法》（以下简称《行政强制法》）是规制行政强制行为的设定和实施的基本法律。行政执法人员要做到"依法行政"，就应当坚持"依法强制"，为此应当学习和掌握《行政强制法》及相关的法律知识。

《行政强制法》一方面赋予有关行政机关行政强制权，保障行政机关依法履行职责，维护公共利益和社会秩序；另一方面严格限制和阻止行政强制权的滥用，以保障公民、法人和其他组织的合法权益不受非法侵害。这是《行政强制法》的立法目的，也是本教材编写的出发点。

本书共设八章，以《行政强制法》为中轴线，全面系统地阐述了《行政强制法》和行政强制行为，行政强制措施的种类和设定，行政强制措施的实施主体和程序等法律制度和行政法理论。考虑到本教材的定位和用途，笔者在写作中尽量做到理论上的通俗化，并积极回应现实操作中的问题。

当然，本书肯定还存在一些不足之处，希望在使用过程中被及时发现，在以后的再版中不断完善。

胡建淼

2022年4月18日

于中共中央党校（国家行政学院）专家工作室

目 录

CONTENTS

附　录 / 249

第一章　行政强制法导论

本章知识要点

☐ 行政强制立法及体系
☐《行政强制法》
☐ 行政强制的基本原则
☐《行政强制法》与行政执法的关系

行政强制是行政强制行为的简称，包括行政强制措施与行政强制执行。行政强制是行政执法的重要方式，是行政行为的一个重要类型。《行政强制法》[①]是有关行政强制的基础性法律。行政执法应当掌握行政强制的法律知识，为此，执法人员应当学习《行政强制法》。

第一节　行政强制立法及体系

行政强制是绝大多数国家政府监管社会的重要手段。没有强制就没有社会秩序。但是，如果不对行政强制作法律规制，那就有可

---

① 本书引用的冠以"中华人民共和国"的法律、法律草案和行政法规，简称时直接省略中华人民共和国。

能导致权力滥用、侵害相对人合法权益。为此，绝大多数国家都重视行政强制立法。

一、国外行政强制立法

大陆法系国家的行政强制法律制度大多以有关行政强制方面的成文立法为基础。奥地利是世界上行政强制立法（成文）最早的国家。早在1925年6月，奥地利国会就通过了有关行政程序的四部法律，其中就包含《奥地利行政强制执行法》[①]。德国于1952年7月1日颁布了《行政送达法》；1953年4月27日颁布了行政强制执行制度的基本法典，即《联邦行政强制执行法》，该法经过1977年与1997年的两次主要修订，迄今依然有效。法国虽然没有行政强制方面的成文法，但法国的行政法院判例创制了一系列行政强制规则。西班牙和葡萄牙等欧洲国家，虽然没有单一的行政强制法，但都通过成熟的行政程序法对行政强制行为加以规制。日本早在明治时代就制定了《行政执行法》，1948年被《行政代执行法》替代。英美法系国家较少制定统一的行政强制法文本，但大多建立了以司法为中心的行政强制法律制度。

二、我国行政强制立法

新中国成立以来，一直重视有关行政强制的立法活动。早在1955年，全国人民代表大会常务委员会通过的《关于处理违法的图书杂志的决定》就明确规定，对于违法的图书杂志，各级主管机关经过审查确实后，可以呈准国务院或者省、直辖市人民委员会、自治区自治机关，按照这些图书杂志的违法情节，分别作停止发行、停止

---

① 其他的三部法律是：《奥地利普通行政程序法》《奥地利行政处罚法》和《奥地利行政程序施行法》。

出卖、停止出租或者没收等处理。[①]1957年的《治安管理处罚条例》[②]既规定了不少行政强制措施，也规定了行政强制执行。1978年改革开放以来，我们党高度重视社会主义民主与法制建设，制定了大量的法律、法规，有关行政强制的法律规范不断丰富。这一方面推进了我国行政强制法律规范的丰富和完善，另一方面也反映出一些立法问题，那就是各种法律、法规和规章对行政强制执法规定上的"散""杂""乱""滥""重"，影响了立法上的统一性。

2011年《行政强制法》的出台，标志着中国特色社会主义行政强制法律规范体系已经形成，基本解决了行政强制立法上的统一性问题。

三、行政强制法律规范体系

法律规范，是指由国家制定或认可，并由国家强制力保证实施的行为规则。它具体规定法律主体的权利义务及法律后果。行政强制法律规范，是指用以规制行政强制行为的各种规则，包括对行政强制的设定和实施两个方面。

集中表达行政强制法律规范，统一规范行政强制行为的设定和实施的基本法律就是《行政强制法》。在该法基础之上，还有各类法

---

① 全国人民代表大会常务委员会《关于处理违法的图书杂志的决定》（1955年11月8日发布）规定："全国人民代表大会常务委员会第二十一次会议和第二十三次会议讨论了国务院周恩来总理提出的图书杂志审查处理暂行条例（草案），认为有下列情形之一的图书杂志：（一）反对人民民主政权，违反政府现行政策和法律、法令的；（二）煽动对民族和种族的歧视和压迫，破坏国内各民族团结的；（三）妨碍邦交，反对世界和平，宣传帝国主义侵略战争的；（四）泄露国家机密的；（五）宣扬盗窃、淫秽、凶杀、纵火及其他犯罪行为，危害人民身体健康，败坏社会公德，破坏公共秩序的；（六）其他违反宪法和法律、法令的，都是违法的。各级主管机关经过审查确实后，可以呈准国务院或者省、直辖市人民委员会、自治区自治机关，按照这些图书杂志的违法情节，分别作停止发行、停止出卖、停止出租或者没收等处理。对于出卖出租上述违法图书杂志的生活困难的书商书贩，可以采取收购收换的办法处理。所提图书杂志审查处理条例，可以暂不制定。"

② 1957年10月22日第一届全国人民代表大会常务委员会第八十一次会议通过，1957年10月22日公布，自公布之日起生效。1987年1月1日废止。

律和法规，它们共同构成了我国行政强制法律规范体系。为此，要学习和掌握行政强制法律规范知识，重点应当学习和掌握《行政强制法》，此外还应当学习相关的法律法规，如《行政处罚法》《治安管理处罚法》《人民警察法》《城乡规划法》《兵役法》《消防法》《防洪法》《戒严法》《传染病防治法》《国有土地上房屋征收与补偿条例》，还有《行政复议法》和《行政诉讼法》等。

第二节 《行政强制法》概述

《行政强制法》的制定和实施，对于建立和完善中国特色社会主义行政强制法律规范体系，规范行政执法机关及执法人员依法实施行政强制执法行为，都具有标志性的意义。

一、《行政强制法》的立法意义

我国《行政强制法》从研究起草到正式制定，即从1988年起草《行政强制执行条例》到2011年6月第十一届全国人民代表大会常务委员会第二十一次会议通过《行政强制法》，整整经历了23年。《行政强制法》制定的意义是多方面的。这里仅从立法、执法和理论研究方面的意义进行阐述。

从立法上看，《行政强制法》的制定标志着我国行政行为立法的基本完备。2011年3月，吴邦国在十一届全国人大四次会议上郑重宣布中国特色社会主义法律体系已经形成。行政法体系无疑是中国特色社会主义法律体系的组成部分。就行政法体系而言，其以规范政府行政行为为主要使命，我国已于1996年制定了《行政处罚法》，2003年制定了《行政许可法》，2011年制定了《行政强制法》。《行政强制法》的制定，表明作为行政行为立法的三部曲，即《行政许可法》—《行政处罚法》—《行政强制法》已经完成。政府行政管理的主要环节，即审批许可—监督处罚—保障执行，都有了基本的法律依据，政府行政管理真正做到了"有法可依"。从立法状态上说，长期以来，我国有关行政强制不是没有法律规定，而是其规定处于"散""杂""乱""滥""重"状态。2011年《行政强制法》的制定，有利于结束这一状态。

从执法上看，《行政强制法》的实施有助于规范政府的行政强制行为，切实维护公民的合法权益。行政强制行为包括了以查封、扣押、冻结等为主要形式的行政强制措施和以划拨、强制拆除、代履行等为主要形式的行政强制执行，它是政府对社会进行管理所不可或缺的重要手段。《行政强制法》的实施，加强了对政府行政强制行为的规范，一方面对行政机关滥用行政强制权进行控制，严格保护公民的合法权益不受非法强制权的侵害；另一方面也依法赋予行政机关必要的行政强制手段，以防止执法"疲软"，影响国家法律秩序的维护和法律的有效实施。

从行政法学理论研究上看，《行政强制法》的制定和实施推进了我国行政法学理论的成熟，促进了法律与理论的融合。具体表现在：第一，长期以来，我国的行政法理论与行政法律存在"两张皮"的现象，法学概念与法律概念脱节，法学理论与法律实践脱节。《行政强制法》关于行政强制、行政强制措施和行政强制执行的定义及其相互关系，即行政强制＝行政强制措施＋行政强制执行的规定，与行政法学有关行政强制的概念和理论完全吻合。这无疑为我国行政法学的理论发展和行政法律的制定指明了一种理想模式。第二，相较于刑法学和民法学，行政法学理论还年轻，不够成熟。《行政强制法》关于行政强制的规定有许多创新，从而也促进了行政法理论的创新，推动了我国行政法学理论的成熟和完善。①

---

① 例如，关于行政强制措施不得委托的规定，丰富和成熟了"行政委托"理论；关于可由第三人或行政机关实施的"代履行"制度的规定，不仅是对传统代履行理论的一种冲击，同时也为创设新型"行政代履行"理论提供了法律依据。

二、《行政强制法》的法律属性

研讨《行政强制法》的法律属性，对于我们认识《行政强制法》的法律地位和作用，从而正确适用《行政强制法》是非常重要的。认识《行政强制法》的法律属性，应当把握以下几点。

（一）《行政强制法》是一部行政性法律

《行政强制法》是一部"行政性法律"。这里有以下三层含义。

第一，从法律形式上说，《行政强制法》是一部法律。按照《立法法》的规定，我国的法律形式有宪法、法律、行政法规、地方性法规、自治条例和单行条例、规章等。法律是指由全国人大及其常委会制定的法律形式，由国家主席令发布。《行政强制法》于2011年6月30日由第十一届全国人民代表大会常务委员会第二十一次会议通过，中华人民共和国主席令第49号公布，显然它属于"法律"的范畴。

第二，从法律位阶上说，《行政强制法》是仅次于宪法的行政基本法。我国《立法法》第98条规定："宪法具有最高的法律效力，一切法律、行政法规、地方性法规、自治条例和单行条例、规章都不得同宪法相抵触。"第99条规定："法律的效力高于行政法规、地方性法规、规章。行政法规的效力高于地方性法规、规章。"这说明，《行政强制法》的法律位阶低于宪法，但高于行政法规、地方性法规、自治条例和单行条例、规章，它应当比行政法规、地方性法规、规章优先适用。[①]

第三，从法律内容上说，《行政强制法》是一部行政性法律。我

---

① 根据《立法法》第101条的规定，自治条例和单行条例依法对法律、行政法规、地方性法规作变通规定的，在本自治地方适用自治条例和单行条例的规定。经济特区法规根据授权对法律、行政法规、地方性法规作变通规定的，在本经济特区适用经济特区法规的规定。这说明，尽管法律位阶高的比法律位阶低的法规优先适用，但与变通法之间，优先适用变通法。

国法律对社会关系是分类规范和分类调整的，所以法律有刑事法律、民事法律、经济法律、行政法律、社会法律等类别，尽管这种分类因法律内容的交叉性而显得并不绝对。从这种分类上说，《行政强制法》显然属于行政性法律。

（二）《行政强制法》是实体法与程序法的统一

实体法与程序法是法律分类的一对范畴。《行政强制法》既不是单纯的实体法，也不是单纯的程序法。它虽然规定了许多实施行政强制的程序，尤其是第三章规定了行政强制措施的实施程序，第四章规定了行政机关实施行政强制执行的程序，第五章规定了申请人民法院强制执行的程序，但同时而且首先规定了许多实体内容，如行政强制的主体、行政强制的种类和设定等。所以，《行政强制法》是集实体与程序于一体的综合性法律。

（三）《行政强制法》是有关行政强制方面的基础性法律

所谓"基础性法律"，往往具有以下几个特征：（1）它是法律，应当由全国人大或者全国人大常委会制定。行政法规、地方性法规和规章不能称为基础性法律。（2）它是一个综合性法律。基础性法律和某一领域的专门法律不同，它在内容上具有综合性。"综合性"是其"基础性"的条件。（3）它是一个统领性法律。"统领性"表现在该法所确立的立法目的、指导思想、基本原则和基本规则能够约束其他法律法规和规章的规定。除了该法本身明文保留"例外"和"但书"条款外，其他法律、法规和规章不得与其相抵触或不一致。（4）它是一个优先适用的法律。正因为基础性法律具有"统领性"，因而当其他法律、法规和规章的内容与它相抵触或不一致时，应当优先适用基础性法律，除非它有"除外"规定。

《行政强制法》是一个基础性法律。该法第3条第1款规定："行政强制的设定和实施，适用本法。"这就意味着，它统领和约束着我国所有行政强制立法的规定，在法律适用上具有优先适用力，除非法律另有规定。

三、《行政强制法》的内容和适用

（一）《行政强制法》的内容结构

《行政强制法》共设七章71条。第一章总则，规定了制定本法的目的和依据、基本概念、法律适用范围、基本原则和指导思想。第二章行政强制的种类和设定，分别规定行政强制措施的种类和设定规则、行政强制执行的种类和设定规则，以及设定行政强制的程序要求和设定实施后的评估。第三章行政强制措施实施程序，分设三节，规定了行政强制措施的一般程序，还对查封、扣押、冻结强制措施之程序作出了特别规定。第四章行政机关强制执行程序，分设三节，规定了行政机关强制执行的一般程序，另对金钱给付义务的执行和代履行作出了专门规定。第五章申请人民法院强制执行，规定了人民法院受理、审查、裁定非诉行政案件的程序和要求。第六章法律责任，规定了行政强制机关及其工作人员、协助机关及其人员因违反行政强制法规定所应当承担的法律责任。第七章附则，明确了期限计算方法、法律法规授权组织对本法的适用，以及本法的生效时间。

（二）《行政强制法》的适用范围

《行政强制法》第3条规定："行政强制的设定和实施，适用本法。发生或者即将发生自然灾害、事故灾难、公共卫生事件或者社会安全事件等突发事件，行政机关采取应急措施或者临时措施，依照有关法律、行政法规的规定执行。行政机关采取金融业审慎监管措施、进出境货物强制性技术监控措施，依照有关法律、行政法规的规定执行。"这是对《行政强制法》适用范围的全面规定。理解这一条文，应当把握以下三点。

第一，**有关行政强制的设定和实施，适用《行政强制法》。**并且，《行政强制法》既约束对行政强制的设定，也约束行政强制的实施。有关行政强制的"设定"，其实是一种行政立法行为；有关行政强制的"实施"，乃是一种行政执法行为。这就是说，《行政强制法》既约束对行政强制的立法活动，其他法律、法规制定有关行政强制的内容，应当符合《行政强制法》的要求；又约束行政强制的执法活动，行政强制行为的实施，应当符合《行政强制法》的要求，特别是强制手段和强制程序。

第二，**处理突发事件的强制措施不适用《行政强制法》。**《行政强制法》第3条第2款是一个法律适用上的"除外"条款，它直接表明：行政机关为预防或制止自然灾害、事故灾难、公共卫生事件和社会安全事件等突发事件所采取的应急措施或者临时措施不适用《行政强制法》。突发事件是指突然发生，造成或者可能造成重大人员伤亡、财产损失、生态环境破坏和严重社会危害，危及公共安全的紧急事件，包括自然灾害、事故灾难、公共卫生事件和社会安全事件等。为了应对突发事件，行政机关依据《突发事件应对法》《戒严法》《传染病防治法》等进行应急处置，这些应急处置手段有不少属于强制措施，但鉴于它的特殊性和应急性，就不适用《行政强制法》。《行政强制法》属于常态法，而应急处置适用"应急法"。

第三，**金融业审慎监管措施和进出境货物强制性技术监控措施不适用《行政强制法》。**所谓"金融业审慎监管措施"，系指我国金融行政监管机关，如中国人民银行、中国证券监督管理委员会及其地方派驻机构，为了防范和化解金融业风险，预防和制止金融违法犯罪，维护正常的金融秩序和相关主体的合法权益，根据有关法律和行政法规所采取的一些强制措施。如根据我国《银行业监督管理法》《证券法》《保险法》等法律及相关行政法规的规定，我国银行业监督管理机构可以依法采取责令暂停部分业务、对资金流出境外采取限制性措施、限制分红、限制资产转让、限制股东转让、对利润分配和利润汇出境外采取限制性措施。这些措施与传统的行政强制措施相比，有很强的专业性和独特性，不宜适用《行政强制法》。所谓"进出境货物强制性技术监控措施"，系指我国海关、检验检疫机关按照国家技术规范的强制性要求或者参照国外有关标准开展的针对出入境货物采取的强制性技术监控措施。这些措施包括有关机关依据《进出境动植物检疫法》及其实施条例规定，在国（境）外发生重大动植物疫情并可能传入我国时，可以采取的诸如下令禁止来自动植物疫区的运输工具入境或者封锁有关口岸，对可能受病虫害污染的进境各物采取紧急检疫处理措施等。这些技术性监控措施之所以不适用《行政强制法》，而适用有关法律和行政法规，是因为这些措施具有很强的专业性，其所应对的事件具有紧迫性和扩散性。

第三节　行政强制的基本原则

行政强制的基本原则，是由《行政强制法》确立和体现的，贯穿所有行政强制法律规范，指导和统率具体法律规范，所有法律主体在行政强制的设定和实施中均应当遵循的基本行为准则。《行政强制法》确立和体现了行政强制的多项原则，如行政强制合法原则、行政强制适当原则、教育与强制相结合原则、禁止谋利原则、权利救济原则等。

一、行政强制合法原则

（一）行政强制合法原则的确立

《行政强制法》第4条规定："**行政强制的设定和实施，应当依照**

法定的权限、范围、条件和程序。"由此确立了行政强制的合法原则。

行政强制合法原则体现为：一是在行政强制的设定上，遵循"强制法定"；二是在行政强制的实施中，遵循"依法强制"。

（二）"强制法定"

行政强制合法原则，要求做到行政强制设定"法定化"，做到"强制法定"。

第一，无法律便无强制。原则上，行政强制应当由法律来设定。《行政强制法》第10条第1款规定，行政强制措施由法律设定；第13条第1款规定，行政强制执行由法律设定。未经法律设定的行政强制是不应当存在的行政强制。

第二，对行政强制的设定应当符合权限。根据《行政强制法》的有关规定，**法律可以设定行政强制，行政法规和地方性法规在一定条件下可以设定行政强制，其他规范不得设定行政强制。**

第三，对行政强制的设定应当符合范围。行政强制的种类很多，范围很广，**除了法律外，行政法规和地方性法规可设定的行政强制的范围是受限制的。譬如，行政法规不得设定限制公民人身自由和冻结存款、汇款的强制措施，地方性法规只可设定查封、扣押之强制措施。**

第四，对行政强制的设定应当符合条件。行政法规和地方性法规设定行政强制，不仅有范围上的限制，而且有条件上的限制。例如，根据《行政强制法》第10条的规定，**行政法规只有在尚未制定法律，且属于国务院行政管理职权事项的情况下，才可以设定有关行政强制措施；地方性法规只有在尚未制定法律、行政法规，且属于地方性事务的情况下，才可以设定查封和扣押之强制措施。**

第五，对行政强制的设定应当符合程序。对行政强制的设定，除了应当遵守《立法法》规定的立法程序外，还应当遵守《行政强制法》所规定的其他有关程序规定。如《行政强制法》第14条对起草法律草案中设定行政强制的听证会、论证会作出了规定，第15条确立了设定后的评价制度，等等。这些程序规定都应当遵守。

（三）"依法强制"

"依法强制"，是指行政机关在实施行政强制过程中，应当坚持"依法行政"。行政强制的"设定"处于立法阶段，行政强制的"实施"则处于执法阶段。贯彻行政强制的合法原则，固然首先要做到"设定"上的合法，它是保障"实施"上合法的前提；但仅此是不够的，还应当做到"实施"上的合法。在立法阶段，要做到行政强制设定上的法定化；在执法阶段，要做到"依法强制"。"依法强制"的具体要求主要在于下列几个方面。

第一，实施行政强制应当符合主体权限。首先，根据《行政强制法》的要求，**行政强制措施应当由行政机关实施，行政强制执行应当由有关行政机关或者人民法院实施，其他任何机关**，企业、事业单位和社会团体均不得实施行政强制行为。其次，根据《行政强制法》第70条的规定，**具有管理公共事务职能的组织在一定条件下也可实施行政强制。这个条件就是：有具体法律、行政法规的特别授权。**但应当说明的是：《行政强制法》第70条不是对具有管理公共事务职能的组织实施行政强制的概括授权和直接授权，而是对有关法律和行政法规对具有管理公共事务职能的组织实施行政强制授权的授权。所以，具有管理公共事务职能的组织不能直接依据《行政强制法》第70条拥有实施行政强制的权力，而须依据《行政强制法》以外的其他法律和行政法规的具体授权方能拥有实施行政强制的权力。最后，**无论是行政机关实施行政强制，还是具有管理公共事务职能的组织实施行政强制，都应当在法定的权限范围内进行，不得越权。**例如，根据我国现行法律的规定，只有戒严实施机关、公安机关、安全机关和海关等才拥有限制人身自由的强制措施权，其他机关不拥有这一强制措施权，那么其他行政机关就不得实施限制人身自由之强制措施。

第二，实施行政强制应当符合强制范围。这里的强制范围，应当包括对象范围和手段范围。首先，正确合法的行政强制应当适用于正确的对象。行政强制的对象是指行政强制所涉及的主体、行为和财产。关于主体，涉及针对个人或者组织，至于个人还涉及是否关乎人身权（包括人身自由），因为人身权是受法律特别保护的；关于所针对的当事人之行为也具有较广的范围，如作为、不作为，关乎某种社会利益程度或危害程度的行为；关于财产，涉及财产所有权或使用权，动产或不动产，特别是涉及住宅权，更受到严格的法律约束。其次，正确合法的行政强制应当适用正确的手段。行政强制的手段由《行政强制法》或者其他法律设定，现有的行政强制措施手段很多。《行政强制法》和其他法律对行政强制手段的选择会有要求，尤其是涉及限制人身自由、住宅权、金融方面的权益。

第三，实施行政强制应当符合强制条件。这个条件就是实施行政强制的事实依据与法律依据。所谓实施行政强制的事实依据，系指用以实施行政强制的事实条件，它应当以证据来证明。例如，人民警察对某人要实施"留置盘问"（继续盘问），是因为他"携带的物品有可能是赃物"，那就应当有事实证据来证明这一点。所谓实施行政强制的法律依据，系指行政强制机关作出这一强制行为是符合《行政强制法》或者其他法律之规定的。继续以上例为例，人民警察之所以可以对"携带的物品有可能是赃物"的人进行"留置盘问"，是因为《人民警察法》第9条有此规定[1]，是有法律依据的。任何机

---

① 《人民警察法》第9条规定："为维护社会治安秩序，公安机关的人民警察对有违法犯罪嫌疑的人员，经出示相应证件，可以当场盘问、检查；经盘问、检查，有下列情形之一的，可以将其带至公安机关，经该公安机关批准，对其继续盘问：（一）被指控有犯罪行为的；（二）有现场作案嫌疑的；（三）有作案嫌疑身份不明的；（四）携带的物品有可能是赃物的。对被盘问人的留置时间自带至公安机关之时起不超过二十四小时，在特殊情况下，经县级以上公安机关批准，可以延长至四十八小时，并应当留有盘问记录。对于批准继续盘问的，应当立即通知其家属或其所在单位。对于不批准继续盘问的，应当立即释放被盘问人。经继续盘问，公安机关认为对被盘问人需要依法采取拘留或者其他强制措施的，应当在前款规定的期间作出决定；在前款规定的期间不能作出上述决定的，应当立即释放被盘问人。"

关都不得在既无事实依据又无法律依据的条件下作出行政强制行为。

第四，实施行政强制应当符合强制程序。实施行政强制不仅应当符合实体规范，还应当符合程序规范，这样才能体现"依法强制"。程序是实现实体正义的形式保障。《行政强制法》第三章、第四章和第五章分别规定了行政强制措施实施、行政机关强制执行和申请人民法院强制执行的程序，实施行政强制应当遵守这些程序。

第五，在行政强制法律规范的适用中，一切违反《行政强制法》的规定都不得适用。《行政强制法》自2012年1月1日起正式实施，从这时起，不论原有法律、法规、规章和其他规范性文件是否完成清理，一切违反《行政强制法》的规定都应当停止适用，行政机关和人民法院不得适用与《行政强制法》规定相抵触或不一致的条款。

二、行政强制适当原则

（一）行政强制适当原则的确立

《行政强制法》第5条规定："**行政强制的设定和实施，应当适当。采用非强制手段可以达到行政管理目的的，不得设定和实施行政强制。**"由此确立了行政强制的适当原则。

行政强制应当合法，违反合法原则会导致行政强制行为违法；同时，行政强制还应当适当，违反适当原则会导致行政强制行为不当，严重的也会导致违法。

"适当性"有广义和狭义之分。广义上的"适当性"与"合理性"相通，因此，"适当性原则"可以等同于"合理性原则"；狭义上的"适当性"只是"合理性"的一部分，但是，"适当"无疑是"合理"的核心，适当性原则也就是合理性原则的核心。《行政强制法》第5条有关"适当性"的规定是基于广义而不是狭义。广义的"适当性"应当包括合理性原则的全部要求。

行政强制适当原则包含两大基本要求，即设定行政强制应当适当和实施行政强制应当适当。

（二）设定行政强制应当适当

设定行政强制应当适当，这是行政强制适当原则在行政强制立法领域的体现，是对立法机关立法活动的要求。

有权设定行政强制的机关，在设定行政强制时，应当符合立法目的并为这一目的所必需，注意保障行政机关履行职责与监督行政机关履行职责，维护公共利益、社会秩序与保护公民、法人和其他组织的合法权益之间的平衡。

有权设定行政强制的机关，要克服本位主义，防止不必要地设定行政强制权力；特别是在设定行政强制的手段时，以必要为限度，不要随意设定强制手段。

根据《行政强制法》第14条、第15条的规定，起草法律草案、法规草案，拟设定行政强制的，起草单位应当采取听证会、论证会等形式听取意见，并向制定机关说明设定该行政强制的必要性、可能产生的影响以及听取和采纳意见的情况。行政强制的设定机关应当定期对其设定的行政强制进行评价，并对不适当的行政强制及时予以修改或者废止。这种事先听取意见和事后评估的制度，本身就是保障行政强制设定适当性的有效手段和制度。

（三）实施行政强制应当适当

坚持行政强制适当原则，不仅要求设定行政强制应当适当，更要求实施行政强制应当适当。实施行政强制适当，是行政强制适当原则在行政强制实施领域的体现，是对各类行政强制实施机关执法活动的要求。《行政强制法》对适当实施行政强制的要求体现在"三个优先、一个相当、一个评估"上。

"三个优先"就是：（1）**强制与非强制之间，非强制优先**。根据

《行政强制法》第5条的规定，采用非强制手段可以达到行政管理目的的，不得实施行政强制。第16条第2款规定，违法行为情节显著轻微或者没有明显社会危害的，可以不采取行政强制措施。第39条规定，行政机关对于当事人履行行政决定确有困难或者暂无履行能力的，应当中止执行；对没有明显社会危害，当事人确无能力履行，中止执行满三年未恢复执行的，行政机关不再执行。（2）**重强制与轻强制之间，轻强制优先。**当面对一种情形可以有多种强制手段选择时，应当选择程度最轻的强制手段，以能够实现强制目的为限，特别是不要轻易采用限制人身自由的强制手段。（3）**直接强制与间接强制之间，间接强制优先。**在强制执行中，有直接执行与间接执行之分。直接执行是强制机关直接采取措施以达到当事人义务被履行的状态；间接执行是强制机关通过代履行或执行罚以达到当事人义务被履行之状态。一般来说，间接执行比直接执行更能减少与当事人直接发生碰撞，故可优先选择。

"一个相当"，就是要求查封、扣押、冻结的财物价值应当相当。如根据《行政强制法》第23条，**查封、扣押限于涉案的场所、设施或者财物，不得查封、扣押与违法行为无关的场所、设施或者财物；不得查封、扣押公民个人及其所扶养家属的生活必需品。**当事人的场所、设施或者财物已被其他国家机关依法查封的，不得重复查封。又根据第29条第2款，冻结存款、汇款的数额应当与违法行为涉及的金额相当；已被其他国家机关依法冻结的，不得重复冻结。

"一个评估"，就是根据《行政强制法》第15条的规定，行政强制的实施机关可以对已设定的行政强制的实施情况及存在的必要性适时进行评价，并将意见报告该行政强制的设定机关。公民、法人或者其他组织也可以向行政强制的设定机关和实施机关就行政强制的设定和实施提出意见和建议。有关机关应当认真研究论证，并以适当方式予以反馈。这类行政强制实施中的评估和反馈机制显然是保障行政强制适当性的有效制度。

三、教育与强制相结合原则

《行政强制法》第6条规定："**实施行政强制，应当坚持教育与强制相结合。**"这是直接确立在实施行政强制中应当坚持教育与强制相结合原则的基本条款。这一原则的基本精神，不是指在行政强制中既可教育，也可强制，或者相反；而是指在行政强制的实施过程中，应当贯彻并发挥说服教育的功能，促使当事人更加主动地履行行政法律义务。具体而言，它包括两项子原则：**一是"并重"原则。任何行政强制都应当与教育相结合，教育并不是实施行政强制中可有可无的环节，而是必不可少的环节。二是"优先"原则。在教育和强制两个手段中教育优先，强制次之，只有在教育无法达到管理目的的前提下方可强制。**

教育与强制相结合的原则，除了第6条的基本规定外，在《行政强制法》中还有许多具体体现。例如根据第35—37条的规定，行政机关在作出强制执行决定前，应当事先催告当事人履行义务；经催告，当事人逾期仍不履行行政决定，且无正当理由的，行政机关方可实施强制执行。根据第54条的规定，行政机关申请人民法院强制执行前，应当催告当事人履行义务。这一"催告当事人履行义务"的过程，就是对当事人的说明教育过程。

我们之所以要坚持教育与强制并重，特别是坚持教育优先，主要是基于下列三个理由：一是惩罚和强制本身不是目的，目的是有效实施行政管理之任务，所以能够通过说明教育达到目的的，一定要优先考虑；二是行政强制是一种侵益性和限权性行政行为，它的实施必然以相对人的人身或财产受到不利限制或不利处分为代价，因而应当慎重；三是实施行政强制，国家机关在人力、财力上不得不投入较大的成本，通过说明教育以实现行政义务的被履行，其成本远远小于前者。

四、禁止谋利原则

《行政强制法》第7条规定："行政机关及其工作人员不得利用行政强制权为单位或者个人谋取利益。"该条规定确立了行政强制禁止谋利原则。

《行政强制法》之所以要确立这一原则，是基于实践与理论两个方面的考虑。从实践上说，以前在现实中存在个别行政机关及其工作人员，利用行政强制权谋利，"执法创收"，严重损害当事人的合法财产权益，影响政府及执法人员的形象；从理论上说，行政强制权是国家公权力，它不是以营利为目的的经营行为，不能将公权行为混同于经营行为，也不能将公权力与财产利益作不当联结。

禁止谋利原则的基本精神是，行政机关及其工作人员不得利用行政强制权为单位或者个人谋取利益，特别是经济利益。这一原则，《行政强制法》除第7条作出基本规定外，还在其他有关条款中有所体现，特别是在程序和操作层面作出了严密的设计。

一是不得使用被查封、扣押的财产。如《行政强制法》第26条第1款规定，对查封、扣押的场所、设施或者财物，行政机关应当妥善保管，不得使用。

二是不得收取保管费。行政强制是国家公权力行为，它的费用由国家财政支付，所以查封、扣押物品不得收取保管费用。《行政强制法》第26条第3款规定，因查封、扣押发生的保管费用由行政机关承担。

三是不得截留私分款项。根据《行政强制法》第49条和第60条第4款规定，划拨的存款、汇款以及拍卖和依法处理所得的款项应当上缴国库或者划入财政专户，任何行政机关或者个人不得以任何形式截留、私分或者变相私分。

四是收支两条线。坚持收支两条线，不得用行政强制中所得的款项来冲抵支出，除非本法有特别规定。划拨的存款、汇款以及拍卖和依法处理所得的款项应当一律上缴国库或者划入财政专户。

五是合理确定代履行费用。根据《行政强制法》第51条第2款的规定，代履行的费用按照成本合理确定。防止有关机关及人员以代履行之名，收取高额费用。

六是明确赔偿责任和纪律追究责任。根据《行政强制法》第8条和第26条的规定，行政机关对查封、扣押的场所、设施或者财物造成损失，或有其他违法实施行政强制行为造成损失的，应当承担赔偿责任。另根据第62条、第63条和第64条的规定，对于违反《行政强制法》规定，有使用查封、扣押场所、设施或者财物，将查封、扣押的财物或者划拨的存款、汇款以及拍卖和依法处理所得的款项，截留、私分或者变相私分的，利用职务上的便利，将查封、扣押的场所、设施或者财物据为己有的，以及利用行政强制权为单位或者个人谋取利益的，由上级行政机关或者有关部门责令改正，对直接负责的主管人员和其他直接责任人员依法给予处分。

五、权利救济原则

"无真正的救济则无真正的权利"，这是亘古不变的公法原则。行政强制行为在行政行为中属于负担性行为，对行政相对人具有侵益性和限权性，因此，如果公民、法人或者其他组织对行政强制行为不服应当有救济的途径。

《行政强制法》第8条规定："公民、法人或者其他组织对行政机关实施行政强制，享有陈述权、申辩权；有权依法申请行政复议或者提起行政诉讼；因行政机关违法实施行政强制受到损害的，有权依法要求赔偿。公民、法人或者其他组织因人民法院在强制执行中有违法行为或者扩大强制执行范围受到损害的，有权依法要求赔偿。"这是《行政强制法》对当事人权利救济原则的立法确定。这一原则包含当事人的以下三项权利。

一是陈述权、申辩权。公民、法人或者其他组织对行政机关实施行政强制，享有陈述权、申辩权，这是正当程序的要求。《行政强制法》在许多程序环节都为当事人设置了这一权利。如第18条和第36条分别在实施行政强制措施和实施行政强制执行程序中规定了当事人的陈述权和申辩权。陈述权重在陈述事实，提出观点和主张，指当事人对行政机关实施行政强制所作的事实认定和法律适用，发表自己的看法和意见，同时也提出自己的主张和要求；申辩权重在申辩理由，指当事人针对行政机关拟作出的强制决定，提出不同意见，申述事由。在实施行政强制程序中设置陈述和申辩环节，既是对行政相对人权利的尊重，又有助于行政机关准确办案，提高行政强制行为的合法性和适当性。

二是复议权、诉讼权。无论是行政强制措施还是行政强制执行，都属于可诉的行政行为。公民、法人或者其他组织对行政机关实施行政强制不服的，有权申请行政复议或者提起行政诉讼，或者经行政复议后提起行政诉讼。行政相对人的复议、诉讼权不仅源于《行政强制法》第8条的基本规定，也直接形成于《行政复议法》第6条①和《行政诉讼法》第12条②规定。

三是请求赔偿权。根据《行政强制法》第8条的规定，行政机关或者人民法院违法实施行政强制行为的，受损的公民、法人或者其他组织有权要求赔偿。由于行政强制行为属于公权力行为，因而这里的赔偿属于国家赔偿而不是民事赔偿。正因如此，公民、法人或者其他组织请求国家赔偿的程序完全适用《国家赔偿法》。

---

① 《行政复议法》第6条规定："有下列情形之一的，公民、法人或者其他组织可以依照本法申请行政复议：……（二）对行政机关作出的限制人身自由或者查封、扣押、冻结财产等行政强制措施决定不服的；……"

② 《行政诉讼法》第12条规定："人民法院受理公民、法人或者其他组织提起的下列诉讼：……（二）对限制人身自由或者对财产的查封、扣押、冻结等行政强制措施和行政强制执行不服的；……"

第四节　行政强制与行政执法

一、行政执法在我国法治建设中的地位

"科学立法、严格执法、公正司法、全民守法"，这是我们党确立的全面推进社会主义法治建设的"十六字方针"。任何国家的法治建设，无不经历四个环节：立法—执法—司法—守法。执法在这四个环节中起到承上启下的作用，是执法机关将法律规范转化为现实法律关系的过程。没有执法环节，制定得再好的法律也无法落地。

执法的主体主要是政府机关，所以，执法主要落实在行政执法上。所谓行政执法，就是行政部门依据法律、法规、规章的规定，通过各种行政行为，实现行政目标的过程。行政执法是全面依法治国的关键环节和重要抓手。行政执法在我国法治建设中的特殊地位，取决于行政执法的主体即政府机关及其政府工作的地位。

政府是我国国家机构中的一个重要工作部门。根据《宪法》规定，我国的国家机构包括权力机关、行政机关、监察机关、司法机关、军事机关等。政府是指从国务院到乡镇人民政府的各级人民政府及其工作部门，也称国家行政机关。

国家行政机关是国家权力机关的执行机关，它的最大使命和功能就是执行国家的法律。在我国的执法体系中，国家行政机关乃是执法中的最大主体。它的执法行为贯穿了将国家法律应用于社会实际的通道，是国家法律规范与社会实际相结合的中间环节。政府机关做不到依法行政，政府机关成不了法治政府，我国的法治建设环节就不可能畅通，法治中国也就无从谈起。

政府机关的管理范围非常广泛。国务院作为最高国家行政机关，

领导和管理社会经济工作和城乡建设、生态文明建设；领导和管理教育、科学、文化、卫生、体育和计划生育工作；领导和管理民政、公安、司法行政等工作；管理对外事务；领导和管理国防建设事业；领导和管理民族事务，保障少数民族的平等权利和民族自治地方的自治权利；保护华侨的正当权利和利益，保护归侨和侨眷的合法权利和利益；等等。

县级以上地方各级人民政府依照法律规定的权限，管理本行政区域内的经济、教育、科学、文化、卫生、体育事业、城乡建设事业和财政、民政、公安、民族事务、司法行政、计划生育等行政工作，发布决定和命令，任免、培训、考核和奖惩行政工作人员。乡、民族乡、镇的人民政府执行本级人民代表大会的决议和上级国家行政机关的决定和命令，管理本行政区域内的行政工作。

政府机关体量大、任务重、范围广、需要应对突发情况，由此决定了政府工作的广泛性、直接性、应急性。政府工作和人民群众息息相关。政府机关做到依法行政，获益最大的是人民群众；政府部门不依法办事，受害最大的也是人民群众。可以说，只有政府成为法治政府，国家才可能成为法治国家，社会才可能成为法治社会。

党中央确立了到2035年"法治国家、法治政府、法治社会基本建成"的社会主义法治建设目标。在此过程中，法治政府建设是重点任务和主体工程，应当在法治中国建设中率先突破。而在法治政府的建设过程中，在行政执法中坚持依法行政乃是整个工作的基础。

二、行政强制在行政执法中的地位

行政执法行为形式多样，功能丰富，包括作为授益行为的行政许可、行政给付、行政奖励、行政允诺，也包括作为负担行为的行政命令、行政约谈、行政处罚、行政强制、行政征收、行政征用、行政征缴，还包括作为中性行为的行政调查、行政证明、行政确认、行政协议等。这些行政行为所发挥的法律功能多种多样，都能直接或间接地形成和处分公民、法人或者其他组织的权利与义务。而行政强制作为行政执法中的一种强制手段，对公民、法人或者其他组织权利与义务的冲击力比一般行政行为要大。行政强制在行政执法中具有显著的地位。

行政强制是维护社会法律秩序的有力手段。行政执法旨在保证法律的实施和运行，维护社会的正常秩序，体现了国家的意志性，具有一定的强制力。行政机关在必要时采取各种强制手段，直接预防和约束各类妨碍社会管理的行为。

行政强制基于它的强制功能，自然成为许多行政行为，特别是行政命令、行政处罚、行政追缴、行政征收和征用的"托盘"，为其有效完成提供支撑。

但是，行政强制这一执法行为是一把"双刃剑"，它的合法、适当行使，有助于维护社会法律秩序和公民的合法权益；但如果滥用强制权，将会导致比滥施其他行政行为更为可怕的后果，会直接侵害当事人的人身权、财产权和其他合法权益。

《行政强制法》的任务在于抑制它的反面作用并保障它的正面作用。行政强制行为实施得好坏，直接反映和影响了我国行政执法的法治质量。

三、推进行政强制法治化

为了坚持依法行政、建设法治政府，就应当推进行政强制法治化。

（一）充分认识实施《行政强制法》的意义，加强学习宣传和培训

《行政强制法》系由我国国家立法机关制定的继《行政诉讼法》《国家赔偿法》《行政处罚法》《行政复议法》《行政许可法》之后

的又一部事关我国行政法治建设的基本法律，旨在规范行政强制行为，保障和监督行政机关依法履行职责，维护公共利益和社会秩序，保护公民、法人和其他组织的合法权益，是加快推进法治政府建设的重要环节。《行政强制法》是一部行政性法律，是实体法与程序法的统一，是有关行政强制方面的基础性法律。要依法设定和实施行政强制行为，应当加强对《行政强制法》的学习宣传和培训，让政府机关及其工作人员做到人人重视、了解和掌握《行政强制法》。

（二）加强对"行政强制"各类"设定"和"规定"的合法性审查，保证行政强制执法行为依据的合法有效统一

要保证行政强制行为的合法有效，就应当保证行政强制行为依据的合法有效。行政强制行为的法律依据，除了《行政强制法》及有关法律法规外，还涉及大量的规章和其他规范性文件。要加强对法规、规章和其他规范性文件的合法性审查，防止其越权违法设定和规定行政强制行为，防止出现其他法律、法规、规章和规范性文件与《行政强制法》抵触或不一致的情况。

（三）加强对"行政强制"执法行为的法律监督，保证行政强制的依法实施

行政强制的实施便是行政强制的执法行为，要保证行政强制的依法实施就应当加大法律监督的力度。加强党的领导，增强权力机关、监察机关、司法机关对行政强制的法律监督，还要加大社会舆论和当事人对行政强制的法律监督力度；同时，也要加大行政机关的自身监督，加大行政执法协调监督力度，确保行政强制执法在法治轨道上进行。

▤ 典型案例

明显超过合理限度对相对人财物采取
异地保存措施违反了行政强制适当原则

案情简介：

原告为某县网络会所，被告为该县文化广电新闻出版局。

2015年9月3日，被告下属文化行政综合执法大队对原告进行执法检查，以原告涉嫌未按规定核对、登记上网消费者有效身份证件和接纳未成年人进入互联网上网服务营业场所为由，对原告147台电脑主机采取证据先行登记保存措施，并异地扣押，直到同年9月9日解除证据先行登记保存措施。原告不服行政机关的保存措施，向人民法院提起行政诉讼。

原告起诉称：原告总共只有150台电脑，被告却扣押了原告的147台电脑主机，客观上已经造成了原告停产停业的法律后果。因此，被告的行为实质是责令原告停产停业的行政处罚行为，不是证据先行登记保存，且被告也没有制作行政处罚决定书。现诉至法院，请求确认被告扣押原告147台电脑主机的行政行为违法。

被告辩称：（1）根据《互联网上网服务营业场所管理条例》①第4条和文化部②《文化市场综合行政执法管理办法》的规定，被告有权对原告进行执法检查，检查过程中被告依法进行，没有违反法律规定；（2）原告长期存在接纳未成年人上网的违法事实，并且因此曾经被有关机关处罚；（3）依据《行政处罚法》《文化市场综合行政执法管理办法》的规定，被告有权对原告涉案电脑主机采取证据登

---

① 为保持案例原貌，除有特殊说明外，出版时未更新改动相关法律法规。——编辑注
② 现为文化和旅游部。

记保存措施，被告行为合法；（4）被告采取的是证据先行登记保存措施，不是停产停业行政处罚，被告在法定时间内解除了证据先行登记保存措施，并通知原告领取电脑主机，原告拒领，损失应由原告自己承担。请求法院依法驳回原告诉求。

当地人民法院一审审理查明：2015年9月3日，被告在对原告进行执法检查时，发现原告存在接纳未成年人进入互联网上网服务营业场所的违法行为，遂向原告出具了《证据先行登记保存通知书》，以原告存在未按规定核对、登记上网消费者有效身份证件和接纳未成年人进入互联网上网服务营业场所的违法行为，需对其采取证据先行登记保存措施为由，将原告147台电脑主机登记保存于被告处。2015年9月9日，被告向原告下发《证据登记保存解除通知书》，解除证据先行登记保存措施，通知原告领取电脑主机，原告拒绝领取。

人民法院一审审理认为：《互联网上网服务营业场所管理条例》第4条规定：县级以上人民政府文化行政部门负责互联网上网服务营业场所经营单位的设立审批，并负责对依法设立的互联网上网服务营业场所经营单位经营活动的监督管理。据此，被告具有对互联网上网服务营业场所经营单位的经营活动进行监督管理的法定职责，主体资格合法。本案中，被告向原告出具的《证据先行登记保存通知书》上认定原告涉嫌有未核对、登记上网消费者有效证件的违法行为，但诉讼中，被告未向法院提交相关证据予以证明，故被告认定原告存在未核对、登记上网消费者有效证件的违法行为事实不清。《互联网上网服务营业场所管理条例》第21条第1款规定：互联网上网服务营业场所经营单位不得接纳未成年人进入营业场所。本案中，被告在现场执法过程中所拍摄的视频、制作的询问笔录等证据能够证明原告接纳未成年人进入互联网上网服务营业场所的事实，原告违法事实存在。《行政处罚法》（2017年）第37条第2款规定：行政机关在收集证据时，可以采取抽样取证的方法；在证据可能灭失或者以后难以取得的情况下，经行政机关负责人批准，可以先行登记保存，并应当在7日内及时作出处理决定，在此期间，当事人或者有关人员不得销毁或者转移证据。文化部发布的《文化市场综合行政执法管理办法》第24条规定：执法人员在收集证据时，可以采取抽样取证的方法；在证据可能灭失或者以后难以取得的情况下，经依法批准后，可以采取先行登记保存等措施。登记保存物品时，在原地保存可能灭失或者妨害公共安全的，可以异地保存。从上述规定可以看出，实施证据先行登记保存是行政机关在执法调查过程中遇到特殊、紧急情况时所采取的一项保全措施，其适用有一定的前提条件限制，其中，异地保存措施的采取应当有更严格的适用条件。法院认为，行政机关在实施证据保全过程中，应当围绕相对人涉嫌存在的违法行为收集、保全相关的证据，并兼顾对相对人权益的保护，不能随意扩大证据登记保存的范围。本案中，被告以原告涉嫌存在接纳未成年人进入互联网上网服务营业场所为由，对原告的147台电脑主机采取证据先行登记保存措施，但被告对电脑的登记保存与原告涉嫌存在的违法行为之间并无必然联系，且本案中原告的电脑亦不存在可能灭失或难以取得以及妨害公共安全的情况，依法不应采取证据异地保存措施。综上，被告对原告的147台电脑主机实施异地保存，不符合法律规定的证据先行登记保存的适用条件，且客观上造成了原告停产停业的后果，属于滥用职权。鉴于被告已主动解除证据先行登记保存措施，将电脑主机退还原告，故应确认被告行为违法。

据此，人民法院依法判决：确认被告对原告147台电脑主机采取证据先行登记保存的行为违法。一审宣判后，双方当事人均未提出上诉，该判决已发生法律效力。

案例评析：

本案是一个有关行政强制措施的行政案件。双方对事实的争议不大，但对于法律适用问题分歧颇大。

原告认为被告异地扣押了其147台经营中的电脑主机（总共经营中的电脑是150台），造成了企业的停业，这实际上是行政处罚。

这一理由是不成立的。因为行政机关强制保存相对人证据的行为，无论后果如何，其性质是行政强制措施而不是行政处罚。因为它并不是针对一个违法行为的最终处理决定，而是在查处案件过程中对证据的一种保全措施。《行政强制法》第2条第2款规定："行政强制措施，是指行政机关在行政管理过程中，为制止违法行为、防止证据损毁、避免危害发生、控制危险扩大等情形，依法对公民的人身自由实施暂时性限制，或者对公民、法人或者其他组织的财物实施暂时性控制的行为。"本案被告对原告的证据保全行为，完全符合行政强制措施的法律特征。另外，在本案中被告具有对互联网上网服务营业场所经营单位的经营活动进行监督管理的法定职责，具有行政执法主体资格。并且，在查处案件中也确实具有登记保存证据的权力。这些也是不能否定的。

问题在于，被告的强制措施是否符合行政强制适当原则，这需要引起我们的关注。我国《行政强制法》第5条规定："行政强制的设定和实施，应当适当。采用非强制手段可以达到行政管理目的的，不得设定和实施行政强制。"行政强制适当原则要求：对当事人采用非强制手段可以达到行政管理目的的，就不得采取强制措施；对当事人应当采取强制措施的，在同样能够达到行政管理目的的前提下，应当选择对当事人损害最小的方法。

对于本案，被告不能根据原告曾经长期存在接纳未成年人上网的违法事实，并且因此被有关机关处罚过，而推断当日也必然存在同样的违法行为之结论。在没有初步的证据证明当事人违法的情况下，就决定异地保存当事人的147台电脑主机，占全部营业工具的98%，造成企业停业，是否有必要？正确的做法应当是，当场抽样进行电脑检查便可。所以，一审法院认定被告的行为明显超过合理限度，构成滥用职权，并判决确认被告行为违法。

（本案例根据真实案例编写）

🔍 思考题

1.我国《行政强制法》的法律地位如何?

2.《行政强制法》的基本原则是什么?

3.《行政强制法》是否只约束行政强制执法行为?

4.《行政强制法》与行政执法是什么关系?

第二章　行政强制行为

本章知识要点

□ 行政强制措施的种类与设定
□ 行政强制执行的方式与设定
□ 行政强制措施与行政强制执行的区别

　　行政强制是行政强制行为的简称，包括行政强制措施与行政强制执行。行政强制措施与行政强制执行都属于行政执法行为。行政执法人员在行政执法中，正确认知行政强制，特别是正确分辨行政强制措施与行政强制执行，对于正确适用《行政强制法》，从而提高行政执法水平是颇有帮助的。

第一节　行政强制措施

一、行政强制措施的概念和特征

（一）行政强制措施的概念

　　关于行政强制措施，《行政强制法》第2条第2款作了明文解释："行政强制措施，是指行政机关在行政管理过程中，为制止违法行为、防止证据损毁、避免危害发生、控制危险扩大等情形，依法对

公民的人身自由实施暂时性限制，或者对公民、法人或者其他组织的财物实施暂时性控制的行为。"

（二）行政强制措施的特征

行政强制措施除了具有行政强制的一般特征之外，还具有以下法律特征。

第一，行政强制措施是一种"限权性"行为。这一特征首先表明：它是一种负担行政行为而不是授益行政行为。就当事人而言，其将承担一种不利后果。其次表明：它是一种限权性行政行为而不是处分性行政行为。它表现为**对当事人权利的限制而不是剥夺**。扣押一块走私手表与没收一块走私手表的最大区别是，前者只是对走私手表使用权的限制，后者则是对走私手表所有权的一种处分（剥夺）；前者属于行政强制措施，后者则属于行政处罚。在行政强制措施中，无论表现为行政机关对公民人身自由的限制，抑或表现为行政机关对法人财产的查封，都属于行政机关对当事人人身自由权或财产权的一种限制。

第二，行政强制措施是一种"暂时性"行为。暂时性也称临时性。**行政强制措施是行政机关在行政管理过程中为维护行政管理秩序而采取的暂时性手段，本身不是其管理的最终目标。**采取行政强制措施并未达到也不可能达到管理上的封闭结果，它是为另一种处理结果的实现服务的。如对当事人财产的扣押，本身不是目的，因而不可能是永恒的（迟早会解除扣押），它是为防止财产的转移而使事后的处理结果无法实施所采取的预防性、保障性措施。行政强制措施作为一种暂时性行为同时也可理解为一种中间性行为，显然与作为最终性行为的行政处罚、行政裁决和行政强制执行等行为有别。

第三，行政强制措施是一种"可复原性"行为。在行政强制措施实施前，被强制人的人身自由与财产权处于"原状态"，强制机关对其实施强制措施后，被强制人的人身自由和财产权就处于"被限制状态"，强制措施被撤销或强制措施到期后，被强制人的人身自由和财产权又会恢复到被强制前的状态，即"原状态"。这就表明行政强制措施具有"可复原性"，行政处罚和行政执行等一般不具有"可复原性"。行政强制措施的"可复原性"显然与"暂时性"有关，但它们是两个不同的特征，前者是从时间角度来看的，而后者是从状态角度来看的。

第四，行政强制措施是一种"从属性"行为。所谓从属性行为，系指为另外一种行政行为服务的辅助性行为，具有预防性、保障性之特点。限制人身自由是为了防止该人继续危害社会，对财产的查封是为了防止该财产被转移，从而防止事后的处理决定得不到执行。《行政强制法》第2条第2款所表明的采取行政强制措施的目的，即"为制止违法行为、防止证据损毁、避免危害发生、控制危险扩大等情形"，本身就表明了这种"预防性、保障性"之特点。

第五，行政强制措施是一种"物理性"行为。在行政行为的分类上还存在一对范畴，那就是意思行为与实力行为（物理性行为）。大量的行政行为与民法上的民事行为一样，是一种意思行为，如行政命令、行政许可、行政处罚、行政确认、行政裁决、行政征收、行政征用等[①]。它们与其说是一种"行为"，不如说就是一种"决定"。例如，作出行政处罚其实就是作出行政处罚决定。此外，也有一些行政行为，虽然也包含一定的意思，但主要表现为一种强制性的动作，具有物理形态，因而被称为物理行为或实力行为。作为行政强制措施种类的对人身强制约束，对财物的查封、扣押、冻结，以及作为行政强制执行的强制拆除等，正好属于此类。这种行为在行政法的发展史上往往从事实行为转化

[①] 与民事行为不同的是，它们是一种公权力的意思反映。

而来。① 所以，"物理性"也是行政强制措施区别于其他行政行为的一个法律特征。

二、行政强制措施与相关概念的区别

探讨行政强制措施与相关概念之间的区别，从而划定行政强制措施与其他行为之间的"边界"，有助于我们准确地把握行政强制措施这一概念的内涵。

（一）行政强制措施与行政措施

在我国，"行政措施"是个法律概念，特指县级以上各级人民政府为执行本级人民代表大会及其常务委员会的决议或上级行政机关的决议或命令而制定各种办法。它的法律依据是《宪法》第89条第1项② 和《地方各级人民代表大会和地方各级人民政府组织法》第73条第1项。③ 县级以上地方人民政府根据宪法和地方组织法所规定的"行政措施"，在内容上侧重于规范行政管理的程序、手段和方法，它并不直接规定相对人的权利和义务；从性质上看，它是行政规范的一种形式，对行政行为具有普遍的规范意义，但它不属于行政法律规范形式；关于其名称，目前法律尚未作出统一要求，常见的名称有：命令、指令、决定、决议、指示、布告、公告、通告、通知等。

可见，这种意义上的"行政措施"是作为一种行为的规范形式而存在的，与在此讨论的属于行政行为范畴内的"行政强制措施

---

① 在历史上，人们曾将行政强制措施、行政强制执行等行为归类于事实行为，以区别于以意思行为表示为特征的行政行为。后来意识到，如果其游离于行政行为之外反而不受行政法控制，于是理论和立法上将之作为行政行为为对待。

② 《宪法》第89条第1项规定，国务院行使"根据宪法和法律，规定行政措施，制定行政法规，发布决定和命令"的职权。

③ 《地方各级人民代表大会和地方各级人民政府组织法》第73条第1项规定，县级以上地方人民政府"执行本级人民代表大会及其常务委员会的决议，以及上级国家行政机关的决定和命令，规定行政措施，发布决定和命令"。

（行为）"显然不同。

（二）行政强制措施与行政处罚

区分"行政强制措施"与"行政处罚"，并非纯粹基于学理上界定概念的需要，它既涉及在行政执法阶段对法律的适用，更关系到在行政诉讼阶段对诉讼管辖的选择。某一行政行为如果被界定为"行政处罚"，那它就应当受制于《行政处罚法》，应当按《行政处罚法》的标准去衡量该行政行为的合法性；相反，如果该行政行为被确定为"行政强制措施"，那它就不受《行政处罚法》的约束，而应受《行政强制法》规制。还有，若某一行政行为被界定为针对人身自由权的行政处罚（如行政拘留），诉讼管辖就按"原告就被告"规则处理[①]；相反，如果该行政行为被确定为针对人身自由权的行政强制措施（如强制约束），诉讼管辖就按"当事人选择"原则处理[②]。

我国早在1996年就制定了《行政处罚法》，"行政处罚"行为已被严格界定。特别是2021年《行政处罚法》的修订，第2条已为"行政处罚"下了一个专门的定义："行政处罚是指行政机关依法对违反行政管理秩序的公民、法人或者其他组织，以减损权益或者增加义务的方式予以惩戒的行为。"按理说，两者的界限较为明晰，但由于行政强制措施与行政处罚都属行政行为，而且两者的某些行为手段在形式上相同，如"暂扣许可证件"，这给区分工作带来了困难。但如果能注意到以下几点区别，并注意对这些标准的综合应用，那划清"行政强制措施"与"行政处罚"之间的界限也许会容易一些。

---

① 《行政诉讼法》第18条规定："行政案件由最初作出行政行为的行政机关所在地人民法院管辖……"

② 《行政诉讼法》第19条规定："对限制人身自由的行政强制措施不服提起的诉讼，由被告所在地或者原告所在地人民法院管辖。"

1.处分权利与限制权利。行政处罚与行政强制措施，其法律效果是不同的。行政处罚是对行政相对人权利的最终处分，如没收财产之所以是行政处罚，是因为它是对相对人财产所有权的最终处分，即剥夺；而行政强制措施是对相对人权利（特别是财产使用权和处分权）的一种临时限制，如查封财物之所以是行政强制措施，是因为它不是对该财物所有权的最终处分，而仅是在短期内对该财物使用权和处分权的临时限制。

2.违法性与制裁性。行政处罚是一种行政制裁行为，因而必然以行政相对人的行为违法为前提；行政强制措施不是一种行政制裁行为，因而与行政相对人的行为是否违法没有必然联系。它可以针对相对人的违法行为作出，也可针对相对人的合法行为作出。例如，对当事人行政拘留14天和在疫情防控中对当事人强制隔离14天，两者的法律效果都是限制了当事人14天的人身自由，但前者是行政处罚，后者是行政强制措施。

3.过程行为与结果行为。行政行为是一个过程，而这个过程中的每一环节又可能就是一个支行为，所以，一个行政行为又由多个过程行为组成。当行政主体对某一事件尚未处理完毕时所实施的各种行政行为，可称为过程行为，包括预备行为与中间行为；当行政主体对某一事件处理完毕时，形成一个结论性的行为（如一个"决定"或违法建筑被拆除的结果），可称为结果行为。行政强制措施是一种过程行为，是为保证结果行政行为的作出所采取的一种临时性措施，它没有到达对事件处理完毕的状态。如扣押财物，扣押本身不是最终的目的，是为保证日后行政处理决定的最终作出和执行所采取的临时措施。行政处罚则是一种结果性行政行为，它的作出，表明该行政违法案件已被处理完毕。如没收财物，表达了行政主体对该财物的最终处理，这就属于行政处罚。

4.立法上的表现形式。一般说来，从法律法规上看，行政处罚作为一种罚则，被规定在"法律责任"这一章节中，而行政强制措施被规定在"执法检查"的章节中。

需要提醒的是，我们不能简单地根据行为形式和手段认定行为性质，因为有的行为形式既可作为"行政强制措施"的一种手段，也可作为"行政处罚"的一种手段，这需对照上述标准作具体分析。例如"暂扣证照"行为，如因发生交通事故，公安机关扣留责任者的驾驶执照，以保证对事故的顺利处理，这种扣留证照行为属于行政强制措施，因为它是一种临时的保证措施，而不是对事故的最终处理；如因驾驶员违反《道路交通安全法》而被依法暂扣三个月的机动车驾驶证，这恰恰属于行政处罚，因为它是公安机关对相对人违法行为的一种制裁和最终处理。

（三）行政强制措施与行政命令

目前在我国，行政命令既可作为抽象行政行为的一种形式，也可作为具体行政行为的一种形式。作为前者，当然没有必要进行比较。作为具体行政行为的行政命令，系指由行政主体作出的强制要求相对人进行一定的作为或不作为的意思表示。行政命令是纯意思行为，行政强制措施则是意思与有形动作合一的行政行为，这作为它们之间理论上最主要的区分标准是没有问题的。问题在于我们时常发现，不少行政强制措施在实施时被伴随行政命令，大多行政强制措施都以行政命令为程序上的辅助手段，如要驱散人群，必然同时命令被驱者离开。这时，如何划清行政强制措施与行政命令之间的界限，会使我们感到困惑。一般而言，这里应区分以下几种不同情况对待。

1.如果行政主体在前面作出一个行政命令，而且该命令尚未最终生效，事后根据该命令实施一种强制行为，那么，事前的行政命令作为独立的具体行政行为对待，事后的行政强制行为也作为独立的行政行为对待。

2.如果行政主体在前面作出一个行政命令，并且该命令已获得最终效力，事后根据该命令实施一种强制行为，那么，事前的行政命令作为独立的具体行政行为（命令性决定）对待，事后的行政强制行为便作为"行政强制执行"而不是"行政强制措施"对待。

3.如果行政主体在实施行政强制措施过程中或在实施行政执行措施的同时作出行政命令，那么，这种命令只是行政强制措施或行政强制执行中的一个程序上的告诫环节，它被行政强制措施行为和行政强制执行所吸收，不能作为一个独立的行政行为（行政命令）存在。

三、把握行政强制措施的视角

要准确把握行政强制措施的范围，除需要划清上述几个界限外，还需注意以下两个视角。

1.行政强制措施是一种行为，而不是指一种手段。应以行为附带手段，而不是以手段定位行为。有学者从"手段、方法"的视角，将"行政强制措施"分为"预防措施"、"制止措施"和"执行措施"，并认为"执行措施"就是"行政强制执行"。但是，行为与手段、方法是不可分离的。手段和方法是行为的一个构成要素。不存在行为以外的行为手段或行为方法；也不存在没有行为手段、方法的行政行为。以"手段、方法"来界定行政行为，与《行政强制法》的规定不一致。因此，我们应从"行为"的角度来定位，即行政强制措施是一种行政行为，而不是指一种行政行为的手段和方法。

2.行政强制措施是个具体概念，而不是综合概念。在行政管理实践中，有时"行政强制措施"被作为一个综合概念使用，即把它看成一系列活动的总称。例如，鉴于目前食品安全事故频频发生，国家将花大力气，采取有力"措施"，加强在食品安全上的监管。这里的"措施"是个综合概念，必然是包括制定法规、规章，作出一系列行政决定在内的综合性活动，显然不是行政法意义上的"行政强制措施"。行政法上的"行政强制措施"，应当是由行政主体针对特定对象，就特定事项作出的"单个"行为。

四、行政强制措施的分类

对行政强制措施分类的意义，在于它不仅为法律设定奠定基础，也为诸如程序设计和救济途径创设前提。

（一）限制人身权的强制措施、限制财产权的强制措施与限制住宅权的强制措施

限制人身权的强制措施，系指其行为结果会使被强制者的人身权受到限制的强制措施。这里的人身权系指与人身相联系并不可分离的没有直接财产内容的权利，亦称人身非财产权。人身权包括生命权、健康权、身体权、自由权、身份权等。人身权是绝对权，其权利主体是特定的，权利主体之外的任何人都是义务人，都负有不侵害权利主体人身权的义务。行政机关对醉驾人的强制约束，对有违法犯罪嫌疑的人员之留置盘问（继续盘问）等，都属于限制人身权的强制措施。

限制财产权的强制措施，系指其行为结果会使被强制者的财产权的使用和处分受到限制的强制措施。这里的财产权系指以财产利益为内容，直接体现财产利益的经济权利。它包括物权、债权等。行政机关查封财物、冻结存款等都属于限制财产权的行政强制措施。

限制住宅权的强制措施，系指其行为结果会使被强制者的住宅权的使用和处分受到限制的强制措施。住宅的产权属于财产权，但住宅权不属于财产权，它表明公民有权获得安全、健康和尊严，并不受歧视的住房权利。进入住宅检查便是典型的限制住宅权的强制措施。

上述分类的法律意义在于：（1）人身权高于财产权，我国对于限制人身权的强制措施采用法律保留原则，限于由法律设定；（2）住宅

权不同于财产权，它是受宪法保护的公民基本权利，理应受到法律的特别保护。

（二）对人身的强制、对行为的强制、对财物的强制和对场所的强制

对人身的强制，就是以公民人身为强制对象，使公民人身自由受到限制的强制措施。这种强制只适用于个人，不能适用于组织；它的直接行为效能是限制个人的人身自由。盘问、约束、隔离、驱散等均属于此类。

对行为的强制，就是以限制当事人行为权为直接目的的行政强制措施。这种强制措施既适用于个人，也适用于组织。暂扣驾驶证便是典型。

对财物的强制，就是以限制财物使用权和处分权为直接目的的强制措施，也是较为普遍的一种强制措施。对公民、法人或者其他组织的财物进行查封、扣押和冻结等就属于此类。

对场所的强制，就是以限制当事人对场所的使用为直接目的的强制措施。从广义上讲，这里的场所应当包括工作场所和私人住所。封锁现场、入户检查等就属于此类。

这种分类虽然在理论上具有很大的可接受性，但它在实践中面临的最大困难是：一是有时人身与行为很难划分，大多行为与人身有关；二是对财物使用权、场所使用权的限制同时也是对某种行为权的限制。尽管如此，这一分类还是具有一定的理论意义和实践意义，那就是有助于我们深化对强制对象的认识，并在法律设定上和程序设置上注重分别对待。

（三）事先的预防性措施、事中的制止性措施与事后的执行性措施

从一定意义上说，行政强制措施是针对有关事件所作出的处置

行为。根据事件的过程和处置功能的变化，行政强制措施可以分为预防性措施、制止性措施与执行性措施。由于它们分别处于事先、事中和事后三个阶段，因而也可称为事先的预防性措施、事中的制止性措施与事后的执行性措施。

事先的预防性措施，是指在社会危害事件或违法事件发生之前所采取的旨在预防社会危害事件或违法事件发生的各类行政强制措施。如强制性检疫、检查，查封、扣押、冻结等都属于预防性措施。

事中的制止性措施，是指在社会危害事件或违法事件发生时所采取的旨在制止社会危害事件或违法事件继续的各类行政强制措施。如消防灭火、对醉酒者的强制约束等便属于此类。

事后的执行性措施，是指有关行政机关对社会危害事件或违法事件作出处理决定后为执行该决定所采取的措施。如强制拆除、强制履行等均属此类。

不过，在《行政强制法》的结构中，事先的预防性措施、事中的制止性措施属于行政强制措施，事后的执行性措施则属于行政强制执行。这一分类的法律意义在于：有助于我们了解和把握行政强制措施所针对的事件的过程性以及强制措施功能、方法上的对应性。

（四）独立性措施与辅助性措施

行政强制措施还有独立性措施与辅助性措施之分。在大量的行政强制措施中，有的措施能够独立存在，如强制戒毒，这类措施称为独立性强制措施；而有的措施会被事后的行政行为所吸收，不具有独立性，这是辅助性强制措施，如行政检查在大多数情况下属于此类。

独立性措施能够独立地适用法律救济，而辅助性措施并不能独立适用法律救济，它被后续行为吸收，法律只对后续行为进行救济。

第二节　行政强制执行

一、行政强制执行的概念

《行政强制法》第 2 条第 3 款规定："**行政强制执行，是指行政机关或者行政机关申请人民法院，对不履行行政决定的公民、法人或者其他组织，依法强制履行义务的行为。**"

二、行政强制执行的特征

行政强制执行，具有以下法律特征。

第一，在主体上，行政强制执行是由国家行政机关或者人民法院实施的一种强制行为。这种主体上的双重性显然与行政强制措施及其他许多行政行为不同。包括行政强制措施在内的其他行政行为都限于由国家行政机关实施，而行政强制执行既可由国家行政机关实施（在法律授予行政机关行政强制执行权时），也可由人民法院实施（在行政机关无强制执行权并由行政机关申请人民法院强制执行时）。

第二，在客体上，行政强制执行是有权机关对行政决定的执行。也就是说，行政强制执行，无论是由行政机关实施，还是由行政机关申请人民法院实施，都是对业已作出的行政决定的执行，而不是对司法裁判或权力机关决议的执行。换句话说，行政强制执行是对行政行为的执行而不是对其他行为的执行。因此，它在属性上具有"行政性"。

第三，从行为的过程性考察，行政强制执行不是一个暂时性的过程行为，而是一个最终封闭的行为。行政强制执行是发生在不得已的情况下，即当事人在法定期限内既不申请复议或者提起行政诉讼，又不履行行政决定时才由国家行政机关或者人民法院发动实施的一个强制行为，它的目的是保障基础行为被执行。执行行为不是一个暂时性的中间行为，它的作出，表现为管理行为过程的最终封闭。

三、行政强制执行的分类

认识行政强制执行的类型，有助于我们全面把握行政强制执行行为的实施规则。

（一）行政机关强制执行与申请人民法院强制执行

世界上关于行政强制执行的主体，主要有两类：行政机关和司法机关。有的国家以行政机关执行为主，如德国；有的国家以司法机关执行为主，如英美国家。我国在行政强制执行主体上采用双主体制，行政机关本身和人民法院对行政决定都有强制执行权。由此，**我国的行政强制执行可区分为两类：一是行政机关的强制执行；二是人民法院的强制执行。由于人民法院不得对行政决定进行主动执行，人民法院对行政决定的执行，应当由行政机关提出申请。**

那么，行政机关与人民法院如何分工呢？这取决于法律的具体规定。《行政强制法》第13条规定："行政强制执行由法律设定。法律没有规定行政机关强制执行的，作出行政决定的行政机关应当申请人民法院强制执行。"这就是说，**法律明文规定由行政机关执行的，就由行政机关强制执行；法律没有明文规定由行政机关强制执行的，就一律由作出决定的行政机关申请人民法院强制执行。**

认识这一分类，有助于行政执法机关掌握在什么条件下应当由自己实施强制执行，什么条件下应当申请人民法院强制执行。

（二）对金钱义务的执行与对行为义务的执行

行政强制执行从本质上说，是有权机关强制当事人履行由行政决定所确定的义务。虽然这些义务以法律、法规的规定为基础，但当进入强制执行阶段时，直接的执行依据恰恰就是一个行政决定。行政决定所确定的义务，其实是法律、法规设定义务的转化结果。

行政决定所确定的义务可分为两类：一类是金钱给付义务，如当事人对罚款决定的履行和对税收决定的履行等。和民事强制执行不同的是，行政强制执行中的金钱给付义务，当事人是向国家，而不是向其他当事人给付金钱。另一类是行为义务。行为义务表现为当事人应当按照行政决定的要求依法作出或不作出一定的行为，如停止违法招生或拆除违法建筑，或者应当容忍公权力主体对它作出的行为，如当事人接受停业决定。由此，便形成了对金钱义务的执行与对行为义务的执行。

认识这一分类，有助于行政执法机关掌握对于当事人不同的履行义务依法采取不同而对应的执行方式。

（三）对作为义务的执行与不作为义务的执行

行政强制执行是有权机关对由行政决定所确定的当事人的义务的执行，而当事人的义务可分为"作为义务"与"不作为义务"。在上述对金钱义务执行与对行为义务执行的分类中，在对金钱义务执行中，不存在当事人的不作为义务，但在对行为义务执行中，当事人的义务就有两类，一类是作为义务，如清除倾倒在道路上的垃圾；另一类是不作为义务，如不得违法悬挂户外广告牌。所以，在对行为义务执行中又可分为对作为义务的执行与不作为义务的执行。

认识这一分类，同样有助于行政执法机关掌握对当事人不同的履行义务依法采取不同而对应的执行方式，并正确适用《行政强制法》。

（四）直接强制执行与间接强制执行

如果从强制执行的方法上考察，还可将行政强制执行分为直接强制执行与间接强制执行。直接强制执行是指行政机关通过自己的行为直接实现了当事人义务被履行的状态，当事人拒不缴纳税金的，行政机关直接从当事人在银行的账号中划拨款项，或者行政机关自己直接拆除当事人的违法建筑。间接强制执行是指行政机关通过执行罚迫使当事人自己履行义务或者通过第三方的代履行实现当事人义务被履行的状态，如当事人到期拒不交纳罚款的，行政机关按日对当事人加处百分之三的罚款。[①]

在我国行政强制执行制度中，以下属于直接强制执行的方式：（1）对当事人进行留置盘问；（2）直接采取排除妨碍、恢复原状措施；（3）直接到金融机构划拨当事人存款、汇款；（4）拍卖或者依法处理查封、扣押的场所、设施或者财物；（5）其他直接强制执行的方式。间接强制执行的方式，包括加处罚款或者滞纳金、代履行等。

认识这一分类，有助于我们为各种强制执行方式定性（直接强制或间接强制），正确分辨直接执行方式与间接执行方式，从而在多种方式的选择中体现合理性原则，在同样能够实现行政管理目标的前提下，尽量选择对当事人权利影响最小的执行方法。

第三节　行政强制措施与行政强制执行

一、分辨行政强制措施与行政强制执行的意义

分辨"行政强制措施"与"行政强制执行"的意义在于以下几个方面。

第一，有助于立法机关正确地设定行政强制措施和行政强制执

[①] 《行政处罚法》第72条第1款规定："当事人逾期不履行行政处罚决定的，作出行政处罚决定的行政机关可以采取下列措施：（一）到期不缴纳罚款的，每日按罚款数额的百分之三加处罚款，加处罚款的数额不得超出罚款的数额；……"

行。《行政强制法》对行政强制措施与行政强制执行的设定作了不同的规定。第10条、第11条规定法律、行政法规和地方性法规对行政强制措施都拥有设定权，尽管设定的权限不同①，而根据第13条的规定，行政强制执行由法律设定，行政法规和地方性法规都不得设定行政强制执行。也就是说，**对于行政强制执行，限于由全国人大及其常委会制定的"法律"设定；而对于行政强制措施，"法律、行政法规和地方性法规"都有权设定。**如果行政强制措施与行政强制执行区分不清，可能会招致法律法规设定上的错位。

第二，有助于行政机关在实施行政强制中运用正确的强制手段。《行政强制法》对行政强制措施与行政强制执行的手段分别作出了类型化规定。根据《行政强制法》第9条的规定，行政强制措施的种类有：（1）限制公民人身自由；（2）查封场所、设施或者财物；（3）扣押财物；（4）冻结存款、汇款；等等。第12条规定了行政机关实施行政强制执行的方式有：（1）加处罚款或者滞纳金；（2）划拨存款、汇款；（3）拍卖或者依法处理查封、扣押的场所、设施或者财物；（4）排除妨碍、恢复原状；（5）代履行；等等。一般来说，不同的行为手段附属于不同的行为类别，如"冻结存款"属于行政强制措施，而"划拨存款"属于行政强制执行。因此，正确区分行政强制措施与行政强制执行是正确运用强制手段的关键。

第三，有助于行政机关正确地遵循行政强制措施的程序和行政强制执行的程序。基于行政强制措施与行政强制执行特性上的区别，《行政强制法》设立第三章和第四章分别规定了两者的实施程序。两者程序全然不同，尤其是在实施行政强制措施程序中，全面禁止了委托；在实施行政强制执行程序中，突出了事先催告当事人自我履

---

① 法律可以设定任何行政强制措施；行政法规在尚未制定法律，且属于国务院行政管理职权事项的条件下，可以设定除限制公民人身自由、冻结存款汇款以及应当由法律设定的行政强制措施以外的其他行政强制措施；地方性法规在尚未制定法律、行政法规，且属于地方性事务的条件下，可以设定查封场所、设施或者财物，扣押财物之行政强制措施。

行义务的环节。正确区分行政强制措施与行政强制执行是正确适用对应性法律程序的前提。

第四，有助于防止误将行政强制措施作为行政强制执行申请人民法院强制执行。根据《行政强制法》所设定的行政强制制度结构，对于行政强制措施，一律由行政机关实施；对于行政强制执行，在有法律授权情况下由行政机关自身强制执行，在无法律授权情况下则由行政机关申请人民法院强制执行。在这一制度背景下，如果我们无法区分行政强制措施事项与行政强制执行事项，那么就有可能误将行政强制措施作为行政强制执行而申请人民法院强制执行。

二、正确分辨行政强制措施与行政强制执行

正确分辨行政强制措施与行政强制执行，既要在理论上确立一种清晰的标准，也要掌握一种理论上的认知方法。

（一）分辨行政强制措施与行政强制执行的理论标准

在我国业已制定统一规制行政强制行为的基础性法律，即《行政强制法》的背景下，寻找行政强制措施与行政强制执行的区分标准，要以《行政强制法》为基础，不能脱离《行政强制法》另搞"创造发明"。《行政强制法》第2条第2款、第3款对行政强制措施和行政强制执行分别作了定义：行政强制措施，"是指行政机关在行政管理过程中，为制止违法行为、防止证据损毁、避免危害发生、控制危险扩大等情形，依法对公民的人身自由实施暂时性限制，或者对公民、法人或者其他组织的财物实施暂时性控制的行为"；行政强制执行，"是指行政机关或者行政机关申请人民法院，对不履行行政决定的公民、法人或者其他组织，依法强制履行义务的行为"。这两个定义在一定程度上也揭示了行政强制措施和行政强制执行各自的特征，如行政强制措施具有"暂时性"和"保障性"特点，行

政强制执行具有"以行政决定为前提"和"强制履行义务"的特点，但尚未构成全面系统的划分理论。

我们以《行政强制法》的上述定义为"基点"，结合行政法理和实践操作，确立了以下几个理论标准。要正确分辨行政强制措施与行政强制执行，必须综合分析以下几个问题。

1.分析行为的目的是什么：保障性抑或执行性

行政强制措施与行政强制执行都是一种行政强制行为，但它们的直接目的是有区别的。根据《行政强制法》第2条第2款、第3款规定，**行政强制措施的直接目的是"制止违法行为、防止证据损毁、避免危害发生、控制危险扩大等情形"，是维护社会秩序和保障行政管理的正常进行，显然具有"保障性"。而行政强制执行的直接目的是"对不履行行政决定的公民、法人或者其他组织，依法强制履行义务"，即在当事人拒不履行行政决定确定义务的前提下，强制执行行政决定，强迫当事人履行义务，这显然具有"执行性"。这就是说，以保障社会秩序为直接目的的强制行为是行政强制措施，以执行行政决定为直接目的的强制行为是行政强制执行。**

2.分析行为在程序上是否封闭：暂时性抑或永久性

《行政强制法》第2条第2款对行政强制措施作了"暂时性"限制或者控制的定性，而对行政强制执行没有作"暂时性"的定性。这就是说，一种强制行为的"暂时性"或"永久性"是区别行政强制措施与行政强制执行的重要标准。

行政行为是一个过程，而这个过程中的每一环节又可能是一个支行为，所以，一个行政行为又由多个过程行为组成。当行政主体对某一事件尚未最终处理完毕时所实施的各种行政行为，可称过程行为，包括预备行为与中间行为；当行政主体对某一事件最终处理完毕时，形成一个结论性的行为（如一个"决定"或违法建筑被拆除的结果），可称结果行为。如行政机关在执法检查中发现了可疑物品，为防止物品被转移，先进行"扣押"；等待调查结束后，发现这是一批走私物品，于是作出"没收"之行政处罚决定。这里，"扣押"属于过程行为，"没收"决定属于结果行为。过程行为不具有封闭性，因而是一种"暂时性"行为；结果行为意味着事情已最终处理完毕，在行政程序上具有封闭性，因而是一种"永久性"行为。在这里，"扣押"就是行政强制措施，"没收"是行政处罚行为，对"没收"决定的强制执行（拍卖走私物品，款项上交国库）就是行政强制执行行为。结果行为的"永久性"决定了执行行为的"永久性"。

可见，行政强制措施与行政强制执行正好分别验证了这些属性：以查封、扣押、冻结等为典型手段的行政强制措施，本身都不是行为的目的，它们只属于为保障后续行为的作为而采取的"暂时性"行为；而行政强制执行是对结果行为的执行，它使一个处理结果最终落地，自然具有"永久性"。

3. 分析是否事先存在行政决定：程序决定与本体决定

《行政强制法》第2条第3款在表达"行政强制执行"时，突出了对"行政决定"的执行。这就是说，以"行政决定"的事先存在为前提，并对这一"行政决定"进行执行的强制行为，是行政强制执行；事先无"行政决定"的强制行为，就是行政强制措施。

但是，《行政强制法》恰恰要求行政强制措施实施前也必须作出一个有关行政强制措施的"决定"①，进入行政强制执行阶段，行政执行机关也必须先作一个"执行决定"②。这就给这一标准带来了困难。

这里关键是要区别"程序决定与本体决定"。"程序决定"是为落实行政程序而作出的决定，这种决定并没有为当事人设定实体上

---

① 详见《行政强制法》第18条。另参见全国人大常委会法制工作委员会行政法室编著：《中华人民共和国行政强制法解读》，中国法制出版社2011年版，第66页。

② 《行政强制法》第37条规定："经催告，当事人逾期仍不履行行政决定，且无正当理由的，行政机关可以作出强制执行决定。强制执行决定应当以书面形式作出，并载明下列事项：（一）当事人的姓名或者名称、地址；（二）强制执行的理由和依据；（三）强制执行的方式和时间；（四）申请行政复议或者提起行政诉讼的途径和期限；（五）行政机关的名称、印章和日期。在催告期间，对有证据证明有转移或者隐匿财物迹象的，行政机关可以作出立即强制执行决定。"

的权利与义务，只是推动行政程序而已，行政强制措施中的"措施决定"和行政强制执行中的"执行决定"都是一种"程序决定"。《行政强制法》第2条第3款所表达的"行政决定"是一个属于"基础行为"的"本体决定"，如行政处罚决定、行政征收决定、行政征用决定等。行政强制执行从本质上说，是对"本体决定"的执行，而不是对"程序决定"的执行。所以准确地说，以作为"本体决定"的"行政决定"的事先存在为前提，并对这一"本体决定"进行执行的强制行为，是行政强制执行；事先无"本体决定"的强制行为，就是行政强制措施。

4.分析被强制履行的义务性质：无法自我履行与可以自我履行

从理论上讲，行政强制是强制当事人履行"义务"的行为，否则就不需要强制。所以，当事人的义务属性也是一个很好的区分标准。这里需分别考察"义务的来源"与"义务的履行"。

（1）强制当事人履行法律规定的义务是行政强制措施，强制当事人履行行政决定确定的义务是行政强制执行。当事人在行政法上的义务的直接来源有两种情况：一种是直接来自法律法规章的规定；另一种是直接来自行政决定的规定。行政强制执行其实是对"行政决定"所确定"义务"的执行。

（2）强制当事人履行无法自我履行的义务是行政强制措施，强制当事人履行可以自我履行的义务是行政强制执行。当事人的"义务"，有一类是可以自我履行的，如缴纳罚款、拆除违法建筑；有一类是无法自我履行的，如醉汉无法自我强制约束，当事人无法扣押自己的物品①到银行。针对当事人无法自我履行的义务，适用行政强制措施；针对当事人可以自我履行的义务，适用行政强制执行。《行政强制法》以期待当事人自我履行为原则，本身就反映了行政强制执行的这一特点。

---

① 自己可以不动用自己的物品，但这不是"扣押"。

（二）分辨行政强制措施与行政强制执行的理论方法

除了以上几条认知标准外，还必须掌握几个认知方法。认知方法的把握，有助于正确地应用理论标准。

1.行政强制是一种包含强制"方式"的"行为"，而不是包含"行为"的强制"方式"

实施行政强制措施固然会采取各种强制方式，如驱散人群、扣押物品等；实施行政强制执行也会采取各种强制方式，如强制履行、划拨存款和代履行等。但上述强制方式的划分并不是绝对的：在一定条件下，排除妨碍、恢复原状也可以成为行政强制措施的方式；进入强制执行阶段，查封、扣押、冻结也可能成为强制执行程序中的一个环节；特别是行政强制措施中的"其他行政强制措施"与行政强制执行中的"其他强制执行方式"，存在交叉的极大可能性。所以，应当让"行为"吸纳"方式"，而不是让"方式"吸纳"行为"。要把行政强制措施和行政强制执行都看成一个完整的行为，而不是具体单一的方式。

2.行政强制行为是一个过程，不能将过程分割为多种行为

其实，无论行政机关实施行政强制措施还是行政强制执行，都是一个"过程"。例如，实施"查封"这一强制措施，会由许多环节构成：报告领导—领导批准—作出决定—将决定送达或告知当事人—落实"查封"措施（贴上封条）。应当将行政强制措施中的所有过程环节整体上合称为一个"行政强制措施"行为，而不是多个"行政强制措施"行为。再如，拆除违法建筑由许多环节构成：送达行政决定书，要求当事人限期拆除—催告履行—（当事人到期不予拆除的）作出强制执行决定书—公告—强制拆除。这里也应当将行政强制执行中的所有过程环节整体上合称为一个"行政强制执行"行为。也正是因为要从"整体过程"考量强制行为，如果在实施行政强制措施过程中出现了一些执行性的措施，或者在实施行

政强制执行过程中出现了一些协助性措施，都应当把它们看成整个行为过程中的一个环节，而不是一个独立的其他行为。例如，进入强制执行阶段之后，出现"扣押"等辅助性措施，就不宜再把"扣押"作为独立的行政强制措施，而应当将它视作行政强制执行中的一个环节。

3."强制行为"也可理解为"强制措施"，但措施因功能不同而对应地划入行政强制措施与行政强制执行之中

如果我们将"行政强制行为"理解和解释为"行政强制措施"似乎也是可以的。这样的话，如上所述，从强制措施的功能和目的出发，就可以将强制措施分成强制预防措施、强制制止措施和强制执行措施，正好体现了"事先（预防措施）—事中（制止措施）—事后（执行措施）"的完整过程。这样建构行为和概念是符合行为逻辑的。但是我国《行政强制法》主要考虑到强制执行措施与强制预防措施、强制制止措施有很大的区别，它是对"行政决定"的一种事后执行，以行政决定的存在为前提，而强制预防措施、强制制止措施往往即时作出，不存在一个基础性的行政决定，所以将强制预防措施、强制制止措施归并为行政强制措施行为，将强制执行措施归并为行政强制执行。《行政强制法》将行政强制措施行为和行政强制执行行为合称为行政强制行为，并在《行政强制法》内作分类规制，这样做也是符合行政强制行为的客观规律的。

▤ 典型案例

对房屋装修中损坏房屋承重结构的
强制性修复不是强制措施而是强制执行

【来信】

在行政执法中，有时会发现当事人在房屋装修中损坏房屋承重

结构，这会导致房屋存在较大的安全隐患。比如，苏州酒店倒塌事件、泉州酒店倒塌事件、上海一栋三层楼房装修时施工挖承重墙导致楼房倒塌事件等。我们的执法依据主要是《S市住宅物业管理规定》。该规定第83条规定："违反本规定第五十六条第二款第一项规定，损坏房屋承重结构的，由区房屋行政管理部门责令立即改正，恢复原状，可处一万元以上十万元以下的罚款；情节严重的，可处十万元以上二十万元以下的罚款。"这就意味着，我们只有"责令权"和"处罚权"，但没有"行政强制措施权"。这样，行政执法人员即使发现了重大安全隐患，也只能依据上述法规，下达一纸责令改正书。有的当事人根本不停止施工，不立即改正以消除安全隐患，责令改正书不能阻止事故的发生。实施罚款也是事后的事，还是无法消除安全隐患。

《行政强制法》第2条第2款规定："行政强制措施，是指行政机关在行政管理过程中，为制止违法行为、防止证据损毁、避免危害发生、控制危险扩大等情形，依法对公民的人身自由实施暂时性限制，或者对公民、法人或者其他组织的财物实施暂时性控制的行为。"我们是否可以直接依据这一规定，对当事人采取行政强制措施，以消除安全隐患？我们只要符合这一规定中的目的，即"制止违法行为、防止证据损毁、避免危害发生、控制危险扩大等情形"，就可以直接采取行政强制措施，包括强制修复装修中所损坏的房屋承重结构。这样理解对吗？

【回信】

房屋装修过程中损坏房屋承重结构，在现实中时有发生。这是一种严重的违反行政管理秩序的行为，它严重危害当事人家庭以及其他许多家庭的生命财产安全。我们在行政执法中一定要预防、制止和制裁这种违法行为，做到严格执法。

作为地方性法规的《S市住宅物业管理规定》已经赋予执法机关对当事人的"责令权"和"处罚权"。如果此外还要实施行政强制措施或行政强制执行，必须符合《行政强制法》的要求。

《行政强制法》和《行政处罚法》一样，总体上是一个"程序法"而不是"实体法"。也就是说，除了个别的直接授权条款外，针对什么人的什么行为可以采取行政强制，要依据其他法律、法规的具体规定；至于程序上如何实施行政强制，那就必须按照《行政强制法》的要求。

《行政强制法》第2条第2款是一个概念规范，不是一个授权规范。它只是表明什么行为才属于行政强制措施，什么行为不属于行政强制措施，并不直接授予执法机关实施行政强制措施权。它确定了一种"行政强制措施"的认定标准，而不是作出了对执法机关的一种"赋权"。所以，执法机关不得依据《行政强制法》第2条第2款直接实施行政强制措施。

执法机关要实施行政强制措施，必须在《行政强制法》之外寻找实体法依据。依据的内容包括实施行政强制措施的主体、手段、对象、条件等。行政强制措施的依据必须和行政强制措施的设定权相吻合。

《行政强制法》第9条确立了行政强制措施的五种类别和手段：（1）限制公民人身自由；（2）查封场所、设施或者财物；（3）扣押财物；（4）冻结存款、汇款；（5）其他行政强制措施。第10条和第11条确立了法律、法规对行政强制措施的设定规则：（1）行政强制措施原则上必须由法律设定；（2）尚未制定法律，且属于国务院行政管理职权事项的，行政法规可以设定一定的行政强制措施；（3）尚未制定法律、行政法规，且属于地方性事务的，地方性法规可以设定查封、扣押的行政强制措施；（4）对于限制公民人身自由，冻结存款、汇款，涉及住宅权、通信权等公民基本权利的行政强制措施，属于绝对的"法律保留"。这些措施，无论在什么条件下，都限于由全国人大及其常委会制定的法律设定，行政法规和地方性法规无权设定这些强制措施。

这就意味着，执法机关要限制当事人的人身自由，或者想冻结当事人的存款、汇款，就必须有法律的直接依据；如果想扣押当事人的物品，就必须有法律、行政法规或地方性法规的依据。

本案并不涉及"行政强制措施"，只是涉及"行政强制执行"。因为对当事人损坏房屋结构的"强制修复"，属于《行政强制法》第12条第4项所规定的"排除妨碍、恢复原状"。这是"强制执行"手段而不是"强制措施"手段。

对于本案，《S市住宅物业管理规定》第83条赋予执法机关"责令权"和"处罚权"，已经足矣。执法机关发现案情并立案之后，可以马上作出责令改正书，限期当事人纠正。当事人逾期不纠正的，可以依照《行政强制法》的规定进入强制执行程序。法律赋予行政机关强制执行权的，可以自行强制执行；法律没有赋予强制执行权的，就申请人民法院强制执行。《行政强制法》第59条还专门规定："因情况紧急，为保障公共安全，行政机关可以申请人民法院立即执行。经人民法院院长批准，人民法院应当自作出执行裁定之日起五日内执行。"

责令改正书是行政决定的一种形式，在行政行为的归类上属于"行政命令"。作为行政行为的"行政命令"，是一种强制要求当事人进行一定作为或不作为的行政决定。它具有执行内容，具有"可执行性"。

责令改正书不属于行政处罚，它与行政处罚互不排斥。责令改正书可以和《行政处罚决定书》一并作出，也可单独先行作出，先行执行。

需要补充的是，如果真是问题严重且紧急，已符合紧急避险的条件，行政执法机关可以适用《民法典》第182条规定，实施紧急避险措施。

🔍 思考题

1.什么是行政强制措施？它有哪些强制方式？
2.什么是行政强制执行？它有哪些强制方式？
3.行政强制措施与行政强制执行如何分辨？

第三章　行政强制措施的种类和设定

本章知识要点

☐ 行政强制措施的种类

☐ 行政强制措施的设定

☐ "其他行政强制措施"的设定问题

《行政强制法》专设第二章，集中规定了行政强制措施的种类和设定以及行政强制执行的方式和设定。本章阐述行政强制措施的种类和设定，第五章将阐述行政强制执行的方式和设定。

第一节　行政强制措施的种类

《行政强制法》第9条规定："行政强制措施的种类：（一）限制公民人身自由；（二）查封场所、设施或者财物；（三）扣押财物；（四）冻结存款、汇款；（五）其他行政强制措施。"这里表述的是行政强制措施的"种类"，其实更是指行政强制措施的"手段"和"方式"，它表现为行政执法机关所采取的"有形动作"。行政强制措施的"种类"是行政强制措施"设定"的基础和前提，因为针对行政强制措施的不同"种类"，会有不同的"设定"权限和规则。

一、限制公民人身自由

（一）限制公民人身自由的概念和特征

限制公民人身自由系指行政机关基于行政管理的需要，依据法律对公民的人身自由进行短期内限制的行政强制措施。这种措施的法律特征在于以下几个方面。

第一，从强制主体看，它是由有关行政机关实施的强制措施。从我国现行的法律制度看，**有权实施限制人身自由的行政强制措施机关是公安机关、国家安全机关、公安交通管理部门、海关等机关。**

第二，从强制对象看，它是仅以个人人身为强制对象的强制措施。虽然就整个行政强制行为而言，它可针对公民、法人和其他组织，但仅就限制公民人身自由这一行政强制措施而言，它只适用于个人而不适用于组织，因为组织无人身自由权可言。

第三，从强制客体看，它是直接限制公民人身自由的强制措施。换句话说，这一强制措施直接作用的客体是公民的人身自由权而不是其他权利。

第四，从强制依据看，它是须由法律直接设定的行政强制措施。根据《行政强制法》第10条的规定，**限制人身自由的强制措施实行法律保留原则，即限于法律的直接规定，法规和规章不得规定限制人身自由的强制措施。限制人身自由的强制措施只能以法律为直接依据，其实施主体、实施手段、适用条件和实施程序都应当严格遵守法律的规定。**

第五，从强制手段看，它是一种包含多种手段的综合性行政强制措施。与查封、扣押、冻结等行政强制措施相比，限制人身自由是个综合性而不是单一性概念，因为限制人身自由不是一项具体的方法，而是对许多方法的归类。限制人身自由与其说是一种强制方法，不如说是某些强制方法的结果。如采取约束、隔离等方法的结果，都是使某公民的人身自由受到限制。

（二）现行法律限制公民人身自由的措施

我国规定限制公民人身自由的行政强制措施的法律主要有《人民警察法》《治安管理处罚法》《集会游行示威法》《禁毒法》《海关法》《传染病防治法》《国境卫生检疫法》《出境入境管理法》《铁路法》《军事设施保护法》《渔业法》《海商法》等。它们所规定的限制公民人身自由的强制措施比较广泛，大致有：当场盘查；留置盘问（继续盘问）；强制传唤；拘留审查；强制扣留；强制戒毒；强制治疗；强制约束；强行驱散；等等。

（三）与刑事强制措施的区别

限制人身自由的行政强制措施与刑事上的强制措施非常接近，它们都表现为对当事人人身自由的限制，而且有时实施主体也相同（公安机关既是行政强制措施的主体，也是刑事强制措施的主体），因而有必要加以区别。

刑事强制措施是国家为了保障侦查、起诉、审判活动的顺利进行，而授权刑事司法机关依据《刑事诉讼法》对犯罪嫌疑人、被告人采取的限制其一定程度人身自由的方法。根据《刑事诉讼法》第一编第六章强制措施的规定，我国的刑事强制措施包括拘传、取保候审、监视居住、拘留、逮捕五种。刑事强制措施不属于行政行为，因而不适用《行政强制法》、《行政复议法》和《行政诉讼法》的调整。

二、查封场所、设施或者财物

（一）查封的概念和特征

查封场所、设施或者财物是由《行政强制法》第9条第2项所设定的一种行政强制措施。从理论上说，这种手段是指有关行政机关为了预防和制止违法行为，保证行政决定的有效作出和执行，通过"就地封存"的方法，在短时间内禁止对场所的使用或限制对财物的使用、毁损、转移和处分的行政强制措施。这种措施的法律特征在于以下几个方面。

第一，主体。从《行政强制法》第10条①和第70条②的规定来看，**由法律、行政法规和地方性法规授权的行政机关或者具有管理公共事务职能的组织均可成为实施查封的主体；从我国现行法律制度来看，公安、交通、税收、市场监管、卫生、金融等行政执法机关都被授予了查封的权力。**

第二，目的。虽然《行政强制法》第2条将所有行政强制措施的目的表述为"制止违法行为、防止证据损毁、避免危害发生、控制危险扩大等情形"，但查封作为行政强制措施的特定手段，有它特定的目的，那就是：一是预防和制止违法行为，如为了防止违法使用添加剂而封存该添加剂，为了制止违法生产而查封违法生产的场所等。二是保证行政决定的有效作出和执行。譬如，封存证据就是为了保障行政决定的有效作出，没有有效证据就无法作出有效行政决定；查封违法物品就是为了保障行将作出的没收该违法物品决定的有效执行。

第三，依据。根据《行政强制法》第10条的规定，查封措施应当由法律、行政法规和地方性法规设定，尽管行政法规和地方性法规对查封的设定不是无条件的。换句话说，**只有法律、行政法规和地方性法规才能作为查封措施的设定依据，其他规范性文件不得作**

①《行政强制法》第10条规定："行政强制措施由法律设定。尚未制定法律，且属于国务院行政管理职权事项的，行政法规可以设定除本法第九条第一项、第四项和应当由法律规定的行政强制措施以外的其他行政强制措施。尚未制定法律、行政法规，且属于地方性事务的，地方性法规可以设定本法第九条第二项、第三项的行政强制措施。法律、法规以外的其他规范性文件不得设定行政强制措施。"

②《行政强制法》第70条规定："法律、行政法规授权的具有管理公共事务职能的组织在法定授权范围内，以自己的名义实施行政强制，适用本法有关行政机关的规定。"

为查封措施的设定依据。当然，如果某一查封措施缺乏有效的法律依据，只能说明该措施不合法，但不影响对查封措施性质的认定，因而也不影响对它的法律救济。

第四，对象。查封的对象是场所、设施和财物。具体来说，查封对象既包括场所、设施、工具、设备、财物、资料、合同、账簿，也包括原料、辅料、添加剂和产品，还包括作为违法结果的物和作为证据的物。查封可针对动产和不动产。可见，查封措施的对象非常广泛。但它不包括存款、汇款，它们属于"冻结"的对象范围。

第五，客体。客体与对象不同。对象是最直接与查封措施接触的行为和物体，而客体是对象所隐含的权利。查封措施直接影响的客体是被强制人对场所、设施或者财物所拥有的所有权或者使用权。

第六，手段。查封措施的主要手段是"就地封存"。这里有两个关键点：一是"就地"，如果"异地"查封就成了"扣押"；二是"封存"，即对查封物进行完好保存，未作处理，否则可能是行政处罚或者行政强制执行。

（二）查封的法律效果

作为行政强制措施的查封实施之后，就会引起以下四种法律效果。

1.实施查封以后，所**查封的场所和物品的所有权不变，依然属于原所有权人**。查封是限制行为而不是处分行为，不会导致原所有权关系的变化。

2.**原所有权人和管理人对于被查封场所与物品在查封期间不得转移、销毁和处分**。查封虽然没有直接处分所有权，但它的任务就是要为将来可能发生的处分行为提供保障，因而在查封期间，原所有权人不得处分被查封场所和物品。

3.原所有权人和管理人在查封期间丧失了对查封场所和物品的

占有和使用。在查封期间，由于有关场所和物品被封存，当事人自然无法使用和占有。

4.查封的效力及于查封物的从物、孳息。从物是指附属物，如汽车被查封，汽车上的坐垫作为从物自然也随之被查封。孳息是民法中的一个法律概念，指由原物所产生的额外收益，包括天然孳息（如鸡生蛋）和法定孳息（如银行利息）。查封效力及于孳息，是指原物被查封后，其孳息也作同样处理。

三、扣押财物

（一）扣押的概念和特征

扣押财物是由《行政强制法》第9条第3项所设定的并与查封相并行的一种手段。之所以说扣押是与查封并行的一项措施，是因为这两项措施的主体、功能、依据基本相同，法律法规往往对这两项措施同时作出规定，行政机关可以针对不同财物的特点选择不同的措施。从理论上说，扣押措施是指有关行政机关为了预防和制止违法行为，保证行政决定的有效作出和执行，将涉嫌违法的财物移至有关地点进行直接控制，在短时间内禁止当事人对扣押财物的使用、毁损、转移和处分的行政强制措施。扣押财物行为的法律特征在于以下几个方面。

第一，主体。从《行政强制法》第10条和第70条的规定来看，**由法律、行政法规和地方性法规授权的行政机关或者具有管理公共事务职能的组织均可成为实施扣押的主体。**由于扣押是与查封相并列的一项强制措施，所以有权查封的机关往往同时具有扣押的权力。从我国现行法律制度来看，公安、交通、税收、市场监管、卫生、金融等行政执法机关都被授予了扣押的权力。

第二，目的。与查封措施相同，扣押措施的目的：一是预防和制止违法行为，如为了防止当事人使用报废车辆而对该车辆进行扣押等。二是保证行政决定的有效作出和执行。譬如，为了保证行政决定的正确作出，对涉案证据进行扣留，以防止当事人销毁；为了保障行将作出的没收该违法物品决定的有效执行，行政机关对该物进行扣押，以防止当事人转移该物品。

第三，依据。根据《行政强制法》第10条的规定，扣押措施应当由法律、行政法规和地方性法规设定，尽管行政法规和地方性法规对扣押的设定不是无条件的。换句话说，**只有法律、行政法规和地方性法规才能作为扣押措施的设定依据，其他规范性文件不得作为扣押措施的设定依据**。

第四，对象。**扣押的对象是财物。这里的"财物"不包括存款、汇款和财产的所有权，它们属于冻结措施的对象。限于动产，不包括不动产**。扣押以移动而控制被扣押物为主要特征，而不动产无法移动。此外，**扣押不包括场所**。场所是空间而不是财物，它只适用查封而不适用扣押。具体来说，扣押对象既包括工具、设备、财物、资料、合同、账簿，也包括原料、辅料、添加剂和产品，还包括作为违法结果的物和作为证据的物。

第五，客体。扣押措施直接影响的客体是被强制人对被扣押物的所有权或者使用权。

第六，手段。扣押措施的主要手段是"异地控制"。这里有两个关键点：一是"异地"，如果"当地"扣押就属于"查封"了；二是"控制"，即在行政机关的掌控之下，当事人无法使用、转移、销毁和处分。

（二）扣押的法律效果

在实施扣押期间，当事人对被扣押物的使用权和所有权受到限制，无法对扣押物进行使用、转移、销毁和处分。具体而言，扣押的法律效果与查封一样，同样表现为以下四点。

1.实施扣押以后，所扣押物品的所有权不变，依然属于原所有权人。

2.原所有权人和管理人对于被扣押的物品在扣押期间不得转移、销毁和处分。

3.原所有权人和管理人在扣押期间丧失了对扣押物品的占有和使用。

4.扣押的效力及于扣押物的从物、孳息。

四、冻结存款、汇款

（一）冻结的概念和特征

冻结存款、汇款是由《行政强制法》第9条第4项所设定的一种行政强制措施。冻结这一措施与查封、扣押措施有明显的区别，《行政强制法》对它采用了严格的"法律保留原则"。从理论上说，冻结措施是指有关行政执法机关，为了防止当事人转移或者隐匿违法资金，损毁证据，或者为了保障行政决定得到有效执行，通过金融机构对当事人的账户采取的停止支付、禁止转移资金的行政强制措施。冻结行为的法律特征在于以下几个方面。

第一，主体。冻结措施所涉及的主体包括冻结决定机关、冻结协助机关和被冻结当事人。**冻结决定机关限于由法律直接授权的行政机关，目前并不多，只包括证券监管机构、税务机关、反洗钱行政主管部门和海关部门等。**与其他行政强制措施不同的是，冻结是需要金融机构和邮政企业的协助才能完成的强制措施，因此，金融机构和邮政企业成了该措施的协助机关。

第二，目的。冻结措施的直接目的，是防止当事人转移或者隐匿违法资金；防止当事人转移或者隐匿违法资金的目的，是保全证据和保障行政决定得到有效执行。

第三，依据。根据《行政强制法》第10条，**冻结措施应当由法律直接设定，没有直接的法律依据，任何行政机关都不得实施冻结**

措施。行政法规、地方性法规、规章和其他规范性文件都不得设定冻结措施。

第四，对象。冻结的对象既不是场所，也不是其他财物，而是当事人的存款、汇款。存款是指存款人在其开设的金融机构存款账户上存入的货币资金，包括现金存款和票据存款，转账存款和贷款转存款，单位存款和个人储蓄存款，活期存款、定期存款和定活两便存款，人民币存款与外币存款等。汇款是指金钱机构接受客户的委托，通过自身建设的网络，使用合适的支付凭证，将款项交付给收款人的一种结算方式，有电汇、信汇、票汇三种类型。存款和汇款属于金融资产。

第五，客体。冻结措施直接影响的客体是被强制人的对其存款、汇款的占有和使用权。

第六，手段。冻结措施的手段是在原账户上冻结资金而不是转移资金。

（二）冻结的法律效果

在实施冻结期间，当事人对被冻结资金的使用权和所有权受到限制，无法对该资金进行使用、转移以及作其他支配。但是冻结本身并没有处分被冻结资金的所有权。在冻结期间，被冻结资金依然属于被冻结人所有。

（三）冻结的现行制度

冻结存款、汇款的措施应当以全国人大及其常委会制定的法律为直接法律依据，这一严格的"法律保留原则"是由《立法法》和有关法律确立和体现的。《立法法》第11条规定："下列事项只能制定法律：……（九）基本经济制度以及财政、海关、金融和外贸的基本制度……"《商业银行法》第29条规定："商业银行办理个人储蓄存款业务，应当遵循存款自愿、取款自由、存款有息、为存款人保密的原则。对个人储蓄存款，商业银行有权拒绝任何单位或者个人查询、冻结、扣划，但法律另有规定的除外。"第30条规定："对单位存款，商业银行有权拒绝任何单位或者个人查询，但法律、行政法规另有规定的除外；有权拒绝任何单位或者个人冻结、扣划，但法律另有规定的除外。"这就是说，对单位或者个人的存款，任何单位或者个人都无权冻结，除非法律另有特别规定。

这里的立法原旨很清晰：**行政强制措施应当由法律设定；行政法规和地方性法规在一定条件下可以设定某些行政强制措施，但应当排除限制公民人身自由和冻结存款、汇款这两项强制措施；其他规范性文件不得设定任何行政强制措施。**

根据上述"法律保留"的要求，目前，我国有下列几部法律直接设定了行政机关或者授权具有管理公共事务职能的组织拥有实施冻结存款、汇款这一行政强制措施的权力：

——《海关法》。该法第61条第1款第1项规定，"进出口货物的纳税义务人在规定的纳税期限内有明显的转移、藏匿其应税货物以及其他财产迹象的，海关可以责令纳税义务人提供担保；纳税义务人不能提供纳税担保的，经直属海关关长或者其授权的隶属海关关长批准，海关可以采取下列税收保全措施：（一）书面通知纳税义务人开户银行或者其他金融机构暂停支付纳税义务人相当于应纳税款的存款"。

——《税收征收管理法》。该法第38条第1款第1项规定，"税务机关有根据认为从事生产、经营的纳税人有逃避纳税义务行为的，可以在规定的纳税期之前，责令限期缴纳应纳税款；在限期内发现纳税人有明显的转移、隐匿其应纳税的商品、货物以及其他财产或者应纳税的收入的迹象的，税务机关可以责成纳税人提供纳税担保。如果纳税人不能提供纳税担保，经县以上税务局（分局）局长批准，税务机关可以采取下列税收保全措施：（一）书面通知纳税人开户银行或者其他金融机构冻结纳税人的金额相当于应纳税款的存款"。

——《证券法》。该法第170条第1款规定："国务院证券监督管理机构依法履行职责，有权采取下列措施：……（六）查询当事人和与被调查事件有关的单位和个人的资金账户、证券账户、银行账户以及其他具有支付、托管、结算等功能的账户信息，可以对有关文件和资料进行复制；对有证据证明已经或者可能转移或者隐匿违法资金、证券等涉案财产或者隐匿、伪造、毁损重要证据的，经国务院证券监督管理机构主要负责人或者其授权的其他负责人批准，可以冻结或者查封，期限为六个月；因特殊原因需要延长的，每次延长期限不得超过三个月，冻结、查封期限最长不得超过二年；……"

——《证券投资基金法》。该法第113条规定："国务院证券监督管理机构依法履行职责，有权采取下列措施：……（六）查询当事人和与被调查事件有关的单位和个人的资金账户、证券账户和银行账户；对有证据证明已经或者可能转移或者隐匿违法资金、证券等涉案财产或者隐匿、伪造、毁损重要证据的，经国务院证券监督管理机构主要负责人批准，可以冻结或者查封；……"

——《反洗钱法》。该法第26条第1款规定："经调查仍不能排除洗钱嫌疑的，应当立即向有管辖权的侦查机关报案。客户要求将调查所涉及的账户资金转往境外的，经国务院反洗钱行政主管部门负责人批准，可以采取临时冻结措施。"

——《网络安全法》。该法第75条规定："境外的机构、组织、个人从事攻击、侵入、干扰、破坏等危害中华人民共和国的关键信息基础设施的活动，造成严重后果的，依法追究法律责任；国务院公安部门和有关部门并可以决定对该机构、组织、个人采取冻结财产或者其他必要的制裁措施。"

对于实施冻结或者查封账户、资金、存款的行为主体，法律上还有三种特殊规定：

——《银行业监督管理法》。该法第41条规定："经国务院银行业监督管理机构或者其省一级派出机构负责人批准，银行业监督管理机构有权查询涉嫌金融违法的银行业金融机构及其工作人员以及关联行为人的账户；对涉嫌转移或者隐匿违法资金的，经银行业监督管理机构负责人批准，可以申请司法机关予以冻结。"

——《保险法》。该法第154条第1款规定："保险监督管理机构依法履行职责，可以采取下列措施：……（七）对有证据证明已经或者可能转移、隐匿违法资金等涉案财产或者隐匿、伪造、毁损重要证据的，经保险监督管理机构主要负责人批准，申请人民法院予以冻结或者查封。"

——《审计法》。该法第38条第2款规定："审计机关对被审计单位违反前款规定的行为，有权予以制止；必要时，经县级以上人民政府审计机关负责人批准，有权封存有关资料和违反国家规定取得的资产；对其中在金融机构的有关存款需要予以冻结的，应当向人民法院提出申请。"

五、其他行政强制措施

《行政强制法》第9条第1—4项所确立的行政强制措施，是实践中最为常见和典型的行政强制措施，但行政强制措施无法列举完毕。在现实中还有许多行政强制措施尚未被列入，如冻结价格、冻结产权、现场检查（特别是进入住宅），以及对违法用具和工具的收缴①，等等。为了防止挂一漏万，《行政强制法》第9条在第5项设计了一个兜底性规定，即"其他行政强制措施"。

行政管理情况复杂多样，法律难以将所有行政强制措施都设定

---

① 如《治安管理处罚法》第11条第1款规定："办理治安案件所查获的毒品、淫秽物品等违禁品，赌具、赌资，吸食、注射毒品的用具以及直接用于实施违反治安管理行为的本人所有的工具，应当收缴，按照规定处理。"

完整，应当为行政法规设定其他行政强制措施留下余地。"其他行政强制措施"并不是一种直接可行使的行为措施，它须经过有关法律和行政法规设定以后才可实施。对于这种措施的设定和实施，我们要持更为谨慎的态度。

第二节　行政强制措施的设定

"强制法定"，是《行政强制法》的内在精神和原则。"强制法定"精神的两大基本内容是：一是行政强制应当依法"设定"；二是行政强制应当依法"实施"。前者是立法活动，后者是执法行动。据此，行政强制措施的设定，系指有关法律法规对什么机关可以实施强制措施，以及实施什么样的强制措施作出规定。根据《行政强制法》第10—11条规定，行政强制措施原则上应当由法律设定，在一定条件下也可由行政法规和地方性法规设定。

一、法律对行政强制措施的设定

（一）法律对行政强制措施的设定权

《行政强制法》第10条第1款规定："行政强制措施由法律设定。"这是原则规定，意味着原则上行政强制措施只能由全国人大及其常委会制定的法律设定。这一原则的确立，基于《行政强制法》第10—11条的直接规定，更基于由《宪法》第62条[1]和第67条[2]所规定的职权基础，同时还有《立法法》第10—11条所规定的

---

[1] 《宪法》第62条规定了全国人民代表大会的职权，其中包括"制定和修改刑事、民事、国家机构的和其他的基本法律"。

[2] 《宪法》第67条规定了全国人民代表大会常务委员会的职权，其中包括"制定和修改除应当由全国人民代表大会制定的法律以外的其他法律"，以及"在全国人民代表大会闭会期间，对全国人民代表大会制定的法律进行部分补充和修改"。

立法权基础。

（二）法律的一般设定范围

法律对行政强制措施的设定，可以区分为一般设定范围与特别保留范围。对于一般设定范围，法律可以设定，其他法规在一定条件下也可以设定，它包括：（1）查封场所、设施或者财物；（2）扣押财物；（3）其他行政强制措施。

（三）法律的特别保留范围

法律对行政强制措施设定中的特别保留范围，具有"排他性"，即只能由法律来设定，其他法规、规章和规章以下的规范性文件都不得设定。就目前我国法律制度而言，这种特别保留范围包括：

一是限制公民人身自由。公民人身自由权是受宪法直接保护的基本权利。《宪法》第37条明文规定："中华人民共和国公民的人身自由不受侵犯。任何公民，非经人民检察院批准或者决定或者人民法院决定，并由公安机关执行，不受逮捕。禁止非法拘禁和以其他方法非法剥夺或者限制公民的人身自由，禁止非法搜查公民的身体。"为此，《行政强制法》第10条体现和落实了宪法的这一精神。[①]

二是冻结存款、汇款。这一措施应当以全国人大及其常委会制定的法律为直接法律依据，这一严格的"法律保留原则"最早是由

---

① 《行政强制法》第10条规定："行政强制措施由法律设定。尚未制定法律，且属于国务院行政管理职权事项的，行政法规可以设定除本法第九条第一项、第四项和应当由法律规定的行政强制措施以外的其他行政强制措施。尚未制定法律、行政法规，且属于地方性事务的，地方性法规可以设定本法第九条第二项、第三项的行政强制措施。法律、法规以外的其他规范性文件不得设定行政强制措施。"这里的立法原旨很清晰：行政法规和地方性法规在任何条件下都不得设定冻结存款、汇款之行政强制措施。

《商业银行法》确立的。① 《行政强制法》保持了这一规则。②

三是进入公民住宅。 这一措施在《行政强制法》第9条中没有单列，而是置于该条第5项所规定的"其他行政强制措施"之中。在现实中，"进入住宅"不是一种独立的行政强制措施，它只可能作为其他行政强制措施（如行政检查）或行政强制执行（如执行行政拘留时需要进入住宅）中的一个环节。在行政强制执行中，若需进入住宅实施行政强制执行，根据行政行为的吸收理论，进入住宅被行政强制执行行为所吸收，不作为独立的行为对待；而在行政强制措施中，不论进入住宅是否构成其他行政强制措施中的一个环节，它都应当作为一种独立的强制措施对待，因为住宅权是公民受宪法直接保护的基本权利。③ 进入公民住宅的行政强制措施应当由法律设定，虽然《行政强制法》本身未将"进入住宅"单列为一种行政强制措施，但《宪法》第39条是其直接而且最高的法律依据。④

四是限制公民通信自由和秘密。 这里的"通信"应当作广义理解，包括书信、电话、电报、传真、邮件、电子邮件等现代通信方式。通信自由，是指公民通过通信工具来表达其意愿的自由；通信

---

① 《商业银行法》（1995年）第29条规定："商业银行办理个人储蓄存款业务，应当遵循存款自愿、取款自由、存款有息、为存款人保密的原则。对个人储蓄存款，商业银行有权拒绝任何单位或者个人查询、冻结、扣划，但法律另有规定的除外。"第30条规定："对单位存款，商业银行有权拒绝任何单位或者个人查询，但法律、行政法规另有规定的除外；有权拒绝任何单位或者个人冻结、扣划，但法律另有规定的除外。"

② 详见《行政强制法》第10条。

③ 公民的住宅权之所以被列入直接受宪法保护的公民基本权利，是因为住宅不仅是公民日常生活、工作和休息的场所，而且是自然人保持其人格尊严与人身自由、发展个性的物质保障。这里的住宅权不是一种物权，而是一种事关人身自由与安全的空间权利，所以该住宅公民是否享有所有权无关紧要。还有，进入住宅不包含进入经营场所，但如果经营场所内的某一个空间是作为公民居住使用的，仍可作为住宅对待。

④ 《宪法》第39条明文规定："中华人民共和国公民的住宅不受侵犯。禁止非法搜查或者非法侵入公民的住宅。"

秘密，是指公民通过书信、电话、电报、传真、邮件、电子邮件等现代通信方式传达的信息或表达的意愿等，不得被非法扣押、隐匿、拆阅、录音、窃听或者采取其他方式获取。限制公民通信自由和秘密的行政强制措施，虽然《行政强制法》未在第9条中作单独列举，但在现实中是存在的，如扣留、拆阅公民信件，录音、窃听公民电话等。我们之所以在这里要将它作为独立的强制措施单列，是因为它同样涉及公民受宪法直接保护的基本权利而需要保留给法律作专属设定。①

五是其他"应当由法律规定的行政强制措施"。"应当由法律规定的行政强制措施"这一概念是由《行政强制法》第10条第2款提出的。这种提法基于如下考虑：限制公民人身自由，冻结存款、汇款，进入公民住宅，限制公民通信自由和秘密，这四类行政强制措施固然应当限于由法律直接设定，但"应当限于由法律直接设定的行政强制措施"不止于此，以后可能还会有其他法律来作补充性设定。"应当由法律规定的行政强制措施"的提法显然为这种情况留下了空间。从法治理论上说，**只要涉及以下事项的行政强制措施，都应当由法律直接设定：（1）《宪法》所规定的公民基本权利；（2）《立法法》第11条所规定的"法律保留事项"；（3）其他法律明文规定应当由法律规定的事项。**

二、行政法规对行政强制措施的设定

（一）行政法规的设定权

行政法规是指国务院为领导和管理国家各项行政工作，根据宪

---

① 公民的通信自由和通信秘密，是我国《宪法》第40条所明文保护的基本权利。我国《邮政法》依据宪法，于第3条作出了相应的规定："公民的通信自由和通信秘密受法律保护。除因国家安全或者追查刑事犯罪的需要，由公安机关、国家安全机关或者检察机关依照法律规定的程序对通信进行检查外，任何组织或者个人不得以任何理由侵犯公民的通信自由和通信秘密。除法律另有规定外，任何组织或者个人不得检查、扣留邮件、汇款。"

法和法律制定的有关政治、经济、教育、科技、文化、外事等各类法规的总称。行政法规对行政强制措施的设定规则，主要来自《行政强制法》的下列规定：

——《行政强制法》第10条第2款："尚未制定法律，且属于国务院行政管理职权事项的，行政法规可以设定除本法第九条第一项、第四项和应当由法律规定的行政强制措施以外的其他行政强制措施。"

——《行政强制法》第11条第2款："法律中未设定行政强制措施的，行政法规、地方性法规不得设定行政强制措施。但是，法律规定特定事项由行政法规规定具体管理措施的，行政法规可以设定除本法第九条第一项、第四项和应当由法律规定的行政强制措施以外的其他行政强制措施。"

上述规定表明两项意思：一是行政法规也有权设定行政强制措施；二是这种设定权是有前提并有条件限制的。前提和条件要区分两种情况：（1）"尚未制定法律"的情况；（2）"法律中未设定行政强制措施"的情况。

（二）"尚未制定法律"时的设定权

行政法规在"尚未制定法律"的情况下，对行政强制措施的设定权是由《行政强制法》第10条第2款作出规定的。根据这一款的规定，其由三个内容要素构成：前提、职权和排除。

第一个内容要素：前提。行政法规设定行政强制措施，须以"尚未制定法律"为前提。所谓"尚未制定法律"，是指某一特定事项的管理领域暂无专门的法律。

第二个内容要素：职权。在"尚未制定法律"这一前提下，行政法规并非可以无条件地设定行政强制措施。这时的行政法规设定行政强制措施，应当符合一个条件，即它只能针对"属于国务院管理职权"的事项设定行政强制措施，对于国务院管理职权以外的事务依然不得设定行政强制措施。[①]

第三个内容要素：排除。根据《行政强制法》第10条第2款的规定，即使具备"尚未制定法律"的前提和属于国务院管理职权的范围，行政法规设定行政强制措施还受到一个条件的限制，那就是，它对于法律特别保留的设定事项不得设定。这是指上面已经提到的限制公民人身自由，冻结存款、汇款，进入公民住宅，限制公民通信自由和秘密，以及其他"应当由法律规定的行政强制措施"。

（三）"法律中未设定行政强制措施"时的设定权

这种情况与前一种情况有所不同：前一种情况"尚未制定法律"是指在某一事项的管理领域尚无法律基本制度；而本情况"法律中未设定行政强制措施"是指某一事项的管理领域已有法律基本制度，但这一法律未设定行政强制措施。

行政法规在这种情况下对行政强制措施的设定权是由《行政强制法》第11条第2款作出规定的。根据这一款的规定，原则上行政法规无针对这方面行政强制措施的设定权。理由是，已有上位法律，而该法律又不设定行政强制措施的，我们应当推定：这不是上位法律的疏忽，而是上位法律认为不需要在这一事项管理中设定行政强制措施，那么，行政法规的制定者就不得违反法律制定者的意志。

但是，如果"法律规定特定事项由行政法规规定具体管理措施"，那么行政法规依然可以设定行政强制措施。例如，《农业法》第64条第2款规定，"农业转基因生物的研究、试验、生产、加工、经营及其他应用，必须依照国家规定严格实行各项安全控制措施"，但对于实施什么样的"安全控制措施"，本身未作规定。国务院《农业转基因生物安全管理条例》第38条第5项便依据前者规定了"在紧急情况下，对非法研究、试验、生产、加工、经营或者进口、出

---

① 至于国务院的管理职权范围，目前主要根据《宪法》第89条和《立法法》第72条确定。

口的农业转基因生物实施封存或者扣押"。这便属于这种情况，为《行政强制法》第11条第2款所允许。[①]

当然，在这种情况下，行政法规设定行政强制措施依然不得设定应当由法律设定的特别保留事项。

到此，我们可以将行政法规在两种情景下对行政强制措施的设定权归结如下（见表3-1）。

表3-1　行政法规对行政强制措施的设定权

情况（前提）	不得设定行政强制措施	可以设定行政强制措施
情况一："尚未制定法律"	未达到右列条件者	1. 属于国务院管理职权事项范围； 2. 不属于法律特别保留的设定事项
情况二："法律中未设定行政强制措施"	不属于右列情况者	1. 法律规定特定事项由行政法规规定具体管理措施的； 2. 不属于法律特别保留的设定事项

三、地方性法规对行政强制措施的设定

地方性法规是指省、自治区、直辖市和设区的市人民代表大会及其常务委员会依照法定权限，在不同宪法、法律和行政法规相抵触的前提下，制定的在本行政区域内实施的规范性文件。地方性法规对行政强制措施的设定权，是由《行政强制法》第10—11条作出规定的。与行政法规一样，《行政强制法》同样区别两种情况来规定地方性法规对行政强制措施的设定权问题。

（一）第一种情况："尚未制定法律、行政法规"

这种情况下，就地方性法规对行政强制措施的设定权，《行政强制法》第10条第3款作出了规定："尚未制定法律、行政法规，且属于地方性事务的，地方性法规可以设定本法第九条第二项、第三项

---

① 参见全国人大常委会法制工作委员会行政法室编著：《中华人民共和国行政强制法解读》，中国法制出版社2011年版，第42页。

的行政强制措施。"这里表明以下三点。

一是在"尚未制定法律、行政法规"时，地方性法规方能享有对行政强制措施的设定权。如果无此前提，地方性法规便无设定权。

二是地方性法规在设定行政强制措施时，应当属于"地方性事务"。这就是说，地方性法规只能针对相应的地方性事务设定行政强制措施，不得对中央事务设定行政强制措施，否则是越权之举。[①]

三是**地方性法规在设定行政强制措施时，只能设定"查封"（场所、设施或者财物）和"扣押"（财物）两项措施，其他措施不得设定**。因为其他行政强制措施属于法律保留的范围或者在一定条件下由行政法规设定的范围。

（二）第二种情况："法律中未设定行政强制措施"

这种情况下，就地方性法规对行政强制措施的设定权，《行政强制法》完全持否定态度。《行政强制法》第11条第2款规定："法律中未设定行政强制措施的，行政法规、地方性法规不得设定行政强制措施。但是，法律规定特定事项由行政法规规定具体管理措施的，行政法规可以设定除本法第九条第一项、第四项和应当由法律规定的行政强制措施以外的其他行政强制措施。"这里无条件地表明：当法律中未设定行政强制措施时，行政法规还可"例外性"地拥有设定权，而地方性法规绝对无设定权。

到此，我们同样可以对地方性法规在两种情况下对行政强制措施的设定权作出归结（见表3-2）。

---

① 关于何谓"地方性事务"，法律上，主要是依据《宪法》第99条和第107条以及其他法律的专门规定。中央与地方事务的划分现状是：法律法规已明文规定为中央专属事务的，属于中央事务，如军事和外交等；法律法规已明文规定属于地方专属事务的，属于地方事务，如决定乡、民族乡、镇的建置和区域划分；法律法规在中央和地方职权中都作规定的，属于中央与地方共有事务，如经济、文化建设等；法律法规对于某些事务在中央和地方职权中均未规定者，地方又可先行立法的事项，暂属于地方事务。

表3-2 地方性法规对行政强制措施的设定权

情况（前提）	不得设定行政强制措施	可以设定行政强制措施
情况一："尚未制定法律、行政法规"	未达到右列条件者	1. 属于地方事务范围；2. 限于"查封"和"扣押"措施
情况二："法律中未设定行政强制措施"	（原则）	（无设定权）

四、法律法规以外的其他规范性文件不得设定行政强制措施

关于对行政强制措施的设定，以上已阐述了有关规则，即法律可以设定行政强制措施；行政法规和地方性法规在一定条件下也可以设定行政强制措施。现在还应当补充一条，那就是《行政强制法》第10条第4款所强调的，"**法律、法规以外的其他规范性文件不得设定行政强制措施**"。这就意味着：（1）规章不得设定行政强制措施；（2）规章以下的其他规范性文件更不得设定行政强制措施。

第三节 "其他行政强制措施"的设定问题

《行政强制法》第9条将行政强制措施确立为五类手段，即限制人身自由、查封、扣押、冻结以及其他行政强制措施。前四种强制手段与法的设定关系比较清晰，唯有"其他行政强制措施"因手段本身的不清晰，影响到了有关"法"对它设定关系上的不清晰，需在此作专门阐述。

根据《行政强制法》的有关规定，法律、法规以及其他规范性文件对"其他行政强制措施"的设定权问题，可以归结为下列几层意思。

一、法律可以设定"其他行政强制措施"

《行政强制法》第10条第1款规定："行政强制措施由法律设定。"这里的"行政强制措施"当然应当包括"其他行政强制措施"。

二、行政法规也可以设定"其他行政强制措施"

《行政强制法》第10条第2款规定："尚未制定法律，且属于国务院行政管理职权事项的，行政法规可以设定除本法第九条第一项、第四项和应当由法律规定的行政强制措施以外的其他行政强制措施。"这就是说，行政法规在一定条件下可以设定"其他行政强制措施"，但应当由法律设定的"其他行政强制措施"除外，如影响公民住宅权的措施。

三、地方性法规不得设定"其他行政强制措施"

《行政强制法》第10条第3款规定："尚未制定法律、行政法规，且属于地方性事务的，地方性法规可以设定本法第九条第二项、第三项的行政强制措施。"这就是说，虽然地方性法规在一定条件下也可设定行政强制措施，但限于设定"查封场所、设施或者财物"和"扣押财物"这两类措施，不得设定"其他行政强制措施"。

四、法律、法规以外的其他规范性文件不得设定"其他行政强制措施"

《行政强制法》第10条第4款明确规定："法律、法规以外的其他规范性文件不得设定行政强制措施。"这里的"法律、法规以外的其他规范性文件"包括政府规章和规章以下的其他规范性文件。这里的"行政强制措施"当然包括"其他行政强制措施"。

⬛ 典型案例

对证据的"先行登记保存"属于"其他行政强制措施"

案情简介：

某电器公司接受供电公司委托在公路上清理威胁线路安全运行的树木。2018年6月17日，该电器公司工作人员在道路上进行树木修剪作业时，公路管理站执法人员认为其系未经批准非法砍伐公路设施，遂将该公司作业使用的小型货车拖走扣押，并出具一份《证据登记保存清单》。一个月后，公路管理执法机关决定对当事人不予处罚，便退还了被扣押的小型货车。

电器公司对公路管理站扣押其小型货车的行为不服，在规定期限内以该县公路管理站为被告提起了行政诉讼，要求人民法院确认公路管理执法机关扣押其小型货车的行为违法，并要求赔偿损失。原告起诉的理由是：（1）电器公司接受供电公司委托清理威胁线路安全运行的树木，并不违法。不清理威胁线路安全运行的树木，势必影响作为公共设施的供电系统。（2）公路管理站作为证据保存而扣押我公司的小型货车，超过了《行政处罚法》第56条（原法是第37条第2款）所规定的7日期限。（3）小型货车属于当事人的生产经营工具。违法扣押一个月，造成了当事人一定程度上的停业，被告应当赔偿。

公路管理执法机关答辩称：（1）根据《公路法》第8条的规定，公路管理站是合格的行政执法主体。（2）对当事人小型货车的扣押属于证据保全，具有《行政处罚法》第56条的法律依据。（3）本案的证据保全，同时属于《行政强制法》所规定的扣押行为。根据《行政强制法》第25条的规定，扣押期限最长可以到60日，所以，本案的扣押行为并不违法。（4）行政赔偿要以行政行为违法为前提。既然扣押行为并不违法，当然也就不存在赔偿问题。

人民法院依法审理并作出了裁判（内容略）。

案例评析：

鉴于本章的教学任务，本案涉及的诸多问题不作展开，仅讨论公路管理站扣押当事人小型货车的行为属于什么行政行为，它应当由什么法设定并适用什么法律的问题。

对证据的"先行登记保存"，是《行政处罚法》授予行政处罚机关在对违反行政管理秩序的当事人进行查处过程中的一项调查取证措施。《行政处罚法》第56条规定："行政机关在收集证据时，可以采取抽样取证的方法；在证据可能灭失或者以后难以取得的情况下，经行政机关负责人批准，可以先行登记保存，并应当在七日内及时作出处理决定，在此期间，当事人或者有关人员不得销毁或者转移证据。"

对证据的"先行登记保存"，是指行政执法机关在对违反行政管理秩序的当事人进行查处过程中，在证据可能灭失或者以后难以取得的情况下，对需要保全的证据当场登记造册，暂时先予封存固定，责令当事人妥为保管，不得动用、转移、损毁或者隐匿，等待行政机关进一步调查和处理的证据保全措施。这项证据保全措施由《行政处罚法》第56条直接设定并直接而普遍地授权给了所有的行政执法机关。任何行政执法机关在行政执法中都可直接依据《行政处罚法》第56条规定实施证据保全，无须等待其他法律的具体规定。

对照《行政强制法》第2条第2款关于"行政强制措施"的定义不难发现，对证据的"先行登记保存"，本身就是一种行政强制措施，而且与《行政强制法》所规定的"查封"或"扣押"，从行为方式上看并无二致，特别是当证据表现为设备、工具等物证时。比如，将当事人从事违法行为的电脑作为证据，扣留在现场，不让当事人动用的，就是"查封"；将电脑搬运到行政机关或委托第三方监管的，就是"扣押"。"查封"是当场的"扣押"；"扣押"是异地的"查封"。从理论上说，"查封"和"扣押"可以出于其他目的，也可以出于保全证据的目的。这样，"证据先行登记保存"应当是特殊的查封、扣押措施，是查封、扣押措施中的一种特别类型。这就导致有的行政机关将"证据先行登记保存"与"查封""扣押"等同起来。

但是，我们应当澄清的是，从《行政强制法》《行政处罚法》的立法原意和立法背景来看，行政执法机关的"证据先行登记保存"是"查封""扣押"以外的"其他行政强制措施"，而不属于"查封""扣押"的一种类型和方式。《行政强制法》第9条规定："行政强制措施的种类：（一）限制公民人身自由；（二）查封场所、设施或者财物；（三）扣押财物；（四）冻结存款、汇款；（五）其他行政强制措施。"行政机关的"证据先行登记保存"属于本条中的第5项，而不是第2项和第3项。

这是因为，尽管"证据先行登记保存"与"查封、扣押"都属于"行政强制措施"，两者在行为特征上具有许多共同点，但应当也可以对二者加以区别。若对它们不加区别，则会导致法律适用上的错误。两者的区别在于以下几点。

第一，目的和条件不同。"证据先行登记保存"的目的就是在证据"可能灭失或者以后难以取得"的情况下保全证据，不能出于其他目的。而"查封、扣押"的目的是多方面的，如制止违法，避免危害发生、控制危险扩大，或便于后续的"收缴"等。这里的"查封、扣押"手段并不为"保全证据"所设置。

第二，期限不同。"证据先行登记保存"的期限，根据《行政处罚法》第56条，被严格限制在"7日内"；而"查封、扣押"的期限，根据《行政强制法》第25条的规定，要宽得多，原则上不超过30日，特殊情况下可延长30日，即最长可达60日。

第三，授权不同。行政机关的"证据先行登记保存"权是由《行政处罚法》第56条授予的，行政机关的"查封权""扣押权"是由《行政强制法》第22条①规定的。但是，《行政处罚法》第56条

---

① 《行政强制法》第22条规定："查封、扣押应当由法律、法规规定的行政机关实施，其他任何行政机关或者组织不得实施。"

属于直接授权，任何行政执法机关据此都拥有"证据先行登记保存"的权力，无须等待其他法律的专门规定；而《行政强制法》第22条属于间接授权条款，行政执法机关并不直接依据该条就获得了查封权和扣押权。哪些行政执法机关具有查封权和扣押权，还须另有法律、法规的具体规定。

第四，法律适用不同。"证据先行登记保存"作为一种《行政强制法》第9条所规定的"其他行政强制措施"，当然应当适用《行政强制法》；同时，它作为由《行政处罚法》所设定的一项行政职权和强制措施，又应当适用《行政处罚法》。而且，在关于对"证据先行登记保存"的规定上，《行政处罚法》对它的规定属于特别法，《行政强制法》对它的规定属于一般法。按照特别法优于一般法的适用规则，应当优先适用《行政处罚法》第56条，同时适用《行政强制法》的有关规定。

对照以上行政法理论和制度就可发现，本案被告对当事人的小型货车，以拖走扣押的方式实现"证据登记保存"，是名为"证据保存"实为"扣押"，而且超过了7日的"证据保存"期限，既违反了《行政处罚法》，也违反了《行政强制法》。

（本案例参考实际案情，根据教学需要改编而成）

🔍 **思考题**

1. 行政强制措施有哪些手段？
2. 哪些行政强制措施应当由法律设定？
3. 行政法规可以设定哪些行政强制措施？
4. 地方性法规可以设定哪些行政强制措施？

第四章　行政强制措施的实施主体和程序

本章知识要点

☐ 行政强制措施的实施主体

☐ 行政强制措施的一般程序

☐ 行政强制措施的具体程序

☐ 涉嫌犯罪案件财物的移送

合法有效的行政强制行为应当由具有行政强制权的组织进行。本章阐述行政强制措施的实施主体和实施程序，行政强制执行的实施主体及有关程序将在第六章至第八章进行阐述。

第一节　行政强制措施的实施主体

行政强制措施的实施主体是指实施行政强制措施的有权组织，它包括法律和法规直接设定的行政机关，法律和行政法规授权的组织，以及行使相对集中行政处罚权的行政机关。

一、法律、法规直接设定的行政机关

《行政强制法》第17条第1款第1句规定："行政强制措施由法律、法规规定的行政机关在法定职权范围内实施。"这里的"法律、法规"是指全国人大及其常委会制定的法律，国务院制定的行政法规，以及由省、自治区、直辖市和设区的市的人民代表大会及其常务委员会依法制定的地方性法规。这里的"法律、法规规定"其实是指由法律、法规"设定"。**行政强制措施的实施主体是国家行政机关，但并不是所有国家行政机关都可当然地成为实施行政强制措施的主体。只有法律和法规直接赋予其行政强制措施权的行政机关，才是行政强制措施的实施主体。**

由法律和法规直接设定行政强制措施权的行政机关，是实施行政强制措施的基本主体。目前，公安、交通运输、卫生健康、市场监管、税务、自然资源、生态环境、海关等行政管理机关都在此列。

二、法律和行政法规授权的组织

《行政强制法》第70条规定："**法律、行政法规授权的具有管理公共事务职能的组织在法定授权范围内，以自己的名义实施行政强制，适用本法有关行政机关的规定。**"这一规定，与其说是《行政强制法》中的准用条款，不如说是行政强制措施实施主体的授权条款。它表明：得到法律、行政法规授权的具有管理公共事务职能的组织也是实施行政强制措施的主体；与经法律、法规设定的行政机关不同，它不是"设定主体"而是"授权主体"。

这类授权主体受到两项限制：一是授权法限于法律和行政法规，即只有法律和行政法规才可作此授权，地方性法规、规章和其他规范性文件都不能作此授权；二是授权对象限于"具有管理公共事务职能的组织"，这类组织既不是国家行政机关，也不是其他国家机关，如权力机关、监察机关、人民法院、人民检察院等，而是指国家机关以外的社会组织，包括事业单位、企业单位和社会团体等。但是这些组织并非全具有"管理公共事务职能"，只有"具有管理公共事务职能的组织"才能成为行政强制措施权的授权对象。

还应当指出的是，《行政强制法》第70条对"具有管理公共事务职能的组织"的授权并不属于普遍而直接的授权。也就是说，**"具有管理公共事务职能的组织"并不因《行政强制法》第70条的规定而普遍、直接地获得了实施行政强制措施的权力。它们是否具有实施行政强制措施的权力，还有赖于具体法律和行政法规的规定（授权）。**

三、行使相对集中行政处罚权的行政机关

相对集中行政处罚权，是指国务院或者经国务院授权的省、自治区、直辖市人民政府，将单行法律、法规和规章设定给有关行政机关的行政处罚权的部分或者全部，从原行政机关的管理职能中分离出来，集中到一个行政机关统一行使；行政处罚权相对集中后，被集中的行政机关不得再行使。相对集中行政处罚权，是由《行政处罚法》于1996年所创设的一项行政执法制度。①2021年修订的《行政处罚法》第18条规定："国家在城市管理、市场监管、生态环境、文化市场、交通运输、应急管理、农业等领域推行建立综合行政执法制度，相对集中行政处罚权。国务院或者省、自治区、直辖市人民政府可以决定一个行政机关行使有关行政机关的行政处罚权。限制人身自由的行政处罚权只能由公安机关和法律规定的其他机关行使。"

---

① 《行政处罚法》（1996年）第16条规定："国务院或者经国务院授权的省、自治区、直辖市人民政府可以决定一个行政机关行使有关行政机关的行政处罚权，但限制人身自由的行政处罚权只能由公安机关行使。"

《行政强制法》第17条第2款规定："**依据《中华人民共和国行政处罚法》的规定行使相对集中行政处罚权的行政机关，可以实施法律、法规规定的与行政处罚权有关的行政强制措施。**"如果说《行政处罚法》创设了"相对集中行政处罚权"制度，那么，《行政强制法》第17条则创设了"相对集中行政强制措施权"制度。

相对集中行政强制措施权，是指将单行法律、法规授权各行政机关的行政强制措施权从原行政机关的管理职能中分离出来，由一个行政机关统一行使；行政强制措施权相对集中后，被集中的行政机关不得再行使原来的行政强制措施。相对集中行政强制措施权制度，造就了一个行政强制措施的实施主体，即只要是集中行使行政处罚权的行政机关，就可以集中行使与该行政处罚有关的行政强制措施。

为了准确而全面地理解相对集中行政强制措施权制度，特别是由这一制度包含或者支撑的行使相对集中的行政强制措施权的主体资格问题，有必要全面解读用以创设这一制度及主体的法律依据，即《行政强制法》第17条第2款的内容。

第一，直接授权。《行政强制法》第17条第2款是直接授权条款，而不是间接授权条款。这就是说，只要是依据《行政处罚法》的规定行使相对集中行政处罚权的行政机关，就可以直接依据该条款，无须通过其他的法律法规的再行授权，实施有关的行政强制措施。

第二，跟随制度。《行政强制法》第17条第2款还表明，相对集中行政强制措施权是因相对集中行政处罚权而发生的。相对集中行政强制措施权是相对集中行政处罚权的跟随制度而不是并行制度。这就意味着，相对集中行政处罚权应当依据《行政处罚法》第18条的要求经过"国务院或者省、自治区、直辖市人民政府"的"决定程序"，而相对集中行政强制措施权无须再经过"国务院或者省、自治区、直辖市人民政府"的"决定程序"。只要"国务院或者经国务院授权的省、自治区、直辖市人民政府"已经"决定"了相对集中行政处罚权，与行政处罚有关的行政强制措施便跟随前者同时转移，无须另行审批。

第三，有关性。根据《行政强制法》第17条第2款的规定，可以跟随行政处罚同时转移的行政强制措施应当与行政处罚具有"相关性"。不具有"相关性"的行政强制措施不得跟随转移。例如，对乱砍森林的处罚与对违法建筑的强制措施之间就不具有"相关性"。

第四，限于法律法规设定。《行政强制法》第17条第2款还表明，可以与行政处罚同步集中的行政强制措施应当由法律和法规设定。应当注意的是，在行政处罚制度中，法律、法规和规章都可设定行政处罚；而在行政强制措施制度中，只有法律和法规能够设定行政强制措施。《行政强制法》第17条第2款是有关相对集中行政强制措施权，而不是相对集中行政处罚权的条款，所以应当与《行政强制法》的要求相一致。这就是说，在行政处罚制度中，由法律、法规和规章设定的行政处罚都有可能被相对集中，但在行政强制措施制度中，跟随处罚可以被相对集中的限于由法律和法规设定的行政强制措施。①

第五，限制人身自由措施除外。由于相对集中行政强制措施权是相对集中行政处罚权的跟随制度，而《行政处罚法》第18条第3款明文规定，"限制人身自由的行政处罚权只能由公安机关和法律规定的其他机关行使"。这一对处罚的限制同时适用对强制措施的限制，也就是说，**限制公民人身自由的行政强制措施同样不得被集中至"公安机关和法律规定的其他机关"以外的机关。**

---

① 有关专家表明了一个观点："在行政强制措施权相对集中的情况下，如果相对集中的行政处罚权中存在规章设定的行政处罚权，即使该行政处罚权的设定合法，但规章中关于该行政处罚权配套的行政强制措施权的规定是没有法律依据的，人民法院在审理此类案件时，不宜将相关规章作为合法性判断的参照依据。"详见江必新主编：《〈中华人民共和国行政强制法〉条文理解与适用》，人民法院出版社2011年版，第118页。

四、行政强制措施"禁止委托"原则

《行政强制法》第17条第1款第2句规定："行政强制措施权不得委托。"这是《行政强制法》与《行政处罚法》、《行政许可法》在委托规定上的最大区别，《行政处罚法》和《行政许可法》允许对处罚和许可进行委托，而《行政强制法》一概不允许对行政强制措施进行委托。

五、行政执法人员的资格要求

实施行政强制措施，是国家行政机关及有关组织所实施的行政执法行为。从事行政执法行为的机关称为行政执法机关。行政执法机关的执法行为都是通过行政执法人员来实现的。

行政执法人员，系指基于职务关系、授权关系或者委托关系，依法代表行政执法机关对外实施执法行为，其行为效果归属于行政执法机关的人员。执法人员的素质和水平直接决定了执法机关执法行为的质量。为此，《行政强制法》为行政执法人员设置了执法资格制度。

《行政强制法》第17条第3款规定："行政强制措施应当由行政机关具备资格的行政执法人员实施，其他人员不得实施。"这一资格制度的具体内容当然有待有关法规具体化，但是，下列基本内容应当被包括。

第一，**实施行政强制措施的执法人员应当具有"行政执法资格证"，无资格证者，不得从事该活动。**

第二，**行政执法人员获得"资格证"，应当进行相关法律知识和其他有关知识的考试，经考试合格的才能被授予行政执法资格、上岗行政执法。**

第三，**行政执法人员在实施行政强制措施行为时，应当出示有关"资格证"，否则，行政相对人有权拒绝。**

第二节　行政强制措施的一般程序

《行政强制法》对实施行政强制措施的程序非常重视，以一章三节18个条文对行政强制措施的一般程序和具体程序作出规范。本节阐述适用于各类行政强制措施的程序要求，下一节阐述各类行政强制措施的具体程序。

实施行政强制措施的一般程序之基本要求由《行政强制法》第18条作出规定，即"行政机关实施行政强制措施应当遵守下列规定：（一）实施前须向行政机关负责人报告并经批准；（二）由两名以上行政执法人员实施；（三）出示执法身份证件；（四）通知当事人到场；（五）当场告知当事人采取行政强制措施的理由、依据以及当事人依法享有的权利、救济途径；（六）听取当事人的陈述和申辩；（七）制作现场笔录；（八）现场笔录由当事人和行政执法人员签名或者盖章，当事人拒绝的，在笔录中予以注明；（九）当事人不到场的，邀请见证人到场，由见证人和行政执法人员在现场笔录上签名或者盖章；（十）法律、法规规定的其他程序"。根据该条规定，行政机关实施行政强制措施应当遵守下列规定。

一、事先报批和决定

《行政强制法》第18条第1项要求，"实施前须向行政机关负责人报告并经批准"。这是一项事先的程序要求，包含两项内容：一是事先报批制。行政执法人员在现场发现有实施行政强制措施的情景的，不得擅自实施行政强制措施（紧急情况除外），而应当事先向所在行政机关的负责人报告，获得批准后方可实施。这对现场强制无疑是个约束，并且强化了单位领导人的责任。二是事先决定制。《行政强制法》规定，任何行政强制措施都需要事先制作"行政决定"，而这一决定在实施行政强制措施时是应当交付给当事人的；而且这一要求已被列为行政强制措施的一般程序要求。

有关行政强制措施的《行政决定书》内容，《行政强制法》第18条未作统一规定，但根据该法的立法精神和有关常识，一般应当包括下列基本内容：

1.决定名称，一般标有"关于对×××××××进行×××××××的决定"；

2.当事人的姓名或者名称、地址；

3.强制措施的种类、手段、期限等；

4.被强制物的名称、质量、数量等；

5.实施强制的理由：事实部分；

6.实施强制的理由：规范依据；

7.当事人的程序权利，如陈述、申辩、复议和诉讼的权利；

8.行政机关的名称、印章和日期。

二、由两名以上行政执法人员实施

这是《行政强制法》第18条第2项的要求。一般的操作程序是这样的，当行政机关负责人批准实施行政强制措施并作出行政决定时，会同时指定具体的行政执法人员。在指定具体行政执法人员时，应当符合三个要求：一是所指定的行政执法人员应当取得行政执法资格。二是所指定的行政执法人员应当与本案无利害关系，这既是正当程序的要求，也是不少制定法的要求①。三是行政执法人员应当是两名以上。之所以作出这一要求，既是为了相互监督，防止侵犯

---

① 关于执法人员的回避制度，我国目前因暂无"行政程序法"而无统一的程序规定，但不少法律法规已作出要求。如《道路交通安全法》第83条规定："交通警察调查处理道路交通安全违法行为和交通事故，有下列情形之一的，应当回避：（一）是本案的当事人或者当事人的近亲属；（二）本人或者其近亲属与本案有利害关系；（三）与本案当事人有其他关系，可能影响案件的公正处理。"

当事人权益的行为发生，也是为了保护执法人员，避免当事人诬告、报复、贿赂执法人员的现象发生。两名以上执法人员的要求，已被越来越多的法律法规所体现，如《行政处罚法》^①、《行政许可法》^②和《出境入境管理法》^③均有类似规定。

三、出示执法身份证件

在执法活动中，执法人员出示执法身份证件，既是公共管理的需要，也是执法人员的程序义务。出示执法身份证件的意义在于：一是宣示行政执法人员的法律地位，表明他正代表国家行政机关进行执法活动；二是便于社会公众对他的执法活动进行监督；三是防止有人假冒国家工作人员"执法"，避免公民上当受骗。

关于出示执法身份证件，原则上要求出示行政执法证件。在行政执法证件尚不完备的地方和阶段，至少应当出示工作证件。

四、通知当事人到场

在实施行政强制措施时，通知当事人到场，对行政执法机关及其执法人员来说，是一种法定义务，因为他们不得背着当事人对当事人的财物实施强制措施；对当事人来说，到达现场，既是权利也是义务。作为权利，只有当事人到达现场，当事人才能有效地主张权利，如陈述、申辩等；作为义务，如对当事人实施限制人身自由的强制措施，只有当事人在场，行政机关才能实施这一强制措施。可见，无论是对行政执法机关而言还是对当事人而言，无论是针对

---

① 《行政处罚法》第42条第1款规定："行政处罚应当由具有行政执法资格的执法人员实施。执法人员不得少于两人，法律另有规定的除外。"

② 《行政许可法》第34条第3款规定："根据法定条件和程序，需要对申请材料的实质内容进行核实的，行政机关应当指派两名以上工作人员进行核查。"

③ 《出境入境管理法》第66条规定："根据维护国家安全和出境入境管理秩序的需要，必要时，出入境边防检查机关可以对出境入境的人员进行人身检查。人身检查应当由两名与受检查人同性别的边防检查人员进行。"

当事人的权利还是针对当事人的义务，通知当事人到场，都是实施行政强制措施程序中不可或缺的重要环节。

五、告知内容、理由和救济权利

实施任何行政强制措施，行政执法机关都应当告知当事人实施该行政强制措施的内容、理由和救济权利。实施该行政强制措施的内容，系指具体措施的内容，包括当事人、强制对象和强制手段等，如对张三某牌号的车辆实施扣留。理由，系指作出该行政强制措施的理由，包括事实证据和法律依据。救济权利，系指当事人事先的陈述权和申辩权，以及事后的申请复议和提起诉讼的权利。

向当事人告知实施行政强制措施的内容、理由和救济权利，是行政执法机关的事先义务，而不是事后义务。 这就是说，行政执法机关应当在实施行政强制措施之前，而不是之后，告知当事人实施该行政强制措施的内容、理由和救济权利。

当然，这种事先的告知，一般是通过有关行政强制措施的行政决定来表达的。因为行政执法机关在实施行政强制措施前应当送达行政决定，而行政决定本身就应当包含这些内容。

《行政强制法》第18条在程序上作这一规定，是富有程序意义和实体意义的。从程序意义上说，告知当事人内容、理由和救济权利，是正当程序中的一个环节；从实体意义上说，它有助于保障实施行政强制措施行为的合法性和正确性。

六、听取当事人的陈述和申辩

前一环节是"告知"，这一环节是"听取"。这一环节与前一环节并不重复。前一环节"告知"当事人的内容包括了陈述权、申辩权和法律救济权。法律救济权是发生在程序之后的，等所有措施实施以后当事人才有权申请行政复议或者提起行政诉讼。因而，"告知"以后的程序环节当然就是"听取"当事人的陈述和申辩了。

"告知"是"听取"的前提。行政执法机关不告知当事人有陈述、申辩权利，当事人可能会不行使这一权利；当事人不行使这一权利，行政执法机关及其执法人员就不存在"听取"问题了。反过来说，"听取"是"告知"的结果和保障。如果行政执法机关及其执法人员对当事人的陈述和申辩意见可以置之不理，不予"听取"，那么，"告知"当事人的陈述权和申辩权就失去了意义。

当然，"听取"不是无条件地接受。当事人的陈述和申辩意见有道理的，行政执法机关及其执法人员一定要吸收；如果没有道理，一定要作出解释，尽量消除误解。

七、制作现场笔录

《行政强制法》第18条第7—9项都是对制作现场笔录的规定，因而我们将它们合并为一个程序环节进行说明。

制作现场笔录，系指行政执法机关及其执法人员在行政执法过程中，对实施该执法活动过程所作的书面记录。现场笔录包括现场检查笔录、现场勘验笔录、现场检验笔录、现场实施笔录等。行政强制措施的现场笔录，主要指实施该行政强制措施的过程记录，包括：（1）送达有关行政强制措施的行政决定及签收情况；（2）告知当事人有关权利和当事人主张权益的情况；（3）行政强制措施的实施情况；等等。现场笔录由当事人和行政执法人员签名或者盖章。当事人拒绝的，应在笔录中予以注明。当事人不到场的，邀请见证人到场，由见证人和行政执法人员在现场笔录上签名或者盖章。

制作现场笔录的意义在于：一是有助于建立行政执法档案制度；二是有助于行政机关的自我监督；三是有助于形成证据，克服事后取证难问题。根据最高人民法院《关于行政诉讼证据若干问题的规定》的有关规定，在行政诉讼中，现场笔录的书证优于其他书证、视听资料和证人证言。[①]

八、法律、法规规定的其他程序

根据《行政强制法》第18条第10项的规定，作为实施行政强制措施的基本程序，行政执法机关及其执法人员除了应当遵循上述七个环节外，还应当遵守"法律、法规规定的其他程序"。这里有几个要点应当把握。

第一，作为实施行政强制措施的基本程序，上述七个环节并未穷尽，它本身就允许其他法律和法规进行补充。

第二，其他法律和法规所补充的程序，不得与前七个环节规定相抵触。它只是对前者的补充而不是改变。

第三，对其他程序的规定，限于法律和法规。

九、行政强制措施中的紧急程序

如果说《行政强制法》第18条规定了实施行政强制措施的一般程序，那么，第19条的规定就属于一般程序中的"紧急程序"。《行政强制法》第19条规定："**情况紧急，需要当场实施行政强制措施的，行政执法人员应当在二十四小时内向行政机关负责人报告，并补办批准手续。行政机关负责人认为不应当采取行政强制措施的，应当立即解除。**"

需要注意的是，这一规定只是对第18条中的第一环节，即事先报批和决定的变通，而不是对所有程序环节的变通。根据第18条第1项的规定，行政执法人员在实施行政强制措施之前，应当向行政机关负责人报告并经批准，由此制作行政决定书；但根据第19条的

---

① 最高人民法院《关于行政诉讼证据若干问题的规定》第63条第2项规定，"鉴定结论、现场笔录、勘验笔录、档案材料以及经过公证或者登记的书证优于其他书证、视听资料和证人证言"。

规定，"情况紧急，需要当场实施行政强制措施的"，就可以变通这一要求，即可不经批准而先行实施。

所谓"情况紧急"，系指基于事态的发展之快之严重，无法等待报经行政机关负责人批准并制作行政决定书。如灭火中要拆除有关建筑、对醉酒者的强制约束等。如遇到这种情况，行政执法人员应当在实施行政强制措施后的24小时内向行政机关负责人报告，并补办批准手续。行政机关负责人认为不应当采取行政强制措施的，应当立即解除。

第三节　行政强制措施的具体程序

一、限制人身自由措施的程序

在我国，对有关公民人身自由权利的事项采用"法律保留原则"。《宪法》将公民的人身自由权列入宪法权利，《立法法》又明确将公民的政治权利和人身自由权利列入法律保留范围。《宪法》和《立法法》的上述原则落实到《行政强制法》中的结果，就是该法作出了限制公民人身自由的行政强制措施只得由法律设定的规定。这些对公民人身自由权利的特别保护原则，必然影响法律对限制公民人身自由措施的程序设定和要求。

《行政强制法》第20条对有关限制公民人身自由的强制措施的程序作出了特别要求："依照法律规定实施限制公民人身自由的行政强制措施，除应当履行本法第十八条规定的程序外，还应当遵守下列规定：（一）当场告知或者实施行政强制措施后立即通知当事人家属实施行政强制措施的行政机关、地点和期限；（二）在紧急情况下当场实施行政强制措施的，在返回行政机关后，立即向行政机关负责人报告并补办批准手续；（三）法律规定的其他程序。实施限制人身自由的行政强制措施不得超过法定期限。实施行政强制措施的目的已经达到或者条件已经消失，应当立即解除。"这一条文虽然置于第三章行政强制措施实施程序中的第一节一般规定之中，但其实它并不属于一般程序，而是有关限制公民人身自由强制措施的特别程序。作为特别程序就意味着，它应当以遵守《行政强制法》第16—19条规定的一般程序为前提，在这一前提下，还应当遵循下列程序要求。

（一）当场告知或立即通知家属

行政机关对当事人实施限制人身自由的行政强制措施应当当场或者立即将有关信息告知其家属；无家属者，应当通知其单位，这是正当程序的要求。一个人可以秘密地被带走并且不知去向，有悖于真正的法治。《行政强制法》第20条第1款第1项规定，**实施行政强制措施的行政机关应当当场告知或者实施行政强制措施后立即通知当事人家属实施行政强制措施的行政机关、地点和期限，这构成了行政机关的法定义务，而不是可做可不做的行为。**这一义务包含了以下几个要点。

1.通知时间：当场或者立即。在当事人家属在场的场所（如住所等）对其实施限制人身自由的行政强制措施时，行政机关应当"当场"告知其家属；在当事人家属不在场的场所对其实施限制人身自由的行政强制措施时，行政机关应当"立即"将有关信息告知其家属。所谓"立即"，是指"事后及时"。

2.通知对象：家属或者单位。家属，是指本人以外的家庭成员，包括配偶、父母和子女。对于被实施限制人身自由强制措施的当事人来说，家属一般是与其关系最亲近的人员，因此，家属是需要通知的首要对象。无论是当场通知还是实施强制措施后的通知，均应当首先通知其家属；无家属或者家属通知不到的，才通知其单位。

3.通知内容：机关、地点和期限。无论通知家属还是单位，通知的内容都应当包括：（1）实施限制人身自由的机关；（2）当事人被限制人身自由的地点，即约束地点；（3）当事人被限制人身自由的期限。这三个是最基本的信息，行政机关应当毫无保留地通知给家属或者单位。行政机关履行通知义务时，不得少于这三个信息，但可以多于这三个信息，如告知强制的种类、依据和理由。

（二）紧急情况下的补办手续

《行政强制法》第20条第1款第2项规定，在紧急情况下当场实施行政强制措施的，在返回行政机关后，立即向行政机关负责人报告并补办批准手续。这里的"紧急情况"，系指情况到了无法事先向行政机关负责人报告并办理批准手续的程度，等待单位报批会造成无法挽回的后果，例如一个醉汉正在大街上殴打他人。这里的补办手续，是指补办实施限制人身自由强制措施整个程序上的手续，而不是仅指补办通知手续。关于通知问题，依然适用上述规定。

（三）遵守法律规定的其他程序

行政机关实施限制人身自由的行政强制措施，除应当遵循上述程序外，还应当遵守法律规定的其他程序。这里的"法律"是狭义的，系指全国人大及其常委会制定的法律。《行政强制法》对限制人身自由的强制措施采取严格的法律保留原则，因而，所增加的程序自然也应当限于法律规定。

（四）两大原则：禁超期限和立即解除

《行政强制法》第20条第2款还为实施限制人身自由的强制措施确立了两项原则，即"禁超期限"和"立即解除"。这两项原则的确立，是对公民人身自由权的有力保护。

1."禁超期限"原则

"禁超期限"原则系指行政机关实施限制公民人身自由行政强制措施，不得超越"法定期限"。这里的"法定期限"，应当指法律规定的期限。我国不少法律已对期限作出规定，如根据《人民警察法》第9条①，公安机关对当事人的留置盘问不得超过24小时，经延长不得超过48小时；根据《治安管理处罚法》第83条②，公安机关对违反治安管理行为人实施强制传唤不得超过8小时，最长不得超过24小时；根据《海关法》第6条③，海关对走私犯罪嫌疑人的扣留不得超过24小时，最长不得超过48小时；根据《禁毒法》第47条④，强制隔离戒毒的期限为2—3年；等等。

---

① 《人民警察法》第9条规定："为维护社会治安秩序，公安机关的人民警察对有违法犯罪嫌疑的人员，经出示相应证件，可以当场盘问、检查；经盘问、检查，有下列情形之一的，可以将其带至公安机关，经该公安机关批准，对其继续盘问：（一）被指控有犯罪行为的；（二）有现场作案嫌疑的；（三）有作案嫌疑身份不明的；（四）携带的物品有可能是赃物的。对被盘问人的留置时间自带至公安机关之时起不超过二十四小时，在特殊情况下，经县级以上公安机关批准，可以延长至四十八小时，并应当留有盘问记录。对于批准继续盘问的，应当立即通知其家属或者其所在单位。对于不批准继续盘问的，应当立即释放被盘问人。经继续盘问，公安机关认为对被盘问人需要依法采取拘留或者其他强制措施的，应当在前款规定的期间作出决定；在前款规定的期间不能作出上述决定的，应当立即释放被盘问人。"

② 《治安管理处罚法》第83条规定："对违反治安管理行为人，公安机关传唤后应当及时询问查证，询问查证的时间不得超过八小时；情况复杂，依照本法规定可能适用行政拘留处罚的，询问查证的时间不得超过二十四小时。公安机关应当及时将传唤的原因和处所通知被传唤人家属。"

③ 《海关法》第6条规定："海关可以行使下列权力：……（四）在海关监管区和海关附近沿海沿边规定地区，检查有走私嫌疑的运输工具和有藏匿走私货物、物品嫌疑的场所，检查走私嫌疑人的身体；对有走私嫌疑的运输工具、货物、物品和走私犯罪嫌疑人，经直属海关关长或者其授权的隶属海关关长批准，可以扣留；对走私犯罪嫌疑人，扣留时间不超过二十四小时，在特殊情况下可以延长至四十八小时。……"

④ 《禁毒法》第47条规定："强制隔离戒毒的期限为二年。执行强制隔离戒毒一年后，经诊断评估，对于戒毒情况良好的戒毒人员，强制隔离戒毒场所可以提出提前解除强制隔离戒毒的意见，报强制隔离戒毒的决定机关批准。强制隔离戒毒期满前，经诊断评估，对于需要延长戒毒期限的戒毒人员，由强制隔离戒毒场所提出延长戒毒期限的意见，报强制隔离戒毒的决定机关批准。强制隔离戒毒的期限最长可以延长一年。"

2."立即解除"原则

"立即解除"原则，系指根据《行政强制法》第20条第2款规定，**行政机关实施限制公民人身自由行政强制措施后，实施该措施的目的已经达到或者条件已经消失，应当立即解除该措施的要求。**"禁超期限"原则适用于"期限之外"，是指一旦超越"期限"，应当无条件放人；限制人身自由不得超越"法定期限"。而"立即解除"原则适用于"期限之内"，系指虽然尚未达到"法定期限"，但实施该措施的目的已经达到或者条件已经消失，应当立即解除该措施。

二、查封、扣押措施的程序

《行政强制法》在第三章行政强制措施实施程序中，将查封和扣押合并于一节（第二节）作统一规定，是基于这两种措施的功能，除了"当地"与"异地"之区别外，其他基本相同，都是对当事人财物的一种限制。

《行政强制法》在第三章第二节从第22条至第28条，共计7个条文，详细规定了查封、扣押中的有关问题。

（一）查封、扣押的对象范围

《行政强制法》第23条规定："**查封、扣押限于涉案的场所、设施或者财物，不得查封、扣押与违法行为无关的场所、设施或者财物；不得查封、扣押公民个人及其所扶养家属的生活必需品。当事人的场所、设施或者财物已被其他国家机关依法查封的，不得重复查封。**"这是对查封、扣押对象范围的限制性规定。应当注意以下几点。

1.查封、扣押对象限于场所、设施或者财物，不包括人。如果扣押人，便属于"限制人身自由"的强制措施，不属于"查封、扣押"措施。

2.涉案原则。它是由《行政强制法》第23条所确立的一项实施原则，"查封、扣押限于涉案的场所、设施或者财物，不得查封、扣押与违法行为无关的场所、设施或者财物"。根据这一原则，对有关场所、设施或者财物实施查封或者扣押，应当具有"涉案性"，即与案件有关。①"涉案性"又体现在两个保障原则和一个禁止原则上，以下分述。

3.生活保障原则。《行政强制法》第23条规定"不得查封、扣押公民个人及其所扶养家属的生活必需品"。这是生活保障原则的体现。②这一原则所保障的人，既包括当事人本人，也包括他所扶养的家属。这里的"家属"应当包括与当事人有扶养关系的配偶、直系血亲、同胞兄弟姐妹。这里的"生活必需品"，应当指为衣、食、住、行、受教育和医疗所必需的物品。③

4.第三人权益保障原则。第三人权益保障原则，系指行政机关在实施查封、扣押强制措施时，不得对被侵害人和善意第三人的合法财物进行查封或扣押。对于这一原则，虽然《行政强制法》本身未作规定，但根据其他法律的规定，并结合《行政强制法》的立法目的，这一原则应当适用于行政强制领域。如《治安管理处罚法》

---

① 关于如何认定"涉案性"，有专家将它归纳为：（1）作为违法行为结果的物；（2）作为违法行为的工具；（3）处于危险状态的物；（4）证明违法行为存在的物；（5）实施违法行为或者产生危险危害的场所。参见江必新主编：《〈中华人民共和国行政强制法〉条文理解与适用》，人民法院出版社2011年版，第145页。

② 这一原则在不少国家和地区都有所体现。一般规定下列财物不列入查封范围：（1）债务人及其亲属生活必需之物品及金钱；（2）必需之衣服、寝具、餐具及其他物品；（3）职业上或教育上所必需之器具物品；（4）勋章及其他表彰荣誉之物品；（5）遗像、牌位、墓碑及其他祭祀礼拜所用之物；（6）未成熟之天然孳息；（7）尚未发表之发明或著作；（8）建筑物所附防止灾害物品；（9）禁止查封物之变换。参见杨与龄编著：《强制执行法论》，中国政法大学出版社2002年版，第325—328页。

③ 这一原则体现了对人的生存权的尊重和保护，是人权原则的体现，符合我国的宪法精神。保障当事人及其家属的生活条件，早在《民事诉讼法》中就有体现，接着最高人民法院《关于人民法院民事执行中查封、扣押、冻结财产的规定》和最高人民检察院《人民检察院扣押、冻结涉案款物工作规定》都作了类似规定。但上述规定原来只适用于司法领域，而《行政强制法》的规定，使得该原则从司法领域扩展至行政强制领域，这无疑是一个进步。

第89条第1款规定，公安机关办理治安案件，对与案件有关的需要作为证据的物品，可以扣押；对被侵害人或者善意第三人合法占有的财产，不得扣押。

5.禁止重复查封原则。根据《行政强制法》第23条第2款的规定，当事人的场所、设施或者财物已被其他国家机关依法查封的，不得重复查封。这就是对"禁止重复查封原则"的规定。这一原则内的"其他国家机关"，包括司法机关和其他行政机关。

（二）查封、扣押的实施程序

根据《行政强制法》第24条的规定，行政机关决定实施查封、扣押的，首先应当履行《行政强制法》第18条所规定的一般程序，其次应当制作并当场交付查封、扣押决定书和清单。查封、扣押决定书应当载明下列事项："（一）当事人的姓名或者名称、地址；（二）查封、扣押的理由、依据和期限；（三）查封、扣押场所、设施或者财物的名称、数量等；（四）申请行政复议或者提起行政诉讼的途径和期限；（五）行政机关的名称、印章和日期。"查封、扣押清单一式二份，由当事人和行政机关分别保存。

（三）查封、扣押的期限

《行政强制法》第25条第1款规定，查封、扣押的期限不得超过30日；情况复杂的，经行政机关负责人批准，可以延长，但是延长期限不得超过30日。在这里，第一个30日属于查封、扣押的基本期限。所谓基本期限，就是指行政机关实施查封和扣押，原则上应当在这一期限内完成。另一个30日属于延长期限。延长期限是指在基本期限之外可以增加的时间长度。基本期限加上延长期限等于最长期限。可见，**我国查封、扣押的基本期限是30日，延长期限也是30日，最长期限是60日**。这里应当特别说明的是，**基本期限与延长期限之间不允许间隔，即从查封、扣押行为的开始到结束，连续**

计算不得超过60日，此为最长时间，当然也是绝对时间。[1]

上述期限属于一般期限。一般期限是指常态下的期限。但《行政强制法》第25条第1款在规定一般期限的同时，又明文规定"法律、行政法规另有规定的除外"。这意味着，法律和行政法规可以对查封、扣押的期限作出例外规定。所谓例外规定就是特别规定，在期限适用上优于一般期限。特别规定限于法律和行政法规作出，地方性法规和规章无资格作出例外规定。[2]

（四）查封、扣押期间的保管和费用

查封、扣押行为发生后，被查封、扣押的物品就处于行政机关的控制之下。被查封、扣押的物品在查封、扣押期间，其处分权和使用权受到限制，但所有权没有转移，依然属于当事人所有。因而，在查封、扣押期间，实施该措施的行政机关应当负有妥善保管的义务。《行政强制法》第26条第1款规定，**对查封、扣押的场所、设施或者财物，行政机关应当妥善保管，不得使用或者损毁。**

还有费用承担问题。《行政强制法》第25条第3款明文规定，"检测、检验、检疫或者技术鉴定的费用由行政机关承担"。另根据第26条第3款，**因查封、扣押发生的保管费用也由行政机关承担。**

---

[1] 《行政强制法》将查封、扣押的基本期限定为30日，延长期限定为30日，从而决定了最长期限是60日，已经平衡了两个方面的考虑：一是行政强制措施的"暂时性"。查封、扣押作为行政强制措施，具有"暂时性"之特点，查封、扣押期限规定过长就会背离查封、扣押行为的"暂时性"。二是行政强制措施的目的性。行政强制措施的目的是预防、制止违法行为或社会危害事件，保障后续行政行为的有效作出。如果查封、扣押期限过短，就会使行政强制措施无法达到目的。

[2] 目前，我国有不少法律和行政法规规定了不同于一般期限的例外期限。如《禁止传销条例》第18条第1款规定工商行政管理部门实施查封、扣押的期限不得超过30日，延长不得超过15日。

（五）查封、扣押财物的处理

查封、扣押是一种过程行为而不是结果行为。它们是一种服务于结果行为的暂时性措施，最终需要有一种结果加以了结。《行政强制法》第27条规定："行政机关采取查封、扣押措施后，应当及时查清事实，在本法第二十五条规定的期限内作出处理决定。对违法事实清楚，依法应当没收的非法财物予以没收；法律、行政法规规定应当销毁的，依法销毁；应当解除查封、扣押的，作出解除查封、扣押的决定。"该条确立了"期限内处理原则"。根据这一原则，针对不同情况会有三种处理结果：一是依法没收；二是依法销毁；三是依法解除。解除查封、扣押后，应当立即退还财物。已将鲜活物品或者其他不易保管的财物拍卖或者变卖的，退还拍卖或者变卖所得款项。变卖价格明显低于市场价格，给当事人造成损失的，应当给予补偿。

三、冻结措施的程序

冻结，是指有权冻结的实施主体依法作出冻结决定并向金融机构发出协助执行通知书，禁止当事人在一定期限内支取或转移其账户存款或汇款的强制措施。它属于一种独立的行政行为。由于这种行为既关系到金融机构的信用，又关系到公民、法人和其他组织的财产安全，并被列入"法律保留"范围，所以《行政强制法》在第三章行政强制措施实施程序中对冻结措施的程序单设一节作了专门规定。

（一）冻结的实施原则

鉴于冻结措施的特殊性，《行政强制法》为冻结程序设定了两项原则，即相当性原则和禁止重复冻结原则。

1.相当性原则。《行政强制法》第29条第2款规定，"冻结存款、汇款的数额应当与违法行为涉及的金额相当"。这是对"相当性原则"的表述。所谓"相当性",是指**冻结存款、汇款的数额应当与违法行为涉及的金额接近、成比例**。冻结一方面有效保障了行政秩序,另一方面也会对公民、法人或者其他组织的财产权益构成威胁,所以坚持"相当性原则"非常重要。冻结措施中的"相当性原则",源于《行政强制法》第5条的规定,"行政强制的设定和实施,应当适当"。它是行政强制适当原则的体现和要求。我国其他一些法律也体现了这一原则。如《税收征收管理法》第38条规定,冻结纳税人的金额应当"相当于"应纳税款的存款。①

2.禁止重复冻结原则。《行政强制法》第29条第2款还规定,"已被其他国家机关依法冻结的,不得重复冻结"。这是对"禁止重复冻结原则"的表述。所谓重复冻结,系指两个或者两个以上的国家机关对同一账户内的同一额度存款或者汇款在同一时间内进行冻结的行为。这里的"国家机关"包括行政机关、监察机关和司法机关等。之所以禁止重复冻结,一是为了防止国家机关之间的利益冲突,二是为了保护当事人的合法财产权益。

(二)冻结的实施程序

冻结的实施程序可分为行政机关的实施程序和金融机构的协助

---

① 《税收征收管理法》第38条规定:"税务机关有根据认为从事生产、经营的纳税人有逃避纳税义务行为的,可以在规定的纳税期之前,责令限期缴纳应纳税款;在限期内发现纳税人有明显的转移、隐匿其应纳税的商品、货物以及其他财产或者应纳税的收入的迹象的,税务机关可以责成纳税人提供纳税担保。如果纳税人不能提供纳税担保,经县以上税务局(分局)局长批准,税务机关可以采取下列税收保全措施:(一)书面通知纳税人开户银行或者其他金融机构冻结纳税人的金额相当于应纳税款的存款;(二)扣押、查封纳税人的价值相当于应纳税款的商品、货物或者其他财产。纳税人在前款规定的限期内缴纳税款的,税务机关必须立即解除税收保全措施;限期期满仍未缴纳税款的,经县以上税务局(分局)局长批准,税务机关可以书面通知纳税人开户银行或者其他金融机构从其冻结的存款中扣缴税款,或者依法拍卖或者变卖所扣押、查封的商品、货物或者其他财产,以拍卖或者变卖所得抵缴税款。个人及其所扶养家属维持生活必需的住房和用品,不在税收保全措施的范围之内。"

程序。根据《行政强制法》第30条和第31条的有关规定，行政机关实施冻结措施涉及以下几个环节。

1.履行《行政强制法》第18条中的部分程序环节。《行政强制法》第30条第1款规定："行政机关依照法律规定决定实施冻结存款、汇款的，应当履行本法第十八条第一项、第二项、第三项、第七项规定的程序……"这里首先表明，行政机关实施冻结存款、汇款，应当履行《行政强制法》第18条中的四项程序：（1）实施前须向行政机关负责人报告并经批准；（2）由两名以上行政执法人员实施；（3）出示执法身份证件；（4）制作现场笔录。其次表明，以下几个一般程序环节不适用于冻结措施：（1）通知当事人到场；（2）当场告知当事人采取行政强制措施的理由、依据，以及当事人依法享有的权利、救济途径；（3）听取当事人的陈述和申辩；（4）现场笔录由当事人和行政执法人员签名或者盖章，当事人拒绝的，在笔录中予以注明；（5）当事人不到场的，邀请见证人到场，由见证人和行政执法人员在现场笔录上签名或者盖章。因为冻结措施具有及时性和秘密性，因而不适用当事人在场并陈述之要求。

2.向金融机构交付冻结通知书。冻结措施的特点在于，行政机关实施冻结措施，需要得到金融机构的协助。为此，行政机关应当向其交付冻结通知书。为了规范冻结行为，防止行政执法人员的随意性，冻结通知应当以书面形式作出。在实践中，无论通知书以什么名称出现，一般都应当包括以下信息：（1）协助冻结单位的名称；（2）冻结的法律依据；（3）存款、汇款人姓名；（4）存款、汇款的账号；（5）冻结数额；（6）冻结财产的所在机构名称和地址；（7）冻结起止时间；（8）其他有关信息。

3.向当事人交付冻结决定书。冻结的实施主体向金融机构交付的是冻结通知书，而向当事人交付的是冻结决定书。根据《行政强制法》第31条，冻结决定书应当载明下列事项：（1）当事人的姓名或者名称、地址；（2）冻结的理由、依据和期限；（3）冻结的账号和数额；（4）申请行政复议或者提起行政诉讼的途径和期限；（5）行政机关的名称、印章和日期。冻结决定书应当在决定作出的3日内向当事人交付，可以在冻结之后或冻结的同时交付。

行政机关完成上述几个程序环节后，接着就进入金融机构协助冻结的程序。金融机构，除中国人民银行外，还包括商业银行、政策性银行、财务公司、城市和农村信用合作社、邮政储蓄机构等，也应当包括外资金融机构。在冻结的实施程序中，没有金融机构的协助，冻结是无法完成的。为此，《行政强制法》第30条第2—3款规定："金融机构接到行政机关依法作出的冻结通知书后，应当立即予以冻结，不得拖延，不得在冻结前向当事人泄露信息。法律规定以外的行政机关或者组织要求冻结当事人存款、汇款的，金融机构应当拒绝。"金融机构应当根据《行政强制法》的有关规定，并结合中国人民银行《金融机构协助查询、冻结、扣划工作管理规定》，依法履行协助职责。

（三）冻结的期限

冻结的期限，系指行政主体实施冻结后，当事人的存款、汇款被限制处分和转移的时间长度。它是冻结程序中不可或缺的内容要素。为此，《行政强制法》第32条作了专门规定："自冻结存款、汇款之日起三十日内，行政机关应当作出处理决定或者作出解除冻结决定；情况复杂的，经行政机关负责人批准，可以延长，但是延长期限不得超过三十日。法律另有规定的除外。延长冻结的决定应当及时书面告知当事人，并说明理由。"这说明，冻结有以下三种期限。

1.冻结的基本期限。根据《行政强制法》第32条第1款，冻结当事人的存款、汇款的期限是30日，这是冻结的基本期限。原则上，自冻结存款、汇款之日起30日内，行政机关应当作出处理决定或者作出解除冻结决定。

2.冻结的延长期限。如果情况复杂，行政机关无法在上述期限内完成处理，经行政机关负责人批准，可以延长，但是延长期限不得超过30日。

3.例外期限。根据《行政强制法》第32条，对于上述的基本期限和延长期限，"法律另有规定的除外"。这意味着，《行政强制法》以外的法律可以对冻结期限作出例外规定。目前，我国已有一些法律对冻结期限作出了例外规定，如《反洗钱法》第26条第3款规定："临时冻结不得超过四十八小时。金融机构在按照国务院反洗钱行政主管部门的要求采取临时冻结措施后四十八小时内，未接到侦查机关继续冻结通知的，应当立即解除冻结。"

（四）冻结的处理和解除

1.期限内的处理。《行政强制法》第32条第1款中规定，"自冻结存款、汇款之日起三十日内，行政机关应当作出处理决定或者作出解除冻结决定"。这里不仅确立了冻结的基本期限是30日，更重要的是确立了行政机关应当在期限内处理的义务和要求。在30日的基本期限内，如果案件成立，行政机关应当作出处理决定，如没收决定等；如果案件不成立，应当作出解除决定。这既是为了提高行政效率，也是为了尊重和保护当事人的合法财产权益，还是为了维护金融机构的正常经营秩序。

2.解除冻结的情形。根据《行政强制法》第33条第1款，有下列情形之一的，行政机关应当及时作出解除冻结决定：（1）当事人没有违法行为；（2）冻结的存款、汇款与违法行为无关；（3）行政机关对违法行为已经作出处理决定，不再需要冻结；（4）冻结期限已经届满；（5）其他不再需要采取冻结措施的情形。行政机关作出解除冻结决定的，应当及时通知金融机构和当事人。金融机构接到通知后，应当立即解除冻结。

3.逾期解除冻结的权利。根据《行政强制法》第33条第3款，"行政机关逾期未作出处理决定或者解除冻结决定的，金融机构应当自冻结期满之日起解除冻结"。这是《行政强制法》赋予金融机构逾期解除冻结的权利和义务。这一制度的确立，便于金融机构对行政机关是否依法行政进行监督，同时也是对当事人存款、汇款权益的一种有效保护。不管是存款还是汇款，都既涉及存款人、汇款人、收款人的财产权利，也关系到金融机构的经营活动和金融业的发展，所以作此规定很有必要。

第四节 涉嫌犯罪案件财物的移送

一、一并转移原则及意义

《行政强制法》第21条规定，违法行为涉嫌犯罪应当移送司法机关的，行政机关应当将查封、扣押、冻结的财物一并移送，并书面告知当事人。

这一规定是为了防止有的行政机关，出于部门利益考虑，不愿将涉嫌犯罪案件移送司法机关，以罚代刑，而作出的明确规定，很有现实意义和针对性。这一制度早在1996年制定的《行政处罚法》中就有体现[1]（2021年《行政处罚法》的修订保留了这一内容[2]）。随后国务院于2001年7月颁布的《行政执法机关移送涉嫌犯罪案件的规定》，对行政执法机关向公安机关移送涉嫌犯罪案件的依据、程

---

[1] 《行政处罚法》（1996年）第61条规定："行政机关为牟取本单位私利，对应当依法移交司法机关追究刑事责任的不移交，以行政处罚代替刑罚，由上级行政机关或者有关部门责令纠正；拒不纠正的，对直接负责的主管人员给予行政处分；徇私舞弊、包庇纵容违法行为的，比照刑法第一百八十八条的规定追究刑事责任。"

[2] 《行政处罚法》第82条规定："行政机关对应当依法移交司法机关追究刑事责任的案件不移交，以行政处罚代替刑事处罚，由上级行政机关或者有关机关责令改正，对直接负责的主管人员和其他直接责任人员依法给予处分；情节严重构成犯罪的，依法追究刑事责任。"

序、标准，以及有关部门的责任，作出了详细规定。《行政强制法》的这一规定衔接了上述制度。

二、一并转移原则的要求

《行政强制法》第21条包含了两项重要内容：一是物随人走，当案件移送时，当事人跟着被移送，而人被移送时，财物应当随人移送；二是书面告知当事人，以便当事人及时了解案件的主管机关和自己财物的去向，有助于维护其合法权益。

国务院《行政执法机关移送涉嫌犯罪案件的规定》明确要求：行政执法机关对公安机关决定立案的案件，应当自接到立案通知书之日起3日内将涉案物品以及与案件有关的其他材料移交公安机关，并办结交接手续；法律、行政法规另有规定的，依照其规定。行政执法机关向公安机关移送涉嫌犯罪案件时，应当附有下列材料：（1）涉嫌犯罪案件移送书；（2）涉嫌犯罪案件情况的调查报告；（3）涉案物品清单；（4）有关检验报告或者鉴定结论；（5）其他有关涉嫌犯罪的材料。

典型案例

不得以扣留等暂时性措施代替对案件的实体处理

案情简介：

2001年7月，刘云务通过分期付款的方式在山西省威廉汽车租赁有限公司购买了一辆东风EQ1208G1型运输汽车，发动机号码133040，车架号码11022219，合格证号0140721，最终上户车牌为晋A2××××号。刘云务依约付清车款后，车辆仍登记挂靠在该公司名下。2006年12月12日，刘云务雇佣的司机任治荣驾驶该车辆行驶至太原市和平路西峪乡路口时，晋源交警一大队的执勤民警以该车未经年审为由将该车扣留并于当日存入存车场。2006年12月14日，刘云务携带该车审验日期为2006年12月13日的行驶证去处理该起违法行为。晋源交警一大队执勤民警在核实过程中发现该车的发动机号码和车架号码看不到，遂以该车涉嫌套牌及发动机号码和车架号码无法查对为由对该车继续扣留，并口头告知刘云务提供其他合法有效手续。刘云务虽多次托人交涉并提供相关材料，但晋源交警一大队一直以其不能提供车辆合法来历证明为由扣留该车。

刘云务不服，提起行政诉讼，请求法院撤销晋源交警一大队的扣留行为并返还该车。在法院审理期间，双方当事人在法院组织下对该车车架号码的焊接处进行了切割查验，切割后显示的该车车架号码为GAGJBDK011022219，而刘云务提供的该车行驶证载明的车架号码为LGAGJBDK011022219。山西省太原市中级人民法院一审认为：晋源交警一大队口头通知刘云务提供其他合法有效手续后，刘云务一直没有提供相应的合法手续，故晋源交警一大队扣留涉案车辆于法有据。由于扣留涉案车辆的行为属于事实行为，故晋源交警一大队在行政执法过程中的程序瑕疵不能成为撤销扣留行为的法定事由。刘云务虽然提供了由山西吕梁东风汽车技术服务站出具的更换发动机缸体的相关证明，但未经批准擅自更换发动机、改变发动机号码的行为均为我国相应法律、法规所禁止。刘云务一直未提供该车的其他合法有效手续，故其要求撤销扣留行为，返还涉案车辆的诉讼请求不能成立。据此，一审法院作出（2010）并行初字第3号行政判决：驳回刘云务的诉讼请求。

刘云务不服，提起上诉。山西省高级人民法院二审认为：刘云务对晋源交警一大队于2006年12月12日因涉案车辆未经审验而予扣留并无争议，争议在于刘云务是否提供了该车的合法来历证明，晋源交警一大队是否应及时返还车辆。对于该车的车架号码，切割查验后显示的号码与该车行驶证载明的号码不符。对于该车没有发动机号码，刘云务虽然提供了由山西吕梁东风汽车技术服务站出具的更换发动机缸体的相关证明，但未经批准擅自更换发动机、改变发动机号码的行为均为我国相应法律、法规所禁止。刘云务一直没有提供相应的合法手续，依据当时有效的《道路交通安全违法行为处理程序规定》，晋源交警一大队扣留该车于法有据。依据《道路交通安全违法行为处理程序规定》第15条之规定，晋源交警一大队作为行政执法机关，对认为来历不明的车辆可以自行调查，但晋源交警一大队一直没有调查，也未及时作出处理，行为不当。据此，二审法院作出（2010）晋行终字第75号行政判决：一、撤销山西省太原市中级人民法院（2010）并行初字第3号行政判决；二、晋源交警一大队在判决生效后30日内对扣留涉案车辆依法作出处理并答复刘云务；三、驳回刘云务的其他诉讼请求。

刘云务向最高人民法院提出再审，请求撤销山西省高级人民法院终审判决，判令再审被申请人返还涉案车辆，并请求判令再审被申请人赔偿涉案车辆损失、涉案车辆营运损失以及交通费、律师费、医疗费、精神损失费、误工费等。其事实与理由为：（1）再审申请人是涉案车辆的实际所有人。机动车车架号码由17位字符组成，包含了车辆生产厂家、年代、车型、车身型式及代码、发动机代码及组装地点等信息。机动车车架号码第一位是生产国家代码，L字母代表该机动车的产地为中国。L字母的缺失明显是由于对大梁进行切割时操作不慎所致。法律并不禁止更换发动机，机动车所有人只是在更换发动机之后，有义务申请对机动车行驶证上的发动机号码进行变更。原审法院认定再审申请人无法提供该车的合法来历，构成事实认定错误。（2）再审被申请人未履行法定告知义务，没有作出书面通知，构成不作为。原审法院在此情况下，认定再审申请人应自行主动提供该车的合法手续，并承担相应的举证责任，构成法律适用错误。（3）如果认定再审申请人没有提供该车的合法手续，扣留该车的时间则不受30日的限制，那么原审判决要求再审被申请人在30日内答复再审申请人没有依据。同时，再审被申请人已经查验了该车的发动机号码、车架号码，原审法院认为再审被申请人一直没有调查，也未及时作出处理也不成立。（4）再审被申请人本来答应交4000元罚款后放车，但由于再审申请人托记者前往取车，再审被申请人便拒绝放车，将车辆一直扣留至今。这造成再审申请人长期诉讼，患上脑干出血，形成三级残疾。

再审被申请人晋源交警一大队提交答辩意见称：（1）涉案车辆被扣留之后，再审申请人虽然提供了该车的来历证明、机动车行驶证、检验合格证等相关材料，但发动机号码、车架号码等相关信息是确认车辆身份及车辆合格与否的唯一资料，同时也是该车的身份证明。再审申请人对涉案车辆未经批准擅自更换发动机、改变发动机号码、改装大梁焊装钢板，将车架号码焊死在新装钢板和大梁之间，造成证车不符无法发还。即使能够证明涉案车辆所有权和合法来历，也依法丧失涉案车辆所有权。（2）因涉案车辆在持续扣留过程中，故再审被申请人的执法行为针对未经年检上路行驶与已达到强制报废标准上路行驶两个违法行为，无须作出两个扣留决定。再审被申请人口头通知继续提供有效合法手续，但再审申请人一直没有前来处理。（3）因再审申请人多次涉访涉诉，为保留证据所需，涉案车辆目前仍由再审被申请人保存。目前属于强制拆解报废的机动车辆，依法不能返还。（4）对于再审申请人私自改装车辆的行为，应当严厉打击，严格依法处置。故再审被申请人扣留涉案车辆合法，原审判决认定事实基本清楚，适用法律相对准确，请求驳回刘云务的再审申请。

在最高人民法院对刘云务的再审申请进行审查的听证中，双方当事人对原审判决认定的主要事实均无异议，最高人民法院予以确认。关于再审申请人刘云务在原审期间提交的山西吕梁东风汽车技术服务站出具的更换发动机缸体、更换发动机缸体造成不显示发动机号码、车架用钢板铆钉加固致使车架号码被遮盖三份证明，再审被申请人晋源交警一大队在最高人民法院听证中对上述三份证明的真实性未发表否定意见。最高人民法院再审期间依法到该服务站进行了核实，该服务站对该三份证明予以确认。最高人民法院要求晋源交警一大队对上述相关证据发表质证意见，晋源交警一大队表示不发表任何意见。最高人民法院认为上述三份证据具有真实性、合法性和相关性，依法予以采信。最高人民法院另查明，车架号码，即车辆识别代号，通常也称大架号，由字母和数字共17位字符组成，是车辆的重要身份证明。第1位字符是国家或者地区代码，中国的代码是L。最后8位即第10位至第17位字符代表车辆的年份、生产工厂、生产下线顺序号等信息。对于特定汽车生产厂家生产的特定汽车而言，车架号码最后8位字符组成的字符串具有唯一性。最高人民法院审理期间曾组织当事人就赔偿问题进行调解，因双方分歧较大，调解未果。

最高人民法院判决：一、撤销山西省高级人民法院（2010）晋行终字第75号行政判决和山西省太原市中级人民法院（2010）并行初字第3号行政判决；二、确认再审被申请人山西省太原市公安局交通警察支队晋源一大队扣留晋A2××××号车辆的行为违法；三、再审被申请人山西省太原市公安局交通警察支队晋源一大队在本判决生效后30日内将晋A2××××号车辆返还再审申请人刘云务。

案例评析：

最高人民法院认为：本案的争议焦点为再审被申请人晋源交警一大队扣留涉案车辆的行政强制措施是否合法。具体涉及以下三个问题。

（1）决定扣留涉案车辆的程序是否合法。依照全国人民代表大会常务委员会于2003年10月28日通过的《道路交通安全法》第96条第1款及公安部于2004年4月30日发布的《道路交通安全违法行为处理程序规定》第13条第2项的规定，晋源交警一大队在行政执法中发现车辆涉嫌套牌的，有依法扣留的职权。在再审申请人刘云务提交合法年审手续后，晋源交警一大队又发现涉案车辆无发动机号码，无法识别车架号码而涉嫌套牌时，可依法继续扣留。但是，晋源交警一大队决定扣留应遵循《道路交通安全法》第112条第1款和《道路交通安全违法行为处理程序规定》第11条第1款规定的告知当事人违法行为的基本事实、拟作出行政强制措施的种类、依据及其依法享有的权利，听取当事人的陈述和申辩，制作行政强制措施凭证并送达当事人等行政程序。晋源交警一大队违反上述行政程序，始终未出具任何形式的书面扣留决定，违反法定程序。在刘云务提供合法年审手续后，晋源交警一大队初始以未经年审为由扣留车辆的行为应已结束，其关于以车辆涉嫌套牌为由继续扣留无须另行制作扣留决定的主张，依法不能成立，本院不予支持。

（2）认定涉案车辆涉嫌套牌而持续扣留证据是否充分。比对切割查验后显示的涉案车辆车架号码和涉案车辆行驶证载明的车架号码，前者共16位字符，后者共17位字符，前者缺失了代表车辆生产国家或者地区的首字母。再审申请人刘云务主张缺失的首字母L系在切割查验时不慎损毁所致，再审被申请人对此未发表相反意见。鉴于涉案汽车确系中国生产，且对于该型号的东风运输汽车而言，切割查验后显示的车辆车架号码和涉案车辆行驶证载明的车架号码的最后8位字符均为11022219，可以认定被扣留的车辆即刘云务所持行驶证载明的车辆。晋源交警一大队在刘云务先后提供购车手续、山西省威廉汽车租赁有限公司出具的说明、山西吕梁东风汽车技术服务站出具的三份证明等相关证据材料后，认定涉案车辆涉嫌套牌而持续扣留，构成主要证据不足。

（3）既不调查核实又长期扣留涉案车辆是否构成滥用职权。车辆车体打刻的发动机号码、车架号码，是确认车辆身份的重要证明。根据公安部于2004年4月30日发布的《机动车登记规定》第9条、第10条的规定，刘云务在车辆生产厂家指定的维修站对涉案车辆的发动机、车架进行维修，并不违法，且仅为对涉案车辆更换发动机缸体而非更换发动机。但刘云务未及时请相关单位在相应部位重新打刻号码并履行相应手续不当。在涉案车辆发动机缸体未打刻发动机号码且车架号码被钢板铆钉遮盖无法目视确认的情况下，刘云务让所雇佣的司机驾驶车辆上路具有过错，晋源交警一大队认为涉嫌套牌依法有权扣留车辆，刘云务应承担相应责任。但扣留车辆属于暂时性的行政强制措施，不能将扣留行为作为代替实体处理的手段。晋源交警一大队扣留车辆后，应依照《道路交通安全法》第96条第2款和《道路交通安全违法行为处理程序规定》第15条的规定，分别作出相应处理：如认为刘云务已经提供相应的合法证明，则应及时返还机动车；如对刘云务所提供的机动车来历证明仍有疑问，则应尽快调查核实；如认为刘云务需要补办相应手续，也应依法明确告知补办手续的具体方式方法并依法提供必要的协助。刘云务先后提供的车辆行驶证和相关年审手续、购车手续、山西省威廉汽车租赁有限公司出具的说明、山西吕梁东风汽车技术服务站出具的三份证明，已经能够证明涉案车辆在生产厂家指定的维修站更换发动机缸体及用钢板铆钉加固车架的事实。在此情况下，晋源交警一大队既不返还机动车，又不及时主动调查核实车辆相关来历证明，也不要求刘云务提供相应担保并解除扣留措施，以便车辆能够返回维修站整改或者返回原登记的车辆管理所在相应部位重新打刻号码并履行相应手续，而是反复要求刘云务提供客观上已无法提供的其他合法来历证明，滥用了法律法规赋予的职权。

（案例材料来自"刘云务诉山西省太原市公安局交通警察支队晋源一大队道路交通管理行政强制案"〔（2016）最高法行再5号〕，载《最高人民法院公报》2017年第2期，第24—28页。根据教学需要，内容有所删减）

🔍 思考题

1. 谁有权实施行政强制措施?
2. 限制人身自由的强制措施表现为哪些手段?
3. 查封和扣押的程序要遵循什么原则?
4. 冻结存款、汇款应当遵守什么程序?

第五章　行政强制执行方式和设定

📖 **本章知识要点**

  □ 行政机关的强制执行方式
  □ 人民法院的强制执行方式
  □ 强制执行方式的法律设定

本章阐述行政强制执行的"方式"和"设定"。行政强制执行的方式有两类：一类是行政机关对行政决定实施强制执行所采取的执行方式；另一类是人民法院对行政决定实施强制执行所采取的执行方式。这两类方式在手段上有相同的地方，但区别更多。

第一节　行政机关实施强制执行的方式

本节讨论行政机关对行政决定实施强制执行所采取的执行方式。这类强制执行方式，由《行政强制法》第12条作出专门规定，共有"5+1"种方式，即由五种方式和一种作为兜底条款的其他方式组成。《行政强制法》第12条规定："行政强制执行的方式：（一）加处罚款或者滞纳金；（二）划拨存款、汇款；（三）拍卖或者依法处理查封、扣押的场所、设施或者财物；（四）排除妨碍、恢复原状；（五）代履行；（六）其他强制执行方式。"

一、加处罚款或者滞纳金

加处罚款和加收滞纳金是行政执行罚的两种基本方式。

行政执行罚是与直接强制执行相对应的间接强制执行，包括执行罚与代履行。行政执行罚包括金钱执行罚与人身执行罚。金钱执行罚包括加处罚款与加收滞纳金。

（一）加处罚款

我国"加处罚款"的措施最早由1996年制定的《行政处罚法》确立。该法第六章行政处罚的执行中的第51条规定："当事人逾期不履行行政处罚决定的，作出行政处罚决定的行政机关可以采取下列措施：（一）到期不缴纳罚款的，每日按罚款数额的百分之三加处罚款……"2021年修订的《行政处罚法》第72条保留了这一规定。①

2011年《行政强制法》的制定，对加处罚款作了扩展性规定。《行政强制法》不仅在第12条第1项将"加处罚款"设定为一种普遍性的行政执行罚措施，还在第45条专门规定："行政机关依法作出金钱给付义务的行政决定，当事人逾期不履行的，行政机关可以依法加处罚款或者滞纳金。加处罚款或者滞纳金的标准应当告知当事人。加处罚款或者滞纳金的数额不得超出金钱给付义务的数额。"根据《行政处罚法》和《行政强制法》的上述规定，对于加处罚款应当把握以下几个要点。

一是加处罚款适用于所有"金钱给付义务的行政决定"。《行政处罚法》确立了对拒不履行"罚款决定"当事人"加处罚款"的制

---

① 《行政处罚法》第72条第1款规定："当事人逾期不履行行政处罚决定的，作出行政处罚决定的行政机关可以采取下列措施：（一）到期不缴纳罚款的，每日按罚款数额的百分之三加处罚款，加处罚款的数额不得超出罚款的数额……"

度，《行政强制法》将适用范围扩展到所有"金钱给付义务的行政决定"。"金钱给付义务的行政决定"不仅包括罚款决定，还包括征收税款决定、行政事业性收费决定和其他金钱给付义务的决定。

二是加处罚款的数额不得超出金钱给付义务的数额。《行政强制法》第45条第2款规定："加处罚款或者滞纳金的数额不得超出金钱给付义务的数额。"为和这一规定相衔接，《行政处罚法》2021年的修订也增加了类似条文。上述规定确立了"加处罚款不得超过本金"的原则，有效阻止了"天价罚款"的出现。

三是加处罚款应当通知当事人。《行政强制法》第45条第1款中规定，"加处罚款或者滞纳金的标准应当告知当事人"。由于加处罚款会在原处罚决定之外增加新的金钱负担，所以应当告知当事人。这里要告知当事人的，不仅仅是标准，还有结果。具体表现为：（1）在送达处罚决定时，就应当告知当事人如果不履行处罚决定的后果（加处罚款）和标准；（2）当事人超过期限时给予催告履行，催告中应当包括加处罚款的标准；（3）加处罚款时作出一个加处罚款的决定，此决定也应当告知计算标准。

除《行政处罚法》和《行政强制法》外，我国还有多部法律规定了"加处罚款"，如《道路交通安全法》[①]、《海警法》[②]等。

（二）加收滞纳金

加收滞纳金，系指当事人逾期不缴纳税款、规费的，行政机关依法向当事人征收一定的具有惩罚性的款项的行政强制执行行为。

加收滞纳金行为的属性、法律特征、程序要求等都与加处罚款

[①] 《道路交通安全法》第109条规定："当事人逾期不履行行政处罚决定的，作出行政处罚决定的行政机关可以采取下列措施：（一）到期不缴纳罚款的，每日按罚款数额的百分之三加处罚款；（二）申请人民法院强制执行。"

[②] 《海警法》第33条第1款规定："当事人逾期不履行处罚决定的，作出处罚决定的海警机构可以依法采取下列措施：（一）到期不缴纳罚款的，每日按罚款数额的百分之三加处罚款……"

相同。但是一般而言，**加处罚款针对的是拒不履行行政处罚决定的行为，而加收滞纳金主要针对拒不缴纳税费的情况。**

目前我国多部法律规定了滞纳金。如《税收征收管理法》①、《船舶吨税法》②、《水法》③、《水土保持法》④、《社会保险法》⑤、《海关法》⑥和《劳动法》⑦等。另有一些行政法规规定了滞纳金，如《税收征收管理法实施细则》⑧、《防治船舶污染海洋环境管理条例》⑨、《工伤保险条

---

① 《税收征收管理法》第32条规定："纳税人未按照规定期限缴纳税款的，扣缴义务人未按照规定期限解缴税款的，税务机关除责令限期缴纳外，从滞纳税款之日起，按日加收滞纳税款万分之五的滞纳金。"

② 《船舶吨税法》第12条规定："应税船舶负责人应当自海关填发吨税缴款凭证之日起十五日内缴清税款。未按期缴清税款的，自滞纳税款之日起至缴清税款之日止，按日加收滞纳税款万分之五的税款滞纳金。"第17条第1款规定："海关发现少征或者漏征税款的，应当自应税船舶应当缴纳税款之日起一年内，补征税款。但因应税船舶违反规定造成少征或者漏征税款的，海关可以自应当缴纳税款之日起三年内追征税款，并自应当缴纳税款之日起按日加征少征或者漏征税款万分之五的税款滞纳金。"

③ 《水法》第70条规定："拒不缴纳、拖延缴纳或者拖欠水资源费的，由县级以上人民政府水行政主管部门或者流域管理机构依据职权，责令限期缴纳；逾期不缴纳的，从滞纳之日起按日加收滞纳部分千分之二的滞纳金，并处应缴或者补缴水资源费一倍以上五倍以下的罚款。"

④ 《水土保持法》第57条规定："违反本法规定，拒不缴纳水土保持补偿费的，由县级以上人民政府水行政主管部门责令限期缴纳；逾期不缴纳的，自滞纳之日起按日加收滞纳部分万分之五的滞纳金，可以处应缴水土保持补偿费三倍以下的罚款。"

⑤ 《社会保险法》第86条规定："用人单位未按时足额缴纳社会保险费的，由社会保险费征收机构责令限期缴纳或者补足，并自欠缴之日起，按日加收万分之五的滞纳金；逾期仍不缴纳的，由有关行政部门处欠缴数额一倍以上三倍以下的罚款。"

⑥ 《海关法》第60条规定："进出口货物的纳税义务人，应当自海关填发税款缴款书之日起十五日内缴纳税款；逾期缴纳的，由海关征收滞纳金……"

⑦ 《劳动法》第100条规定："用人单位无故不缴纳社会保险费的，由劳动行政部门责令其限期缴纳；逾期不缴的，可以加收滞纳金。"

⑧ 《税收征收管理法实施细则》第42条规定："纳税人需要延期缴纳税款的，应当在缴纳税款期限届满前提出申请，并报送下列材料：申请延期缴纳税款报告，当期货币资金余额情况及所有银行存款账户的对账单，资产负债表，应付职工工资和社会保险费等税务机关要求提供的支出预算。税务机关应当自收到申请延期缴纳税款报告之日起20日内作出批准或者不予批准的决定；不予批准的，从缴纳税款期限届满之日起加收滞纳金。"

⑨ 《防治船舶污染海洋环境管理条例》第72条第2款规定："货物所有人或者代理人逾期未缴纳船舶油污损害赔偿基金的，应当自应缴之日起按日加缴未缴额的万分之五的滞纳金。"

例》①、《电影管理条例》②等。

（三）关于加处罚款和加收滞纳金的几个问题

1.关于加处罚款和加收滞纳金是否可以并用问题

一般而言，加处罚款是针对"行政处罚决定"的执行罚，加收滞纳金是针对"征收税费决定"的执行罚。但在现行立法中确实出现了一些并用的规定，如我国《水法》第70条规定："拒不缴纳、拖延缴纳或者拖欠水资源费的，由县级以上人民政府水行政主管部门或者流域管理机构依据职权，责令限期缴纳；逾期不缴纳的，从滞纳之日起按日加收滞纳部分千分之二的滞纳金，并处应缴或者补缴水资源费一倍以上五倍以下的罚款。"在当下《行政处罚法》和《行政强制法》未对这一问题作排他性规定的情况下，可以按以下规则处理：**（1）对"行政处罚决定"的执行罚只适用加处罚款，不适用加收滞纳金；（2）对"征收税费决定"的执行罚原则上只适用加收滞纳金，但法律有特别规定时，可以同时加处罚款。**

2.关于加处罚款和加收滞纳金的标准和起算点问题

加处罚款的标准，除《行政处罚法》第72条第1款第1项规定的"每日按罚款数额的百分之三加处罚款"之外，还有规定按应缴款项数额的倍数加处罚款的。③鉴于《行政处罚法》第72条第1款第1项属于直接授权条款，又考虑到《行政处罚法》属于我国行政处罚领域的基本法，应当这样把握：对"罚款决定"的加处罚款，只能按照"每日按罚款数额的百分之三加处罚款"标准执行；对于

---

① 《工伤保险条例》第62条第1款规定："用人单位依照本条例规定应当参加工伤保险而未参加的，由社会保险行政部门责令限期参加，补缴应当缴纳的工伤保险费，并自欠缴之日起，按日加收万分之五的滞纳金；逾期仍不缴纳的，处欠缴数额1倍以上3倍以下的罚款。"

② 《电影管理条例》第65条规定："未按照国家有关规定履行电影事业发展专项资金缴纳义务的，由省级以上人民政府电影行政部门责令限期补交，并自欠缴之日起按日加收所欠缴金额万分之五的滞纳金。"

③ 如《水法》第70条。

"罚款决定"以外的其他行政处罚决定，可按照具体法律所确定的标准执行。加处罚款从行政决定所确定的履行期限期满之日的第二天起计算。①

关于加收滞纳金的标准，《行政强制法》未作统一规定，其他法律法规规定的滞纳金标准，大体有按日加收万分之五、万分之零点五、千分之一、千分之二、千分之三、千分之五和按月加收百分之五等。在这种情况下，加收滞纳金的标准就应当按照具体法律规定执行。加收滞纳金应当从滞纳税费之日起算。

3.关于《行政处罚法》第72条第1款第1项和《行政强制法》第45条第1款是否属于直接授权问题

《行政处罚法》第72条第1款第1项规定，"当事人逾期不履行行政处罚决定的，作出行政处罚决定的行政机关可以采取下列措施：（一）到期不缴纳罚款的，每日按罚款数额的百分之三加处罚款，加处罚款的数额不得超出罚款的数额"。《行政强制法》第45条第1款规定："行政机关依法作出金钱给付义务的行政决定，当事人逾期不履行的，行政机关可以依法加处罚款或者滞纳金。加处罚款或者滞纳金的标准应当告知当事人。"

对照普遍授权与个别授权、直接授权与间接授权之法理，《行政处罚法》第72条第1款第1项属于普遍而直接的授权，而《行政强制法》第45条第1款属于普遍而间接的授权。为此，可以推衍出以下规则。

（1）所有作出"罚款决定"的行政机关，对于当事人拒不履行"罚款决定"的，都可直接依据《行政处罚法》第72条第1款第1项作出"加处罚款"的决定。

（2）所有作出"金钱给付义务决定"（"罚款决定"除外）的行政机关，对于当事人拒不履行"金钱给付义务决定"的，不能直接

---

① 《民法典》第201条第1款规定："按照年、月、日计算期间的，开始的当日不计入，自下一日开始计算。"

依据《行政强制法》第45条第1款加处罚款或者加收滞纳金。在其他法律有明文规定的前提下，行政机关方可依据其他法律加处罚款和加收滞纳金。

4.关于复议诉讼期间是否继续计算加处罚款和加收滞纳金问题

关于加处罚款在复议诉讼期间是否继续计算的问题，《行政处罚法》第73条第3款已经明确："当事人申请行政复议或者提起行政诉讼的，加处罚款的数额在行政复议或者行政诉讼期间不予计算。"但是，对于加收滞纳金，在复议诉讼期间是否继续计算的问题，目前法律并无规定。

5.关于对加处罚款和加收滞纳金决定的强制执行问题

只有当事人不履行"金钱给付义务"的决定时，行政机关才依法作出"加处罚款"或"加收滞纳金"的决定。这里，前一个决定属于"基础决定"，后一个决定属于"执行决定"。但如果当事人不履行"执行决定"，对"执行决定"又如何强制执行呢？《行政强制法》第46条就此已作出规定。[①]根据该规定，可把握如下要点：（1）对"执行决定"可以依法强制执行，但以逾期和催告为前提。即作出加处罚款或加收滞纳金决定超过30日，经催告当事人仍不履行的，才可实施强制执行。（2）区别执行主体。如果行政机关有强制执行权，可通过依法查封、扣押、冻结当事人的财物并拍卖抵缴等方式实施强制执行。如果行政机关无强制执行权，就申请人民法院强制执行。（3）"基础决定"与"执行决定"一并执行。一般在这种情况下，往往是当事人既没有执行"基础决定"，也没有执行"执行决定"，那就应当一并执行。假如"基础决定"是罚款10万元，"执行决定"

---

① 《行政强制法》第46条规定："行政机关依照本法第四十五条规定实施加处罚款或者滞纳金超过三十日，经催告当事人仍不履行的，具有行政强制执行权的行政机关可以强制执行。行政机关实施强制执行前，需要采取查封、扣押、冻结措施的，依照本法第三章规定办理。没有行政强制执行权的行政机关应当申请人民法院强制执行。但是，当事人在法定期限内不申请行政复议或者提起行政诉讼，经催告仍不履行的，在实施行政管理过程中已经采取查封、扣押措施的行政机关，可以将查封、扣押的财物依法拍卖抵缴罚款。"

是加处罚款10万元，那么，就应当将20万元一并执行。^①

二、划拨存款、汇款

（一）划拨存款、汇款概念和特征

划拨存款、汇款，是《行政强制法》第12条为行政机关设定的第二种行政强制执行手段。它是指行政机关对当事人拒不履行行政决定所确定的金钱给付义务，依照法律规定，通过有关金融机构、邮政机构将义务人账户上的存款或者邮寄给其的汇款，直接划入国家账户的执行方式。它具有下列法律特征。

第一，以当事人拒不履行行政决定所确定的金钱给付义务为前提。它只适用于"金钱给付义务"的执行，不适用于行为义务（作为或不作为）的执行。

第二，以直接强制执行为行为性质。划拨存款、汇款并不像加处罚款或者加收滞纳金一样给当事人增加新的金钱给付义务，而只是对原金钱给付义务的直接执行。

第三，以金融机构的协助为条件。由于存款、汇款存留在金融机构或者邮政机构并由它们而不是行政机关直接控制，因而划拨当事人存款、汇款应当由金融机构或者邮政机构协助。

第四，以法律为直接的行为依据。**对银行存款、汇款的划拨应当有法律的特别授权，行政法规、地方性法规、政府规章和其他规范性文件不得作为行政机关划拨存款、汇款的法律依据。**

（二）划拨存款、汇款的领域和法律

在现行制度中，行政机关实施划拨存款、汇款执行措施的，只

---

① 对于"一并执行"的规则，在《税收征收管理法》第40条第2款中规定得更加清晰。它规定："税务机关采取强制执行措施时，对前款所列纳税人、扣缴义务人、纳税担保人未缴纳的滞纳金同时强制执行。"

适用于税收和征收社会保险费等少数领域，有些法律对此作出了规定，如《税收征收管理法》第40条[①]、《海关法》第60条[②]、《社会保险法》第63条[③]等。

（三）"存款、汇款"的理解

"冻结存款、汇款"是《行政强制法》第9条第4项所确立的一种行政强制措施，"划拨存款、汇款"是该法第12条第2项所确立的一种行政强制执行方式。这里的强制措施和强制执行方式所针对的都是"存款、汇款"，立法表达上没有出现"等"字。所以不能放大至产权和股权等，但应当包括股票等有价证券。[④]

三、拍卖或者依法处理查封、扣押的场所、设施或者财物

（一）拍卖或处理查封、扣押的场所、设施或者财物之概念和特征

拍卖或者依法处理查封、扣押的场所、设施或者财物，系由《行政强制法》第12条为行政机关设定的第三种行政强制执行方式。

---

① 《税收征收管理法》第40条第1款第1项规定，"从事生产、经营的纳税人、扣缴义务人未按照规定的期限缴纳或者解缴税款，纳税担保人未按照规定的期限缴纳所担保的税款，由税务机关责令限期缴纳，逾期仍未缴纳的，经县以上税务局（分局）局长批准，税务机关可以采取下列强制执行措施：（一）书面通知其开户银行或者其他金融机构从其存款中扣缴税款"。

② 《海关法》第60条第1款第1项规定，"进出口货物的纳税义务人，应当自海关填发税款缴款书之日起十五日内缴纳税款；逾期缴纳的，由海关征收滞纳金。纳税义务人、担保人超过三个月仍未缴纳的，经直属海关关长或者其授权的隶属海关关长批准，海关可以采取下列强制措施：（一）书面通知其开户银行或者其他金融机构从其存款中扣缴税款"。

③ 《社会保险法》第63条第2款规定："用人单位逾期仍未缴纳或者补足社会保险费的，社会保险费征收机构可以向银行和其他金融机构查询其存款账户；并可以申请县级以上有关行政部门作出划拨社会保险费的决定，书面通知其开户银行或者其他金融机构划拨社会保险费。用人单位账户余额少于应当缴纳的社会保险费的，社会保险费征收机构可以要求该用人单位提供担保，签订延期缴费协议。"

④ 参见全国人大常委会法制工作委员会行政法室编著：《中华人民共和国行政强制法解读》，中国法制出版社2011年版，第34页。

它是指行政机关对当事人拒不履行行政决定所确定的金钱给付义务行为，依照法律规定，对当事人的已被依法查封、扣押的场所、设施或者财物，通过变现方式实现当事人的金钱给付义务履行的执行方式。它具有下列法律特征。

第一，适用于金钱给付义务的执行。拍卖或者依法处理查封、扣押的场所、设施或者财物，是对金钱给付义务的执行，而不是对行为义务（作为或不作为）的执行。

第二，执行的标的是当事人的场所、设施或者财物，而不是行为或金钱等。

第三，以已被行政机关依法查封或者扣押为前提。这一执行方式，是针对已被依法查封、扣押的财物，即处于查封、扣押状态的财物。对于未被查封、扣押的财物不适用这一执行措施。

第四，它是一种以"变现"为特点的直接强制执行行为。拍卖或者依法处理查封、扣押的场所、设施或者财物，属于一种直接强制执行行为，而且以"变现"为特点。"变现"是指通过拍卖或者变卖等方式使物品转化为货币。"变现"的目的是实现当事人的金钱给付义务之履行。

第五，它应当具有直接的法律依据。拍卖或者依法处理查封、扣押的场所、设施或者财物属于行政强制执行行为，而只要是行政强制执行行为，就一律由法律设定。

（二）拍卖和依法处理的方式

这里的"拍卖"，也称竞买，系指按照《拍卖法》的要求，以公开竞价的方式，将特定的物品或财产权利转让给最高应价者的买卖方式。它应当符合三个基本条件：（1）拍卖应当有两个以上的买主；（2）拍卖应当有不断变动的价格；（3）拍卖应当有公开竞争的行为。《行政强制法》第48条规定："依法拍卖财物，由行政机关委托拍卖机构依照《中华人民共和国拍卖法》的规定办理。"

这里的"依法处理"，是指"变卖"等其他方式。"变卖"是指出卖财物，换取现款，属于一般买卖行为。"依法处理"虽然不受《拍卖法》的约束，但为防止行政腐败，对这种行为也要依法约束。

（三）现行法律制度

在现行法律中，有几部法律规定了拍卖或者依法处理查封、扣押的场所、设施或者财物之执行方式。例如，《行政处罚法》第72条[1]，《税收征收管理法》第37条、第40条[2]，《海关法》第60条[3]，《道路交通安全法》第112条[4]，等等。

四、排除妨碍、恢复原状

（一）排除妨碍、恢复原状的概念

排除妨碍、恢复原状，系由《行政强制法》第12条为行政机关

---

[1] 《行政处罚法》第72条第1款规定："当事人逾期不履行行政处罚决定的，作出行政处罚决定的行政机关可以采取下列措施：……（二）根据法律规定，将查封、扣押的财物拍卖、依法处理或者将冻结的存款、汇款划拨抵缴罚款……"

[2] 《税收征收管理法》第37条规定："对未按照规定办理税务登记的从事生产、经营的纳税人以及临时从事经营的纳税人，由税务机关核定其应纳税额，责令缴纳；不缴纳的，税务机关可以扣押其价值相当于应纳税款的商品、货物。扣押后缴纳应纳税款的，税务机关必须立即解除扣押，并归还所扣押的商品、货物；扣押后仍不缴纳应纳税款的，经县以上税务局（分）局长批准，依法拍卖或者变卖所扣押的商品、货物，以拍卖或者变卖所得抵缴税款。"第40条规定："从事生产、经营的纳税人、扣缴义务人未按照规定的期限缴纳或者解缴税款，纳税担保人未按照规定的期限缴纳所担保的税款，由税务机关责令限期缴纳，逾期仍未缴纳的，经县以上税务局（分局）局长批准，税务机关可以采取下列强制执行措施：……（二）扣押、查封、依法拍卖或者变卖其价值相当于应纳税款的商品、货物或者其他财产，以拍卖或者变卖所得抵缴税款……"

[3] 《海关法》第60条规定："进出口货物的纳税义务人，应当自海关填发税款缴款书之日起十五日内缴纳税款；逾期缴纳的，由海关征收滞纳金。纳税义务人、担保人超过三个月仍未缴纳的，经直属海关关长或者其授权的隶属海关关长批准，海关可以采取下列强制措施：（一）书面通知其开户银行或者其他金融机构从其存款中扣缴税款；（二）将应税货物依法变卖，以变卖所得抵缴税款；（三）扣留并依法变卖其价值相当于应纳税款的货物或者其他财产，以变卖所得抵缴税款。海关采取强制措施时，对前款所列纳税义务人、担保人未缴纳的滞纳金同时强制执行。进出境物品的纳税义务人，应当在物品放行前缴纳税款。"

[4] 《道路交通安全法》第112条规定："公安机关交通管理部门扣留机动车、非机动车，应当当场出具凭证，并告知当事人在规定期限内到公安机关交通管理部门接受处理。公安机关交通管理部门对被扣留的车辆应当妥善保管，不得使用。逾期不来接受处理，并且经公告三个月仍不来接受处理的，对扣留的车辆依法处理。"

设定的第四种行政强制执行手段。这一执行手段，来源于民法所规定的两种民事责任形式。[①]

作为行政强制执行形式的排除妨碍，系指当事人的行为妨碍了社会管理秩序，行政机关责令其予以纠正，在当事人拒不纠正的情况下，行政机关依法直接排除妨碍的行政强制执行行为。作为行政强制执行形式的恢复原状，系指当事人的行为导致原物状态和功能变化，在行政机关责令其恢复原状而当事人拒不履行该义务时，行政机关依法采取的直接恢复原状的行政强制执行行为。

当然，从某种意义上说，排除妨碍也是为了恢复原状，这使得排除妨碍与恢复原状两种行为的界限变得模糊，排除妨碍主要针对行为，恢复原状主要针对物质，具体执行手段有所不同，亦有区别的必要。

（二）排除妨碍、恢复原状的特征

排除妨碍和恢复原状与其他行政强制执行的方式有所不同，这主要表现在它的法律特征上。

第一，适用于当事人行为义务的执行。从本质上说，任何行政强制执行都是对当事人拒不履行行政决定所确定义务的一种强制执行，如果说前述的几种执行方式（加处罚款或者滞纳金，划拨存款、汇款，拍卖或者依法处理查封、扣押的场所、设施或者财物）都是针对当事人的金钱给付义务的强制执行，那么，排除妨碍和恢复原状则是对当事人行为义务的一种强制执行，这种行为义务包括作为义务与不作为义务。

第二，排除妨碍、恢复原状具有手段上的多样性。因为排除妨碍、恢复原状的表述方法与加处罚款、加收滞纳金、划拨存款汇款、

---

① 《民法典》第179条第1款规定："承担民事责任的方式主要有：……（二）排除妨碍……（五）恢复原状……"

拍卖财物等的表述方法不同，它并不是对执行行为的直接表述，而是按执行目的进行归类性表述。也就是说，排除妨碍、恢复原状是一种行为类别，而不是具体的执行方法，它由许多行为方式组成，如拆除、修复、清理等都属于此类行为。

第三，排除妨碍、恢复原状属于直接强制执行。在直接强制与间接强制的分类中，排除妨碍、恢复原状属于直接强制执行，它以直接实现执行目的为特征。

第四，它应当具有直接的法律依据。排除妨碍、恢复原状属于行政强制执行，而根据《行政强制法》关于行政强制执行的设定规则，它们应当由法律设定，行政法规、地方性法规、政府规章和其他规范性文件不得设定排除妨碍、恢复原状执行措施。所以，行政机关采取排除妨碍、恢复原状执行措施应当以法律为直接依据。

（三）现行法律制度

在我国现行法律制度中，已有不少法律规定了这一执行措施。例如，《气象法》第35条[①]，《道路交通安全法》第104条、第106条[②]，

---

① 《气象法》第35条规定："违反本法规定，有下列行为之一的，由有关气象主管机构按照权限责令停止违法行为，限期恢复原状或者采取其他补救措施，可以并处五万元以下的罚款；造成损失的，依法承担赔偿责任；构成犯罪的，依法追究刑事责任：（一）侵占、损毁或者未经批准擅自移动气象设施的；（二）在气象探测环境保护范围内从事危害气象探测环境活动的。在气象探测环境保护范围内，违法批准占用土地的，或者非法占用土地新建建筑物或者其他设施的，依照《中华人民共和国城乡规划法》或者《中华人民共和国土地管理法》的有关规定处罚。"

② 《道路交通安全法》第104条规定："未经批准，擅自挖掘道路、占用道路施工或者从事其他影响道路交通安全活动的，由道路主管部门责令停止违法行为，并恢复原状，可以依法给予罚款；致使通行的人员、车辆及其他财产遭受损失的，依法承担赔偿责任。有前款行为，影响道路交通安全活动的，公安机关交通管理部门可以责令停止违法行为，迅速恢复交通。"第106条规定："在道路两侧及隔离带上种植树木、其他植物或者设置广告牌、管线等，遮挡路灯、交通信号灯、交通标志，妨碍安全视距的，由公安机关交通管理部门责令行为人排除妨碍；拒不执行的，处二百元以上二千元以下罚款，并强制排除妨碍，所需费用由行为人负担。"

《放射性污染防治法》第50条^①，《水法》第65条^②，等等。

五、代履行

（一）代履行的概念和特征

代履行系由《行政强制法》第12条为行政机关设定的第五种行政强制执行手段。它是指在当事人拒不履行行政决定所确定的义务时，由行政机关或者第三人代替当事人履行该义务，并向当事人收取履行费用的执行方式。

关于代履行的特征和要求，《行政强制法》作了专门规定。其第50条规定："行政机关依法作出要求当事人履行排除妨碍、恢复原状等义务的行政决定，当事人逾期不履行，经催告仍不履行，其后果已经或者将危害交通安全、造成环境污染或者破坏自然资源的，行政机关可以代履行，或者委托没有利害关系的第三人代履行。"第51条第2款规定："代履行的费用按照成本合理确定，由当事人承担。但是，法律另有规定的除外。"第52条规定："需要立即清除道路、河道、航道或者公共场所的遗洒物、障碍物或者污染物，当事人不

---

① 《放射性污染防治法》第50条规定："违反本法规定，未编制环境影响评价文件，或者环境影响评价文件未经环境保护行政主管部门批准，擅自进行建造、运行、生产和使用等活动的，由审批环境影响评价文件的环境保护行政主管部门责令停止违法行为，限期补办手续或者恢复原状，并处一万元以上二十万元以下罚款。"

② 《水法》第65条第1—2款规定："在河道管理范围内建设妨碍行洪的建筑物、构筑物，或者从事影响河势稳定、危害河岸堤防安全和其他妨碍河道行洪的活动的，由县级以上人民政府水行政主管部门或者流域管理机构依据职权，责令停止违法行为，限期拆除违法建筑物、构筑物，恢复原状；逾期不拆除、不恢复原状的，强行拆除，所需费用由违法单位或者个人负担，并处一万元以上十万元以下的罚款。未经水行政主管部门或者流域管理机构同意，擅自修建水工程，或者建设桥梁、码头和其他拦河、跨河、临河建筑物、构筑物，铺设跨河管道、电缆，且防洪法未作规定的，由县级以上人民政府水行政主管部门或者流域管理机构依据职权，责令停止违法行为，限期补办有关手续；逾期不补办或者补办未被批准的，责令限期拆除违法建筑物、构筑物；逾期不拆除的，强行拆除，所需费用由违法单位或者个人负担，并处一万元以上十万元以下的罚款。"

能清除的，行政机关可以决定立即实施代履行；当事人不在场的，行政机关应当在事后立即通知当事人，并依法作出处理。"根据上述规定，我国行政强制执行中的代履行，具有下列法律特征。

第一，从主体上看，**代履行的主体可以是行政机关，也可以是第三人。**代履行与其他行政强制执行方式不同的是，它除了作为执行主体的行政机关外，还存在代履行的主体。这个代履行主体，可以是作为原行政执行机关的行政机关，也可以是行政机关以外的第三人。代履行主体在其他执行方式中是不可能出现，也不需要存在的。从行政法理上说，作为执行主体的行政机关与作为代履行主体的行政机关或者第三人，其法律身份是不同的：前者是行政主体，后者是行为主体。

第二，从适用义务上看，**代履行是针对当事人的作为义务，并且是可替代义务而选择的一种执行方式。**行政强制执行的本质是对当事人行政义务的执行，这种行政义务由行政决定确定，并有多种类别，如有作为义务与不作为义务、可替代义务与不可替代义务之分。而代履行就是针对当事人的作为义务和可替代义务实施的。这类义务用《行政强制法》第50条的表述，就是当事人负有"履行排除妨碍、恢复原状等义务"。针对此外的不作为义务和不可替代义务，采取代履行执行方式是无法达到目的的。

第三，从适用领域上看，**代履行只允许适用于交通安全、环境污染防治和自然资源保护三个领域。**之所以要作这一限制，是因为在代履行中，代履行主体可以向当事人收取执行费用，若把握不好，会导致行政机关将不得收费的直接强制转换为可收费的代履行。所以应当强调，代履行的适用不得超越上述三个领域。对这三个领域不得作扩大解释。另外，代履行强制性较弱，往往具有"做好事"的性质，如代为清除、代为种树、代为修复等，所以不适用对违法建筑的拆除。[1]

---

① 参见全国人大常委会法制工作委员会行政法室编著：《中华人民共和国行政强制法解读》，中国法制出版社2011年版，第164页。

第四，从执行手段上看，**代履行属于间接强制而不是直接强制，而且其核心是"义务的替代履行"**。对当事人而言是作为义务转化为金钱给付义务，对行政机关而言是通过代履行，避免了强制手段的使用，实现了行政管理目的，恢复了行政管理秩序。[①]

第五，从收费上看，**代履行的费用由当事人承担**。从《行政强制法》的立法精神来看，行政机关实施行政强制执行不得向当事人征收执行费用。理由是，行政强制执行属于国家公务行为，国家公务行为的费用是纳入国家预算的，而国家的财政收入部分来源于税收，所以，不得向当事人收取该费用。唯独第三人代履行不同，因为代履行是当事人拒绝履行有关行政义务导致的，并且产生了新的履行费用，而且这些代履行费用是不该由第三人承担的。所以，《行政强制法》规定了由当事人承担代履行费用原则。

第六，从法律依据上看，代履行应当由法律设定。《行政强制法》不仅规定了代履行由法律设定原则，而且通过第50条和第52条直接作了普遍性授权，即**只要符合法定代履行的情形，所有行政机关都可以实施代履行，不需要法律法规的单个授权**。

（二）现行法律制度

在我国，关于代履行最早可追溯到1954年政务院制定的《海港管理暂行条例》。该条例第15条规定了对沉船、沉物的代为打捞或者清除。[②]目前，我国有不少法律法规规定了代履行，其中法律就

---

① 全国人大常委会法制工作委员会行政法室编著：《中华人民共和国行政强制法解读》，中国法制出版社2011年版，第159页。

② 《海港管理暂行条例》（已失效）第15条规定："港务局之权限：……（六）对在海港水域、航道或港区附近之沉船、沉物，得要求原主限期打捞。如其阻碍航行，经公告或书面通知而未依限办理时，可不经原主同意径行打捞或清除。其所需费用及按章应纳之其他税款，均在捞获船舶及物品变价所得项下抵偿，其不足之数，应由原主负担，如有多余当付交原主……"

有十几部。它们包括但不限于《道路交通安全法》①、《森林法》②、《防洪法》③、《水法》④、《水土保持法》⑤、《水污染防治法》⑥、《固体废物污染

---

① 《道路交通安全法》第106条规定："在道路两侧及隔离带上种植树木、其他植物或者设置广告牌、管线等，遮挡路灯、交通信号灯、交通标志，妨碍安全视距的，由公安机关交通管理部门责令行为人排除妨碍；拒不执行的，处二百元以上二千元以下罚款，并强制排除妨碍，所需费用由行为人负担。"

② 《森林法》第81条规定："违反本法规定，有下列情形之一的，由县级以上人民政府林业主管部门依法组织代为履行，代为履行所需费用由违法者承担：（一）拒不恢复植被和林业生产条件，或者恢复植被和林业生产条件不符合国家有关规定；（二）拒不补种树木，或者补种不符合国家有关规定。恢复植被和林业生产条件、树木补种的标准，由省级以上人民政府林业主管部门制定。"

③ 《防洪法》第42条第1款规定："对河道、湖泊范围内阻碍行洪的障碍物，按照谁设障、谁清除的原则，由防汛指挥机构责令限期清除；逾期不清除的，由防汛指挥机构组织强行清除，所需费用由设障者承担。"第56条规定："违反本法第十五条第二款、第二十三条规定，围海造地、围湖造地、围垦河道的，责令停止违法行为，恢复原状或者采取其他补救措施，可以处五万元以下的罚款；既不恢复原状也不采取其他补救措施的，代为恢复原状或者采取其他补救措施，所需费用由违法者承担。"

④ 《水法》第65条第1—2款规定："在河道管理范围内建设妨碍行洪的建筑物、构筑物，或者从事影响河势稳定、危害河岸堤防安全和其他妨碍河道行洪的活动的，由县级以上人民政府水行政主管部门或者流域管理机构依据职权，责令停止违法行为，限期拆除违法建筑物、构筑物，恢复原状；逾期不拆除、不恢复原状的，强行拆除，所需费用由违法单位或者个人负担，并处一万元以上十万元以下的罚款。未经水行政主管部门或者流域管理机构同意，擅自修建水工程，或者建设桥梁、码头和其他拦河、跨河、临河建筑物、构筑物，铺设跨河管道、电缆，且防洪法未作规定的，由县级以上人民政府水行政主管部门或者流域管理机构依据职权，责令停止违法行为，限期补办有关手续；逾期不补办或者补办未被批准的，责令限期拆除违法建筑物、构筑物；逾期不拆除的，强行拆除，所需费用由违法单位或者个人负担，并处一万元以上十万元以下的罚款。"第67条规定："在饮用水水源保护区内设置排污口的，由县级以上地方人民政府责令限期拆除、恢复原状；逾期不拆除、不恢复原状的，强行拆除、恢复原状，并处五万元以上十万元以下的罚款。未经水行政主管部门或者流域管理机构审查同意，擅自在江河、湖泊新建、改建或者扩大排污口的，由县级以上人民政府水行政主管部门或者流域管理机构依据职权，责令停止违法行为，限期恢复原状，处五万元以上十万元以下的罚款。"

⑤ 《水土保持法》第56条规定："违反本法规定，开办生产建设项目或者从事其他生产建设活动造成水土流失，不进行治理的，由县级以上人民政府水行政主管部门责令限期治理；逾期仍不治理的，县级以上人民政府水行政主管部门可以指定有治理能力的单位代为治理，所需费用由违法行为人承担。"

⑥ 《水污染防治法》第85条规定："有下列行为之一的，由县级以上地方人民政府环境保护主管部门责令停止违法行为，限期采取治理措施，消除污染，处以罚款；逾期不采取治理措施的，环境保护主管部门可以指定有治理能力的单位代为治理，所需费用由违法者承担：……"

环境防治法》①和《海上交通安全法》②等。

《行政强制法》实施后，关于代履行，单行法律有特别规定的，适用特别规定，无特别规定的，统一适用《行政强制法》第50条和第52条规定。第50条和第52条属于普遍的直接授权。

（三）代履行与相关概念的区别

1.代履行与代执行

代履行与代执行都属于间接强制执行，但它们有两点区别。

（1）当事人态度不同。代履行是针对当事人没有能力和条件履行义务，行政机关或行政机关委托他人"做好事"，代当事人履行并向其收取费用，如当事人驾车把公用"变电箱"撞坏了，但没有能力修复（需要专业条件），行政机关委托电力公司代为修复，当事人承担修复费用。而代执行是针对当事人拒不履行义务的情况，行政机关自己执行就是直接强制，如果行政机关缺乏条件（如专业人员和专业设备）而委托第三方代执行，就是代执行。代执行的费用同样由当事人承担。当事人拒不拆除违法建筑，行政机关委托第三方强制拆除，就属于代执行。可见，代履行是当事人应当履行义务而没有能力和条件履行义务，而代执行是当事人有能力履行义务但拒不履行义务。对当事人而言，前者是帮助行为、授益行为，后者是负担行为和强制行为。

---

① 《固体废物污染环境防治法》第113条规定："违反本法规定，危险废物产生者未按照规定处置其产生的危险废物被责令改正后拒不改正的，由生态环境主管部门组织代为处置，处置费用由危险废物产生者承担；拒不承担代为处置费用的，处代为处置费用一倍以上三倍以下的罚款。"

② 《海上交通安全法》第106条规定："碍航物的所有人、经营人或者管理人有下列情形之一的，由海事管理机构责令改正，处二万元以上二十万元以下的罚款；逾期未改正的，海事管理机构有权依法实施代履行，代履行的费用由碍航物的所有人、经营人或者管理人承担：（一）未按照有关强制性标准和技术规范的要求及时设置警示标志；（二）未向海事管理机构报告碍航物的名称、形状、尺寸、位置和深度；（三）未在海事管理机构限定的期限内打捞清除碍航物。"

（2）《行政强制法》的授权不同。正因为代履行是一种"做好事"，强制性较弱，《行政强制法》第50条和第52条作了普遍而直接的授权。而对于代执行，《行政强制法》将它置于"其他强制执行方式"之中，未作普遍而直接的授权。它须由具体法律作个别性授权。

2.代履行与直接强制执行

按理说，在当事人不履行义务的情况下，如果行政机关以自己的行为直接实现了当事人义务被履行的状态，这就是直接强制执行；如果行政机关委托第三方代为履行，并向当事人收取费用，这是代履行（或者代执行）。这种区别标准立足于执行主体的不同，简单而明了。但问题在于，我国《行政强制法》所规定的"代履行"既包括行政机关委托第三方代履行，也包括行政机关自己代履行。这样，行政机关所实施的代履行与行政机关所实施的直接强制执行到底如何区别，就成了难题。

从理论上可以说：代履行是间接强制，直接执行是直接强制；代履行应当由当事人承担履行费用，直接强制是否应当由当事人承担履行费用，取决于其他法律的具体规定。但是这一理论标准，恰恰是操作之后的分析标准，无法成为操作之前的引导标准。在操作上可以这样办理：当事人无法（无能力或无条件）履行义务，而且不履行这一义务的后果已经或者将危害交通安全、造成环境污染或者破坏自然资源，行政机关帮助代为履行的，属于代履行；其他状态下，行政机关以自己的行为直接实现当事人义务被履行的状态的，则属于直接强制执行。

3.代履行与排除妨碍、恢复原状

单纯从理论的视角，代履行与排除妨碍、恢复原状不难区别：第一，代履行是由《行政强制法》第12条第5项规定的执行方式，属于间接强制执行；"排除妨碍、恢复原状"是由《行政强制法》第12条第4项规定的执行方式，属于直接强制执行。第二，代履行的手段比"排除妨碍、恢复原状"宽广一些，它除了"排除妨碍、恢复原状"外，还会有一些其他手段。[①]第三，代履行可由行政机关实施，也可由行政机关委托的第三人实施；而排除妨碍、恢复原状是指由行政机关实施的直接执行。第四，在代履行中，当事人应当承担履行费用，而在排除妨碍、恢复原状中不能由当事人承担执行费用，除非法律有特别规定。

但现在的问题在于，根据《行政强制法》第50条的规定，行政强制中的代履行主体既可以是第三人，也可以是行政机关自己，而且代履行和直接强制执行都可采取"排除妨碍、恢复原状"的手段。这样，行政机关既可以"排除妨碍、恢复原状"的手段实施代履行，也可以同一手段实施直接强制执行。这就为区别作为"代履行"的"排除妨碍、恢复原状"与作为"直接执行"的"排除妨碍、恢复原状"带来了困难。其实，这一问题又回到"代履行与直接强制执行"之间的关系上，于是，按照上述理论标准和操作标准处理便可。

六、其他强制执行方式

（一）其他强制执行方式的概念

其他强制执行方式，是《行政强制法》第12条第1—5项设定了五种执行方式（加处罚款或者滞纳金，划拨存款、汇款，拍卖或者依法处理查封、扣押的场所、设施或者财物，排除妨碍、恢复原状，代履行）以后所规定的一个兜底条款。因为前述五种执行方式并未穷尽所有实践中和法律中的执行方式，第6项设置了兜底条款，为其他法律设定行政强制执行手段留下了空间。

（二）其他强制执行方式的特征

其他强制执行方式具有下列几个突出的法律特征。

---

① 法律依据是：《行政强制法》第50条规定，在代履行中，行政机关或者第三人是代为履行当事人的"排除妨碍、恢复原状等义务"。这里有个"等"字。

第一，除外性。其他强制执行方式，显然是指加处罚款或者滞纳金，划拨存款、汇款，拍卖或者依法处理查封、扣押的场所、设施或者财物，排除妨碍、恢复原状，代履行这五种执行方式以外的强制执行方式。如果其他执行方式已为前五种方式所包含，那就不属于"其他强制执行方式"了。

第二，法律性。其他强制执行方式应当由法律设定，行政法规、地方性法规、规章和其他规范性文件不得设定其他强制执行方式。这与《行政强制法》第13条规定相一致。

第三，待定性。在直接执行与间接执行，可替代义务执行与不可替代义务执行，金钱给付义务执行与作为、不作为义务执行诸关系的选择上，其他强制执行方式具有待定性。待定性是指《行政强制法》并未直接规定也无法规定其他强制执行方式的具体属性。它的具体属性（属于哪一类执行方式）需由具体的法律的设定而确定。

（三）现行法律制度

从现行制度看，确实已有一些法律规定了其他强制执行方式：

——《治安管理处罚法》第103条规定："对被决定给予行政拘留处罚的人，由作出决定的公安机关送达拘留所执行。"这里的"强制送拘留所"便是。

——《兵役法》第57条规定："有服兵役义务的公民有下列行为之一的，由县级人民政府责令限期改正；逾期不改正的，由县级人民政府强制其履行兵役义务，并处以罚款：……"这里的"强制履行兵役义务"便是。

将来的法律，可根据管理的需要，依照《行政强制法》的立法精神，设定新的"其他强制执行方式"。

第二节　人民法院实施强制执行的方式

前一节阐述的是行政机关实施强制执行的各种方式，本节则阐述行政机关申请人民法院强制执行时，人民法院所实施的强制执行方式。

一、人民法院强制执行方式的法律依据

《行政强制法》第12条所设定的强制执行方式都是行政机关所实施的强制执行方式，《行政强制法》未对人民法院实施的强制执行方式作出规定。

在我国行政诉讼法律制度中，人民法院执行人民法院发生法律效力的判决、裁定的活动，称为诉讼执行；人民法院执行生效的行政决定之活动，称为非诉执行。这两种执行制度都是行政诉讼法律制度的组成部分，并受《行政诉讼法》第八章（执行）规范的约束。该法第八章只对行政机关的强制执行方式作出了规定[①]，但未对非诉执行作出规定。根据《行政诉讼法》第101条[②]，非诉执行的强制执行方式应当适用《民事诉讼法》所规定的执行方式。

根据《民事诉讼法》第二十一章执行措施的规定，人民法院实施

[①]　《行政诉讼法》第96条规定："行政机关拒绝履行判决、裁定、调解书的，第一审人民法院可以采取下列措施：（一）对应当归还的罚款或者应当给付的款额，通知银行从该行政机关的账户内划拨；（二）在规定期限内不履行的，从期满之日起，对该行政机关负责人按日处五十元至一百元的罚款；（三）将行政机关拒绝履行的情况予以公告；（四）向监察机关或者该行政机关的上一级行政机关提出司法建议。接受司法建议的机关，根据有关规定进行处理，并将处理情况告知人民法院；（五）拒不履行判决、裁定、调解书，社会影响恶劣的，可以对该行政机关直接负责的主管人员和其他直接责任人员予以拘留；情节严重，构成犯罪的，依法追究刑事责任。"

[②]　《行政诉讼法》第101条规定："人民法院审理行政案件，关于期间、送达、财产保全、开庭审理、调解、中止诉讼、终结诉讼、简易程序、执行等，以及人民检察院对行政案件受理、审理、裁判、执行的监督，本法没有规定的，适用《中华人民共和国民事诉讼法》的相关规定。"

强制执行的方式，可分为执行措施和辅助措施。执行措施，是人民法院为了实现生效裁判所确定的权利义务，对被执行人实施强制执行的具体方法和手段；辅助措施，是人民法院为了保障执行措施的作出和实现，所采取的一些前置性、辅助性的方法和手段。执行措施实现的法律效果，是直接导致当事人义务被履行的状态；而辅助措施实现的法律效果，并不直接导致当事人义务被履行的状态，但它有助于人民法院实施执行措施。辅助措施显然是为执行措施服务的。

二、人民法院的强制执行措施

人民法院的强制执行措施，主要来源于《民事诉讼法》的设定，该法第二十一章规定了人民法院所采取的强制执行措施。另外的来自最高人民法院《关于人民法院执行工作若干问题的规定（试行）》的补充性规定。该规定分"金钱给付的执行"、"交付财产和完成行为的执行"和"被执行人到期债权的执行"三类对执行措施进行了具体规定。这些措施可能并不全部适用于行政非诉执行，但它同样涉及直接执行与间接执行、对金钱给付义务的执行与对作为或不作为义务的执行、对可替代义务的执行与对不可替代义务的执行。具体执行方式有以下几种。

1. 划拨。划拨，系指人民法院在当事人拒不履行生效法律文书所确定的金钱给付义务时，直接通知金融机构等通过转账的方式，将被执行人的款项直接转到申请执行人账户上的强制方法。它由《民事诉讼法》第249条[①]创设。

2. 变价。变价，系指针对当事人拒不履行生效法律文书所确定的金钱给付义务，人民法院将被执行人的财产，通过合法方式进行

---

① 《民事诉讼法》第249条规定："被执行人未按执行通知履行法律文书确定的义务，人民法院有权向有关单位查询被执行人的存款、债券、股票、基金份额等财产情况。人民法院有权根据不同情形扣押、冻结、划拨、变价被执行人的财产。人民法院查询、扣押、冻结、划拨、变价的财产不得超出被执行人应当履行义务的范围。人民法院决定扣押、冻结、划拨、变价财产，应当作出裁定，并发出协助执行通知书，有关单位必须办理。"

处分、转让或者折价，以取得价款的行为和过程。它由《民事诉讼法》第249条创设。

3.收入提取。收入，系指被执行人依法所得和依法应得的收入，主要是指金钱收入，包括工资、奖金、劳务报酬、智力成果的使用报酬等。收入提取，系指针对当事人拒不履行生效法律文书所确定的金钱给付义务，人民法院依法通知有关部门协助将被执行人的收入直接交付给执行机关指定的账户，以实现债务被履行的目的。它由《民事诉讼法》第250条^①创设。

4.拍卖、变卖。拍卖，系指针对当事人拒不履行生效法律文书所确定的金钱给付义务，人民法院将被执行人金钱以外的财物，通过公开竞价的方式转让给最高应价者，以拍卖所得款项清偿债务的执行方式。变卖，系指针对当事人拒不履行生效法律文书所确定的金钱给付义务，人民法院将被执行人的查封、扣押财产交给有关单位出卖或者自行组织出卖，以所得价款清偿债务的执行方式。拍卖和变卖都由《民事诉讼法》第251条^②创设。

5.强制交付。强制交付，系指针对当事人拒不履行生效法律文书所确定的义务人将其占有和支配的财物或票证交付给权利人的义务，人民法院将该财物或票证强制交付给权利人的执行方式。强制交付由《民事诉讼法》第256条^③设定。

---

① 《民事诉讼法》第250条规定："被执行人未按执行通知履行法律文书确定的义务，人民法院有权扣留、提取被执行人应当履行义务部分的收入。但应当保留被执行人及其所扶养家属的生活必需费用。人民法院扣留、提取收入时，应当作出裁定，并发出协助执行通知书，被执行人所在单位、银行、信用合作社和其他有储蓄业务的单位必须办理。"

② 《民事诉讼法》第251条规定："被执行人未按执行通知履行法律文书确定的义务，人民法院有权查封、扣押、冻结、拍卖、变卖被执行人应当履行义务部分的财产。但应当保留被执行人及其所扶养家属的生活必需品。采取前款措施，人民法院应当作出裁定。"

③ 《民事诉讼法》第256条规定："法律文书指定交付的财物或者票证，由执行员传唤双方当事人当面交付，或者由执行员转交，并由被交付人签收。有关单位持有该项财物或者票证的，应当根据人民法院的协助执行通知书转交，并由被交付人签收。有关公民持有该项财物或者票证的，人民法院通知其交出。拒不交出的，强制执行。"

6.强制迁出房屋、强制退出土地。强制迁出房屋，系指人民法院根据生效法律文书确定的权利义务以及申请执行人的申请，依法强制被执行人或者居住人搬出非法占有、使用的房屋并交付申请执行人的一种强制执行方式。强制退出土地，系指人民法院根据生效法律文书确定的权利义务以及申请执行人的申请，依法强制被执行人退还非法占用的土地并交付申请执行人使用和支配的一种强制执行方式。强制迁出房屋、强制退出土地的执行方式系由《民事诉讼法》第257条[①]设定，它同样适用于行政非诉案件中的国有土地上房屋征收与补偿中的强制执行。

7.代履行。代履行，系指被执行人拒不履行生效法律文书所确定的作为义务，人民法院委托有关单位或者个人代替义务人履行义务并向其收取履行费用的制度。民事执行中的代履行由《民事诉讼法》第259条[②]设定。

8.加倍罚息。这是一种特殊的民事强制执行措施，也是一种法律责任形式，既带有补偿性质，又带有惩罚性质。它是指被执行人未在生效法律文书所规定的期限内履行金钱给付义务的，应当加倍支付迟延履行期间的债务利息。[③]这一制度的法律依据是《民事诉

---

① 《民事诉讼法》第257条规定："强制迁出房屋或者强制退出土地，由院长签发公告，责令被执行人在指定期间履行。被执行人逾期不履行的，由执行员强制执行。强制执行时，被执行人是公民的，应当通知被执行人或者他的成年家属到场；被执行人是法人或者其他组织的，应当通知其法定代表人或者主要负责人到场。拒不到场的，不影响执行。被执行人是公民的，其工作单位或者房屋、土地所在地的基层组织应当派人参加。执行员应当将强制执行情况记入笔录，由在场人签名或者盖章。强制迁出房屋被搬出的财物，由人民法院派人运至指定处所，交给被执行人。被执行人是公民的，也可以交给他的成年家属。因拒绝接收而造成的损失，由被执行人承担。"

② 《民事诉讼法》第259条规定："对判决、裁定和其他法律文书指定的行为，被执行人未按执行通知履行的，人民法院可以强制执行或者委托有关单位或者其他人完成，费用由被执行人承担。"

③ 加倍罚息的数额计算，根据最高人民法院《关于在执行工作中如何计算迟延履行期间的债务利息等问题的批复》，应当按照中国人民银行规定的同期贷款基准利率计算。具体计算方法是：（1）执行款=清偿的法律文书确定的金钱债务+清偿的迟延履行期间的债务利息。（2）清偿的迟延履行期间的债务利息=清偿的法律文书确定的金钱债务×同期贷款基准利率×2×迟延履行期间。加倍罚息自判决、裁定和其他法律文书指定的履行期间届满的次日起计算，如果法律文书指定分期履行，则从每一次应当履行期间的次日分别计算，直至被执行人实际偿付债务之日止。

讼法》第260条^①。

9.支付迟延履行金。这同样是由《民事诉讼法》第260条确立的一种强制执行方法，具体指被执行人未在生效法律文书所规定的期限内履行非金钱给付义务的，由人民法院确定其向权利人支付迟延履行金的法律制度。与加倍罚息一样，支付迟延履行金是一种特殊的民事强制执行措施，也是一种法律责任形式，既带有补偿性质，又带有惩罚性质。^②

上述九种强制执行方法均属于虽由人民法院在民事诉讼中采用，但可以被行政非诉执行参照适用的强制执行措施。

三、人民法院的辅助措施

我国民事诉讼法不仅为人民法院设定了九种强制执行措施，为保障执行措施的落实，还设定了一些非常有效的辅助措施。

1.财产报告。财产报告，系指被执行人在未按执行通知履行法律文书确定的义务时，应当向人民法院报告当前以及收到执行通知之日前一年的真实财产情况的制度。财产报告本身不属于执行措施，因为这一制度并不直接导致执行义务的被履行，但它有助于人民法院查清和找到义务人可供执行的财产，以便及时实现申请执行人的合法权益。这一措施的依据是《民事诉讼法》第248条^③。

---

① 《民事诉讼法》第260条规定："被执行人未按判决、裁定和其他法律文书指定的期间履行给付金钱义务的，应当加倍支付迟延履行期间的债务利息。被执行人未按判决、裁定和其他法律文书指定的期间履行其他义务的，应当支付迟延履行金。"

② 关于迟延履行金的计算标准，"已经造成损失的，双倍补偿申请执行人已经受到的损失；没有造成损失的，迟延履行金可以由人民法院根据具体案件情况决定"。迟延履行金的计算时间，自判决、裁定和其他法律文书指定的履行期间届满的次日起计算，如果法律文书指定分期履行，则从每一次应当履行期间的次日分别计算，直至被执行人实际偿付债务之日止。

③ 《民事诉讼法》第248条规定："被执行人未按执行通知履行法律文书确定的义务，应当报告当前以及收到执行通知之日前一年的财产情况。被执行人拒绝报告或者虚假报告的，人民法院可以根据情节轻重对被执行人或者其法定代理人、有关单位的主要负责人或者直接责任人员予以罚款、拘留。"

2.查询、查封、扣押、冻结。人民法院在司法程序中所实施的查询、扣押、冻结不属于行政强制措施，而属于司法执行中的辅助措施。它由《民事诉讼法》设立。

3.搜查。搜查，是指人民法院对不履行法律文书确定的义务，并隐匿财产的被执行人及拒绝按人民法院的要求提供有关财产状况报告的被执行人的人身及其住所地，或财产隐匿地依法进行搜寻、查找的强制措施。它由《民事诉讼法》第255条①直接授权。

4.限制出境。限制出境，系指被执行人不履行生效法律文书确定的义务的，人民法院可以对其采取或者通知有关单位协助采取限制出境措施。这是对人身自由的一种限制，目的在于防止义务人逃避对义务的履行。这种手段由《民事诉讼法》第262条②设定。具体程序按最高人民法院《关于适用〈中华人民共和国民事诉讼法〉执行程序若干问题的解释》的规定办理。

5.在征信系统记录。在征信系统记录，系指人民法院对于被执行人拒不履行生效法律文书确定的义务之状况，在征信系统中记载，直接影响被执行人的信用评级，并提醒相关利害关系人注意，谨慎与其进行交易，防止受到损害。这种手段由《民事诉讼法》第262条设定。

6.通过媒体公布不履行义务信息。通过媒体公布不履行义务信息，是指人民法院将被执行人不履行义务的信息，通过电台、电视台、报刊、网络等媒体，以公告形式公布的一种方法。其目的在于，使被执行人不履行义务的情况在一定范围内为社会公众所知晓，造

———————

① 《民事诉讼法》第255条规定："被执行人不履行法律文书确定的义务，并隐匿财产的，人民法院有权发出搜查令，对被执行人及其住所或者财产隐匿地进行搜查。采取前款措施，由院长签发搜查令。"

② 《民事诉讼法》第262条规定："被执行人不履行法律文书确定的义务的，人民法院可以对其采取或者通知有关单位协助采取限制出境，在征信系统记录、通过媒体公布不履行义务信息以及法律规定的其他措施。"

成一定的社会影响和压力，促使被执行人自动履行义务。这种手段也由《民事诉讼法》第262条设定。

7.限制高消费。根据最高人民法院《关于限制被执行人高消费的若干规定》的有关规定，被执行人未按执行通知书指定期间履行生效法律文书确定的给付义务的，人民法院可以限制其高消费。

8.法律规定的其他措施。这是《民事诉讼法》第262条为人民法院可能采取的强制手段留下的一个空间。但是这种措施应当由"法律"规定。这就是说，行政法规、地方性法规、规章和规章以下的其他规范性文件不得创设"其他措施"。

第三节　行政强制执行方式的设定

行政强制执行的方式，无论是行政机关实施的执行措施，还是人民法院在非诉执行中对行政决定的执行措施，都应当由法律设定。人民法院在非诉执行中对行政决定的执行措施主要由《民事诉讼法》设定，因而在这里主要阐述《行政强制法》及其他法律对行政机关实施强制执行方式的设定规则问题。

一、行政强制执行的设定原则

行政强制执行的设定，系指国家立法机关通过法律形式直接赋予有关主体行政强制执行权的立法活动和法律制度。它重点解决两个问题：一是谁拥有行政强制执行权，是行政机关还是人民法院，这是权力要素；二是拥有什么样的行政强制执行权，是直接强制执行还是间接强制执行，是对人身权的执行还是对财产权的执行，即可采取哪些执行方式，这是行为要素。在一定意义上，可以把"设定"理解为"授权"。

《行政强制法》第13条规定："**行政强制执行由法律设定。法律没有规定行政机关强制执行的，作出行政决定的行政机关应当申请**

人民法院强制执行。"这里确立了行政强制执行设定的总原则。这一总原则又表现为两项原则:

一是法律保留原则。这是《行政强制法》第13条第2款明确规定的,即除了全国人民代表大会及其常务委员会制定的法律,行政法规、地方性法规、自治条例和单行条例,政府规章和行政规定等,均不得设定行政强制执行。这显然与对行政强制措施的设定不同。行政强制措施主要由法律设定,但在一定条件下也可由行政法规和地方性法规设定;而对于行政强制执行,《行政强制法》采取了更为严格的"法律保留原则",限于由"法律"设定。这样设计的理由是,行政强制措施只是暂时限制行政相对人的权利而已,但行政强制执行则造成相对人的权利最终被剥夺。

二是执行权分工原则。在行政强制执行制度中,执行主体有两类:行政机关和人民法院。如果法律没有明文规定执行权配置,那么,它们如何分工呢?根据《行政强制法》第13条第2款,法律没有规定由行政机关实施强制执行的,由行政机关申请人民法院强制执行。这表明,在法律没有明文规定强制执行权配置的情况下,应当以人民法院强制执行为原则,而不应由行政机关强制执行。

二、《行政强制法》《行政处罚法》对强制执行的直接普遍设定

法律对行政强制执行的设定,有直接设定与间接设定之分。直接设定系指这种授权无须经过其他法律法规的转换,被授权人直接依据该法律规定便拥有强制执行权;间接设定系指这种授权须经过其他法律法规的转换,被授权人不能直接依据该法律拥有强制执行权。此外,法律对行政强制执行的设定,又有普遍设定与个别设定之分。普遍设定系指法律对所有符合条件的行政机关作了授权;个别设定系指法律只对个别行政机关作了授权。以下几种行政强制执行,属于法律对其的直接性和普遍性设定。

1.对拒不履行罚款决定的加处罚款的设定。加处罚款是行政执行罚的一种手段。从理论上说，它可适用于金钱给付义务的执行，也可适用于行为义务的执行。但从现行法律制度考察，《行政处罚法》第72条第1款第1项①对拒不履行"罚款决定"的"加处罚款"作了普遍而直接的授权，但《行政强制法》第45条②所设定的"加处罚款"并不是一种直接授权。因此，所有作出罚款决定的行政机关对于拒不履行罚款决定的当事人都有权作出"加处罚款"，但是行政机关针对拒不履行其他行政决定的当事人是否可以加处罚款，应当依据其他法律的具体规定。

2.对代履行的设定。代履行是与执行罚相并列的一种间接强制执行手段，系指在当事人拒不履行行政决定所确定义务时，由行政机关或者第三人代替当事人履行该义务，并向当事人收取履行费用的执行方式。关于代履行的法律设定，就直接设定和普遍设定而言，限于《行政强制法》本身，其他属于个别设定。《行政强制法》有三个条文直接规定了代履行。其中两个是实体性规定，一个是程序性规定。③根据这些规定，任何行政主管部门④，在有关交通安全、环境污染防治和自然资源保护领域，针对当事人逾期不履行行为义务，都有权自己或者通过第三人实施代履行并向义务人征收费用。

3.对查扣物转执行的设定。对查扣物转执行的方法，是指行政机关对于已经查封或者扣押的当事人财物，在一定条件下直接转为

---

①　《行政处罚法》第72条第1款第1项规定："当事人逾期不履行行政处罚决定的，作出行政处罚决定的行政机关可以采取下列措施：（一）到期不缴纳罚款的，每日按罚款数额的百分之三加处罚款……"

②　《行政强制法》第45条规定："行政机关依法作出金钱给付义务的行政决定，当事人逾期不履行的，行政机关可以依法加处罚款或者滞纳金。加处罚款或者滞纳金的标准应当告知当事人。加处罚款或者滞纳金的数额不得超出金钱给付义务的数额。"

③　即《行政强制法》第50—52条。

④　譬如，涉及道路、河道、航道或者公共场所的遗洒物、障碍物或者污染物的代清除，就由主管该道路、河道、航道或者公共场所的行政机关实施。

执行履行款，以实现当事人执行义务被履行状态。它是直接强制执行中的一种方法。对查扣物转执行的强制，从普遍设定的角度来看，《行政强制法》第46条第3款作了直接设定。该条款规定："没有行政强制执行权的行政机关应当申请人民法院强制执行。但是，当事人在法定期限内不申请行政复议或者提起行政诉讼，经催告仍不履行的，在实施行政管理过程中已经采取查封、扣押措施的行政机关，可以将查封、扣押的财物依法拍卖抵缴罚款。"

以上三种强制执行方式，《行政强制法》已作了普遍而直接的授权，有关行政机关无须依据其他法律的具体规定，便可直接依据《行政强制法》而实施该强制执行方式。上述三种强制执行方式以外的强制执行方式，都属于《行政强制法》的间接设定。对于《行政强制法》间接设定的强制执行方式，行政机关不得直接依据《行政强制法》行使，还须以同时有其他法律的具体规定为条件。

三、其他法律对强制执行的直接个别设定

除了作为基础法的《行政强制法》和《行政处罚法》可以作普遍性的直接设定外，其他具体法律不太可能作普遍性设定，但可作直接设定。这些法律作个别性的直接设定，除了对上述加处罚款、代履行和对查扣物转执行三种强制执行方式的设定外，还涉及对罚款决定以外的加处罚款、加收滞纳金和某些直接强制执行等的设定。

四、关于对违法建筑拆除的性质问题

对于违法建筑应当拆除，但法律允许补办手续和采取其他措施的除外。这是《行政处罚法》所确立的"违法应当纠正"原则的体现和要求。但是，这里有两个问题应当明确。

（一）拆除违法建筑属于"恢复原状"

恢复原状，是指当事人的违法行为形成了一种违法结果，消除

这一违法结果让社会秩序恢复到违法行为发生之前的合法状态。恢复原状的方法多种多样，如拆除违法建筑、消除障碍物、修复被损坏设施、赔偿损失等。

把拆除违法建筑归类于"恢复原状"的执行方式之中，这就决定了在法律适用上，法律对拆除违法建筑有特别规定的，适用特别规定；无特别规定的，适用"恢复原状"的一般规定。

（二）《行政强制法》第44条不属于直接授权

由于建筑的财产价值较大，又可能会涉及公民的住宅权，因而对建筑的拆除问题法律持特别谨慎的态度。对于房屋征收过程中对合法建筑的拆除问题，适用《国有土地上房屋征收与补偿条例》第28条[①]的规定，由行政机关申请人民法院强制执行；对于违法建筑的拆除问题，《行政强制法》设置了一个特别条款，其第44条规定："对违法的建筑物、构筑物、设施等需要强制拆除的，应当由行政机关予以公告，限期当事人自行拆除。当事人在法定期限内不申请行政复议或者提起行政诉讼，又不拆除的，行政机关可以依法强制拆除。"有人将《行政强制法》第44条视为对行政机关的"直接授权"，因而简单地认为：对合法建筑的拆除须申请人民法院强制执行；对违法建筑的拆除，行政机关自己可以强制执行。这一认识是错误的，特别是后半句。

《行政强制法》第44条处于第四章行政机关强制执行程序中的第一节一般规定之中。它是一般规定中的一个特别条款，但并不是一个直接授权条款，行政机关并不因此而直接拥有对违法建筑的拆除权。行政机关是否拥有强制执行权，还须"依法"确定，即法律

---

① 《国有土地上房屋征收与补偿条例》第28条规定："被征收人在法定期限内不申请行政复议或者不提起行政诉讼，在补偿决定规定的期限内又不搬迁的，由作出房屋征收决定的市、县级人民政府依法申请人民法院强制执行。强制执行申请书应当附具补偿金额和专户存储账号、产权调换房屋和周转用房的地点和面积等材料。"

规定行政机关自己强制执行的，行政机关才可自己直接实施强制拆除；法律规定由人民法院强制执行的，或者法律未作规定的，就应当申请人民法院强制执行。

《行政强制法》第44条的作用并没有突破行政机关与人民法院在强制执行权上的分工原则，它的意义在于为对违法建筑的拆除设置了一个统一的前提："当事人在法定期限内不申请行政复议或者提起行政诉讼，又不拆除的"，方可启动强制执行。它恰恰是对"复议诉讼不停止行政行为执行"原则的突破。

典型案例

对违法建筑的拆除权并不包含对罚款的执行权

案情简介：

某村村民肖某未经许可，擅自在某水库库区（河道）管理范围内国道某大桥下建房（房基）5间，占地面积289.8平方米。某县水利局根据《水法》第65条作出《行政处罚决定书》，要求肖某立即停止在桥下建房的违法行为，限其7日内拆除所建房屋，恢复原貌；罚款5万元；并告知肖某不服处罚决定申请复议和提起诉讼的期限，注明如期满不申请复议、不起诉又不履行处罚决定，将依法申请人民法院强制执行。肖某在规定的期限内未履行该处罚决定，亦未申请复议或提起行政诉讼。县水利局便向法院申请强制执行。县人民法院作出行政裁定书，裁定准予执行上述《行政处罚决定书》，责令肖某履行处罚决定书确定的义务。但肖某未停止违法建设，直到事发时已在河道区域违法建成四层房屋，建筑面积约520平方米。行政机关和人民法院之间相互推诿，该问题一直无法解决。后来，人民检察院发现后依法进行了监督，有关机关相互配合，最终问题得以解决。

案例评析：

此案虽经人民检察院的依法监督已经解决，但有几个问题值得研究。

一是某县水利局作出的《行政处罚决定书》其实是《行政处理决定书》。行政处理决定是行政机关作出的影响当事人权利与义务的行政决定，包括行政处罚决定但并不限于行政处罚决定。本案中，县水利局作出的《行政处罚决定书》的内容有三项：（1）要求肖某立即停止在桥下建房的违法行为。这属于责令当事人停止违法行为的行政命令。（2）限肖某7日内拆除所建房屋，恢复原貌。这属于责令当事人纠正违法、恢复原状的行政命令。（3）对肖某罚款5万元。这属于对当事人的行政处罚。在这种情况下，建议行政机关改称《行政处理决定书》。

二是对该《行政处罚决定书》的强制执行权，第（1）项和第（2）项属于行政机关的职权，而第（3）项属于人民法院的职权，不能不加以区分。根据《行政处罚法》第28条，责令当事人纠正违法行为是行政处罚的延伸权和配套权，任何具有行政处罚权的机关都有权同时责令当事人纠正违法。另外，我国《水法》第65条赋予县级以上人民政府水行政主管部门或者流域管理机构强制拆除违法建筑物、构筑物的权力。所以，县水利局对于上述决定中的第（1）项和第（2）项具有强制执行权，应当由自己依法强制执行，而不是申请人民法院强制执行。但是，对于上述决定中的"罚款"的强制执行，《水法》并没有将对行政处罚的执行权授给行政机关。在这种情况下，县水利局应当依据《行政强制法》第13条第2款的规定，申请人民法院强制执行。案例中县水利局不加区分地针对上述决定中的三项内容一并申请人民法院强制执行，人民法院又不加区分地裁定一概准予执行，都是错误的。

（本案例根据真实案例编写）

🔍 思考题

1.行政强制执行有哪些方式？

2.为什么行政强制执行限于法律设定，比行政强制措施更严格？

3.《行政强制法》对哪些执行方式作出直接授权？

4.行政机关是否有权对违法建筑进行直接拆除？

第六章 行政强制执行实施主体

📖 **本章知识要点**

☐ 行政强制执行体制

☐ 执行主体的单轨制与双轨制

☐ 行政机关与人民法院执行权划分

☐ 房屋拆除中的执行主体

行政强制措施的实施主体就是单纯的行政机关，而行政强制执行的实施主体既有行政机关，也有人民法院。这就直接关系到行政强制执行体制以及行政机关与人民法院在执行权上的分工问题。

第一节 行政强制执行体制

一、境外行政强制执行体制的几种模式

综观世界一些国家的行政强制执行体制，其执行模式主要有两类：一类是单轨制。它的特点是，行政强制执行权设置给行政机关或者司法机关，两者并不共享执行权。在单轨制中又有"行政执行制"与"司法执行制"之分。在"行政执行制"中，行政机关是行政强制执行机关，如德国、法国。在"司法执行制"中，则由司法

机关承担行政强制执行任务，英国便是。另一类是双轨制。它的特点是，行政强制执行的主体被设为两类，强制执行权由行政机关和司法机关共享。根据行政机关和司法机关在执行中的主次地位，双轨制又可分为"行政为主、司法辅助型"与"司法为主、行政辅助型"。前者如奥地利，后者如葡萄牙。

二、我国行政强制执行体制的演变

我国行政强制执行体制有较长的演变期。大体可以分为以下三个阶段。

（一）适用《民事诉讼法》阶段

新中国成立后的一段时间，虽然我国许多基本法律制度已经建立起来，但行政强制执行制度尚未建立，也未意识到需要建立这一制度。那时的行政管理，决定、执行、救济等不加区分，混为一体。

1982年，我国制定了《民事诉讼法（试行）》（已失效）。该法第161条规定："发生法律效力的民事判决、裁定和调解协议，以及刑事判决、裁定中的财产部分，由原第一审人民法院执行。法律规定由人民法院执行的其他法律文书，由有管辖权的人民法院执行。"这里的"法律规定由人民法院执行的其他法律文书"就为行政强制执行制度留下了司法空间。该规定意味着，如果有法律明文规定对于某些行政决定的强制执行由人民法院管辖的话，人民法院就应当依据《民事诉讼法（试行）》第161条并适用民事诉讼中的执行程序执行。而后民事诉讼法修改了几次，这一规定一直保留着，为我国行政强制执行体制上的"双轨制"提供了司法依据。

这时，我们开始有一些法律规定对于某些行政决定可以申请人民法院强制执行。1986年通过的《土地管理法》第52条规定："本法规定的行政处罚由县级以上地方人民政府土地管理部门决定，本法第四十五条规定的行政处罚可以由乡级人民政府决定。当事人对行政处罚决定不服的，可以在接到处罚决定通知之日起三十日内，向人民法院起诉；期满不起诉又不履行的，由作出处罚决定的机关申请人民法院强制执行。"

这一时期我国行政强制执行制度的特点是：第一，行政强制执行制度非常不完整，既无成熟的理论，也无完备的法律制度。第二，双轨制慢慢确立。当时事实上的做法是：如果法律明文规定由行政机关实施行政强制执行，则由行政机关直接实施强制执行；如果法律明文规定由人民法院实施强制执行，则由人民法院强制执行。第三，行政机关实施强制执行没有统一的执行程序；人民法院实施强制执行，适用民事诉讼的司法程序。第四，对行政强制执行的法律救济制度尚未建立，当事人受到不法强制执行，其权利得不到有效保障。

在这一时期，就行政强制执行体制而言，我国已开始出现行政机关和司法机关均可作为执行主体的"双轨制"。但是，在行政机关和司法机关执行权的配置上，尚无明确的法律规则和理论规则。

（二）适用《行政诉讼法》阶段

1989年4月4日，第七届全国人民代表大会第二次会议通过了《行政诉讼法》，该法于1990年10月1日起施行。该法第66条规定："公民、法人或者其他组织对具体行政行为在法定期限内不提起诉讼又不履行的，行政机关可以申请人民法院强制执行，或者依法强制执行。"

2000年，最高人民法院公布了《关于执行〈中华人民共和国行政诉讼法〉若干问题的解释》。该解释第87条规定："法律、法规没有赋予行政机关强制执行权，行政机关申请人民法院强制执行的，人民法院应当依法受理。法律、法规规定既可以由行政机关依法强制执行，也可申请人民法院强制执行，行政机关申请人民法院强制执行的，人民法院可以依法受理。"

上述规定反映了下述内容：

1.行政强制执行权应当由法律、法规设定，法律、法规以外的文件不得设定行政强制执行权。

2.法律、法规赋予行政机关强制执行权的，由行政机关实施强制执行；法律、法规对行政强制执行权未作规定或把强制执行权赋予人民法院的，由人民法院实施强制执行。

3.法律、法规把行政强制执行权既赋予行政机关，也赋予人民法院的，行政机关便可自行强制执行或申请人民法院强制执行；但行政机关已开始实施强制执行的，便不得再申请人民法院强制执行。

上述内容表明，我国的行政强制执行主体由法律明确规定，无法律规定的，以申请人民法院强制执行为原则。因为申请人民法院强制执行无须以特别明示的法律、法规为依据，而由行政机关自己实施强制执行须以法律、法规的特别规定为前提。

这一阶段的行政强制执行制度，较之上一阶段已有很大变化。具体表现在：第一，行政强制执行已覆盖整个行政管理领域，即任何生效的行政决定都应当得到履行或者执行，当事人不自觉履行的，应当强制执行。第二，关于行政强制执行权的分配，法律、法规授权行政机关强制执行的，由行政机关强制执行；法律法规未授权由行政机关执行的，则由人民法院强制执行。第三，人民法院实施强制执行，由行政机关提出申请，以适用行政诉讼程序为主，适用民事诉讼程序为辅。第四，行政机关实施行政强制执行尚无统一的行政程序。

（三）适用《行政强制法》阶段

2011年第十一届全国人民代表大会常务委员会第二十一次会议通过《行政强制法》。该法于2012年1月1日起施行。《行政强制法》的出台，是我国行政强制执行制度形成和发展过程中的一个里程碑，是行政强制执行制度从分散到统一的标志。

《行政强制法》以行政强制执行制度基本法律的形式，确立了行政强制执行方式、主体、条件和程序制度，改进和改革了原先的行政强制执行制度。《行政强制法》公布实施后，新阶段的行政强制执行制度与前一阶段制度相比，又发生了一些变化。

第一，在行政强制执行体制上，虽然依然以人民法院执行为原则，但《行政强制法》对行政机关的强制执行权作了一定的扩大，将部分执行罚、代履行甚至直接执行权，直接赋予了有关行政机关。

第二，在对行政强制执行权的设定上，对"设定法"范围作了一定的限缩，从"法律、法规"的设定改变为"法律"的设定。

第三，详细设置了行政强制执行的法律程序，尤其是填补了行政机关实施强制执行程序上的长期"空白"。

三、我国现行行政强制执行体制

我国现行行政强制执行体制基本延续了自《行政诉讼法》以来的体制，主要表现在《行政强制法》的两个条文上：

——《行政强制法》第13条规定："**行政强制执行由法律设定。法律没有规定行政机关强制执行的，作出行政决定的行政机关应当申请人民法院强制执行。**"

——《行政强制法》第53条规定："**当事人在法定期限内不申请行政复议或者提起行政诉讼，又不履行行政决定的，没有行政强制执行权的行政机关可以自期限届满之日起三个月内，依照本章规定申请人民法院强制执行。**"

可见，我国现行行政强制执行体制，是"双轨制"而不是"单轨制"。行政强制执行主体，既可以是行政机关，也可以是人民法院。

四、我国现行行政强制执行权的分配

既然存在两个强制执行的主体，即行政机关和人民法院，那就涉及它们在执行权上的分工问题。关于行政机关与人民法院在执行

权上的分工，我国法律确立了一项核心规则，即**"法律授权行政机关强制执行的，由行政机关强制执行；法律没有授权行政机关强制执行的，由行政机关申请人民法院强制执行"**。围绕上述原则，行政机关与人民法院的具体分工规则如下：

第一，法律授权行政机关强制执行的，行政机关才可强制执行。这种情况下，行政机关不得申请人民法院强制执行。

第二，法律没有授权行政机关强制执行的，或者法律只规定由人民法院强制执行的，或者法律对行政机关或人民法院的强制执行权都不作规定的，就一律由行政机关申请人民法院强制执行。

第三，法律规定既可以由行政机关强制执行，也可以由人民法院强制执行的，行政机关可以自己强制执行或者申请人民法院强制执行。[①]

第二节 执行主体：行政机关

一、行政机关

如前所述，我国的行政强制执行体制属于"双轨制"，即行政机关与人民法院都是行政强制执行的主体。对行政机关，可以有以下三种意义上的理解。

（一）宪法意义上的"行政机关"

《宪法》第85条规定："中华人民共和国国务院，即中央人民政府，是最高国家权力机关的执行机关，是最高国家行政机关。"第

---

① 如我国《税收征收管理法》第88条第3款规定："当事人对税务机关的处罚决定逾期不申请行政复议也不向人民法院起诉、又不履行的，作出处罚决定的税务机关可以采取本法第四十条规定的强制执行措施，或者申请人民法院强制执行。"

105条规定："地方各级人民政府是地方各级国家权力机关的执行机关，是地方各级国家行政机关。地方各级人民政府实行省长、市长、县长、区长、乡长、镇长负责制。"

从上述规定来看，"行政机关"显然是指从国务院到乡镇的各级人民政府，它们是同级权力机关的执行机关。

（二）一般法律意义上的"行政机关"

在宪法以外的大量法律法规中所使用的行政机关，与宪法上的含义有所不同：

——《精神卫生法》第82条规定："精神障碍患者或者其监护人、近亲属认为行政机关、医疗机构或者其他有关单位和个人违反本法规定侵害患者合法权益的，可以依法提起诉讼。"

——《社会救助暂行办法》第51条规定："公安机关和其他有关行政机关的工作人员在执行公务时发现流浪、乞讨人员的，应当告知其向救助管理机构求助。对其中的残疾人、未成年人、老年人和行动不便的其他人员，应当引导、护送到救助管理机构；对突发急病人员，应当立即通知急救机构进行救治。"

这种意义上的"行政机关"，并不限于各级人民政府，还包括可以独立对外行使行政职权的隶属于各级人民政府的各职能部门和具体行政机构。

（三）行政法意义上的"行政机关"

《行政处罚法》《行政许可法》《行政复议法》《行政诉讼法》《国家赔偿法》等行政性法律中所使用的"行政机关"一词，其实就是"行政主体"这一法学概念的法律表达。它是指依法能以自己的名义行使行政职权并对该行为负责的组织。

无论哪种意义上的"行政机关"，它首先是相对于社会组织而言的，是国家组织而不是社会组织，因而不是事业单位、企业单位或社会团体等；其次是相对于其他国家机构而言的，是国家权力机关、监察机关、人民法院、人民检察院和军事机关等国家机构以外的国家机构。

《行政强制法》中的"行政机关"，是上述第二种意义上的行政组织。

二、由法律设定的行政机关

由于《行政强制法》对行政强制执行的设定采取了严格的法律保留原则，行政强制执行只能由法律设定，行政法规、地方性法规和规章等均不得设定行政强制执行。

对权力的设定，自然包括对权力主体的设定。既然行政强制执行权由法律设定，那么，行政强制执行的主体当然也由法律设定。

在行政强制制度中，并非任何行政机关都是天然的行政强制执行机关，它只有在《行政强制法》本身或者其他法律的直接授权下，方可成为行政强制执行的主体。

三、与实施行政强制措施行政机关的区别

这里要讨论的是：作为行政强制措施主体的行政机关与作为行政强制执行主体的行政机关到底有何区别？了解这一区别对于全面掌握行政强制主体制度是有益的。

两者的区别主要有两点：第一，唯一性不同。在行政强制制度中，行政强制措施主体实行"单轨制"，行政机关是行政强制措施的唯一主体；行政强制执行主体实行"双轨制"，行政机关和人民法院都可成为执行主体。第二，设定法不同。由于对行政强制措施的设定，可以是法律、行政法规和地方性法规，因而，作为行政强制措施主体的行政机关可以由法律、行政法规和地方性法规设定。对于行政强制执行的设定，限于法律，因而，作为行政强制执行主体的行政机关限于由法律设定。

四、直接赋予行政机关强制执行权的法律

既然我国行政强制执行权的分配规则是，"法律赋予行政机关强制执行权的，由行政机关实施强制执行；法律没有赋予行政机关强制执行权的，则由行政机关申请人民法院强制执行"，那么，到底已有哪些法律直接赋予了行政机关强制执行权呢？

在回答这一问题之前，应当明确两点：**一是赋权的法律限于全国人大及其常委会制定的法律，不包括行政法规、地方性法规和规章；二是应当是直接赋权而不是间接赋权。**在现行制度下，直接赋予行政机关强制执行权的法律包括但不限于：

——《行政强制法》。（1）第46条直接赋予行政机关对于在法定期限内不申请复议或者提起诉讼，经催告仍不履行金钱给付义务的当事人，将查封、扣押的财物依法拍卖抵缴罚款的权力；（2）第50条和第52条直接赋予行政机关对于已经或者将危害交通安全、造成环境污染或者破坏自然资源的遗洒物、障碍物或者污染物等，实施代履行的权力。

——《行政处罚法》。该法第72条第1款第1项直接赋予作出行政处罚决定的行政机关对于到期不缴纳罚款的当事人，实施执行罚，即每日按罚款数额的百分之三加处罚款的权力。

——《治安管理处罚法》。该法第103条直接赋予公安机关对于行政拘留决定的执行权。

——《税收征收管理法》。（1）第40条直接赋予税务机关对于缴税决定和罚款决定的直接执行和间接执行的权力；（2）第68条直接赋予税务机关对于不缴或者少缴税款的纳税人、扣缴义务人实施执行罚的权力；（3）第88条直接赋予税务机关对于税务处罚决定直接执行和间接执行的权力。

——《海关法》。（1）第60条直接赋予海关对税款缴款决定的执行权；（2）第93条直接赋予作出处罚决定的海关，对于逾期不履

行海关处罚决定又不申请复议或者提起诉讼的当事人，将其保证金抵缴或者将其被扣留的货物、物品、运输工具依法变价抵缴的权力。

——《城乡规划法》。（1）第65条直接赋予乡、镇人民政府对于乡、村庄规划区内的违法建筑直接拆除的权力。（2）第68条直接赋予建设工程所在地县级以上地方人民政府强制拆除违法建设工程的权力。

——《消防法》。该法第60条直接赋予消防管理部门强制执行权。

——《公路法》。该法第79条直接赋予交通主管部门拆除其他标志的权力。

——《海上交通安全法》。该法第51条和第106条直接赋予海上交通主管部门强制打捞清除沉没物、漂浮物等代履行权力。

——《草原法》。该法第71条直接赋予草原行政主管部门强制拆除违法建筑物的权力。

——《森林法》。该法第81条直接赋予林业主管部门对补种树木的代履行。

——《水法》。该法第65条直接赋予水行政主管部门拆除违法建筑物、构筑物的权力。

——《海域使用管理法》。该法第47条直接赋予海洋行政主管部门对违法设施和构筑物的拆除权。

——《劳动法》。该法第100条直接赋予劳动行政部门对用人单位无故不缴纳社会保险费的，实施执行罚（加收滞纳金）的权力。

——《文物保护法》。该法第21条直接赋予县级以上人民政府对国有不可移动文物代为履行修缮义务的权力。

——《港口法》。该法第55条直接赋予海事管理机构对养殖、种植设施的强制拆除权。

——《水土保持法》。该法第55条直接赋予县级以上地方人民政府水行政主管部门对于砂、石、土、矸石、尾矿、废渣等代为清理的权力。

——《水污染防治法》。该法第94条直接赋予县级以上人民政府环境保护主管部门代为治理权。

——《防洪法》。该法第42条直接赋予防洪部门强行清除和紧急处置权。

——《动物防疫法》。该法第92条规定，在一定情形下，由县级以上地方人民政府农业农村主管部门委托动物诊疗机构、无害化处理场所等代为处理。

——《固体废物污染环境防治法》。该法第113条直接赋予生态环境主管部门对危险废物等代为处置的权力。

——《放射性污染防治法》。该法第56条直接赋予环境保护行政主管部门代履行的权力。

第三节 执行主体：人民法院

人民法院是行政强制执行的另一主体，担负着更多的行政强制执行任务。

一、人民法院组织体系

当行政机关自己无行政强制执行权而申请人民法院强制执行生效行政决定时，人民法院经审查立案以后，就形成了"非诉行政案件"。因而，人民法院对行政机关所申请的生效行政决定的执行，称为"非诉行政案件执行"。

我国行使审判权的国家机关是人民法院；人民法院是国家的审判机关，属于司法机关的一部分。《宪法》第128条规定："中华人民共和国人民法院是国家的审判机关。"

根据《宪法》第129条第1款的规定，我国人民法院的组织体系，由最高人民法院、地方各级人民法院和军事法院等专门人民法院构成。

最高人民法院是最高审判机关，设在首都北京。最高人民法院监督地方各级人民法院和专门人民法院的审判工作。

根据《人民法院组织法》的有关规定，地方各级人民法院包括基层人民法院、中级人民法院、高级人民法院。基层人民法院设在县级，包括县、自治县、不设区的市、市辖区，完全按行政区划设置。基层人民法院根据地区、人口和案件情况可以设立若干人民法庭。人民法庭是基层人民法院的派出机构和组成部分，它的判决和裁定就是基层人民法院的判决和裁定。中级人民法院设立在省、自治区、直辖市、自治州、设区的市。高级人民法院设立在省、自治区和直辖市。相对专门人民法院而言，地方各级人民法院可简称"普通法院"。

专门人民法院，简称"专门法院"，是我国国家统一的审判体系，即人民法院组织体系中的一个组成部分。它和地方各级人民法院共同行使审判权。但是，它是国家审判体系中特定的具有专门性质的审判机关。它的设置亦与地方各级人民法院不同：它不是按行政区划而是按特定的组织体系或案件性质建立的。我国现行的专门人民法院包括军事法院、海事法院、铁路运输法院、知识产权法院、互联网法院、金融法院等。

二、现行行政审判体制

对生效行政决定的司法执行，即关于"非诉行政案件"的审理和执行体制，与司法行政审判体制有关。因为"非诉行政案件"的审理和执行是行政审判职能的一部分，所以，只有具有行政审判职能的司法机关方有"非诉行政案件"的审理和执行职能。

《行政诉讼法》第4条第1款明确规定："人民法院依法对行政案件独立行使审判权，不受行政机关、社会团体和个人的干涉。"最高人民法院《关于适用〈中华人民共和国行政诉讼法〉的解释》第3条第2款配套规定："专门人民法院、人民法庭不审理行政案件，也不审查和执行行政机关申请执行其行政行为的案件。铁路运输法院等专门人民法院审理行政案件，应当执行行政诉讼法第十八条第二款的规定。"这就是说，在我国，行政案件原则上由各级人民法院审理，专门法院和人民法庭不审理行政案件，但铁路运输法院等专门人民法院除外。

三、行政审判机构

行政审判机构，系指人民法院内分工负责审理行政案件的组织。《行政诉讼法》第4条第2款规定："人民法院设行政审判庭，审理行政案件。"最高人民法院《关于适用〈中华人民共和国行政诉讼法〉的解释》第3条第1款配套规定："各级人民法院行政审判庭审理行政案件和审查行政机关申请执行其行政行为的案件。"这就是说，我国的行政审判机构就是行政审判庭。

可见，"非诉行政案件"的审理和执行，从第一个层次来说，是由各地普通法院来承担；从第二个层次来说，是由行政审判庭承担。

第四节　房屋拆除中的执行主体

房屋拆除是一个重要、复杂的问题，所以单独讨论一下。

"房屋"系指按永久存在设计而建成的，用以作为住宅、仓库、工厂、牲畜圈棚或其他用途的建筑物。国家所有和集体所有土地上的房屋都有合法建筑与违法建筑之分。合法建筑适用征收拆迁制度，违法建筑则适用处罚与拆除制度。它们在强制执行的主体上有所不同。

一、对已被征收国有土地上房屋拆迁的执行主体

关于对已被征收的国有土地上房屋强制拆迁的主体问题，《国有

土地上房屋征收与补偿条例》第28条第1款规定："被征收人在法定期限内不申请行政复议或者不提起行政诉讼，在补偿决定规定的期限内又不搬迁的，由作出房屋征收决定的市、县级人民政府依法申请人民法院强制执行。"另最高人民法院《关于办理申请人民法院强制执行国有土地上房屋征收补偿决定案件若干问题的规定》第9条规定："人民法院裁定准予执行的，一般由作出征收补偿决定的市、县级人民政府组织实施，也可以由人民法院执行。"

二、对已被征收的集体土地上房屋拆除的执行主体

与对国有土地上的房屋征收不同，对集体土地上房屋的征收是因国家对集体土地的征收而发生的。目前，对集体土地上房屋的征收没有单独的法律来进行规定，它是跟随土地征收程序进行的，因此它适用的是土地管理法上的土地征收条款。对集体土地上房屋的征收，与其说是对房屋的征收，不如说是对集体土地的征收及对征收土地及地上附属物的补偿。因为一般的做法是，农民原宅基地被征收后，政府会给他分配新的宅基地建房。

我国《宪法》第10条第3款规定："国家为了公共利益的需要，可以依照法律规定对土地实行征收或者征用并给予补偿。"《土地管理法》第2条第4款同样规定："国家为了公共利益的需要，可以依法对土地实行征收或者征用并给予补偿。"

国家因建设需占用集体土地的，应当办理土地征收手续。根据《土地管理法》第46条的规定，征收永久基本农田、永久基本农田以外的耕地超过35公顷的、其他土地超过70公顷的，由国务院批准。征收上述规定以外的土地的，由省、自治区、直辖市人民政府批准。征收土地应当依法及时足额支付土地补偿费、安置补助费以及农村村民住宅、其他地上附着物和青苗等的补偿费用，并安排被征地农民的社会保障费用。

如果土地已被依法征收，但是当事人拒不交出土地，或者拒不

交出土地上房屋的，由谁强制执行，现行《土地管理法》未作对应规定。①《土地管理法实施条例》第62条规定："违反土地管理法律、法规规定，阻挠国家建设征收土地的，由县级以上地方人民政府责令交出土地；拒不交出土地的，依法申请人民法院强制执行。"这里的"交出土地"，当然包括交出土地上的房屋。由此可见，目前对于集体土地被征收后地上房屋拆迁的强制执行权，应当归属于人民法院。②

三、对违法建筑的拆除主体

上述均是讨论对合法建筑，特别是房屋被征收后拆迁的强制执行主体问题，这里讨论对违法建筑拆除的强制执行主体问题。

《行政强制法》针对违法建筑的强制拆除有一个专门条款。其第44条规定："**对违法的建筑物、构筑物、设施等需要强制拆除的，应当由行政机关予以公告，限期当事人自行拆除。当事人在法定期限内不申请行政复议或者提起行政诉讼，又不拆除的，行政机关可以依法强制拆除。**"如果该条文属于一种直接而普遍的授权，那么对违法建筑的强制拆除主体就被统一解决了，即一概由行政机关实施。但问题在于，该条款不具有直接而普遍的授权性，因为《行政强制法》第44条规定中的"行政机关可以依法强制拆除"中的"依法"是指"依照法律"。这样就依然回归到原有的一个原则，即法律规定行政机关自己强制执行的，就由行政机关自己强制执行；如果法律没有明确规定由行政机关自行强制拆除，行政机关应当申请人民法院强制拆除。

完整地说，我国现行法律制度中的违法建筑有三类：一是城镇

---

① 第83条规定不具有明显的对应性。

② 当然从严格意义上说，根据《行政强制法》第13条规定，对于集体土地被征收后地上房屋拆迁的强制执行权的归属，应当由法律设定，由作为行政法规的《土地管理法实施条例》设定是不合适的。但愿下次《土地管理法》修改时能够解决这一问题。

国有土地上的违法建筑；二是农村集体土地上的违法建筑；三是违反交通、环境、自然资源管理中的建筑障碍物。需要注意的是，应当强制拆除的肯定是违法建筑，但违法建筑未必都应当被强制拆除，违法建筑与应当强制拆除的建筑还不能画上等号。[①]在上述三类违法建筑中，强制拆除的主体是有所不同的。

（一）城镇国有土地上的违法建筑

城镇国有土地上的违法建筑，包括建立在城镇国有土地上违反各种法律法规的建筑。根据《城乡规划法》第64条、第66条的规定[②]，可以或者应当拆除的违法建筑包括：（1）未取得建设工程规划许可证建设的建筑；（2）未按照建设工程规划许可证的规定建设的建筑；（3）未经批准进行临时建设的建筑；（4）未按照批准内容进行临时建设的建筑；（5）临时建筑物、构筑物超过批准期限不拆除的。

根据《城乡规划法》第68条的规定，城乡规划主管部门作出责令停止建设或者限期拆除的决定后，当事人不停止建设或者逾期不拆除的，建设工程所在地县级以上地方人民政府可以责成有关部门采取查封施工现场、强制拆除等措施。这就是说，**对于城镇国有土地上的违法建筑的强制执行，由县级以上地方人民政府责成有关部**

---

① 例如，违反《城乡规划法》的建筑肯定是违法建筑，但根据该法第64—65条规定，只有"无法采取改正措施"的违法建筑才予以拆除。

② 《城乡规划法》第64条规定："未取得建设工程规划许可证或者未按照建设工程规划许可证的规定进行建设的，由县级以上地方人民政府城乡规划主管部门责令停止建设；尚可采取改正措施消除对规划实施的影响的，限期改正，处建设工程造价百分之五以上百分之十以下的罚款；无法采取改正措施消除影响的，限期拆除，不能拆除的，没收实物或者违法收入，可以并处建设工程造价百分之十以下的罚款。"第66条规定："建设单位或者个人有下列行为之一的，由所在地城市、县人民政府城乡规划主管部门责令限期拆除，可以并处临时建设工程造价一倍以下的罚款：（一）未经批准进行临时建设的；（二）未按照批准内容进行临时建设的；（三）临时建筑物、构筑物超过批准期限不拆除的。"

门实施。①

（二）农村集体土地上的违法建筑

农村集体土地上的违法建筑，包括建立在农村集体土地上的违反各种法律法规的建筑，主要是指违反《土地管理法》和《城乡规划法》的建筑。

第一类，关于违反《土地管理法》的建筑。违反《土地管理法》的建筑主要包括：未经批准或者采取欺骗手段骗取批准，在非法占用的土地上建设住宅、工厂和其他设施。对于这些违法建筑的强制拆除，根据《土地管理法》第83条②和《土地管理法实施条例》第52—53条的规定③，由作出行政处罚决定的行政机关申请人民法院强制执行。

第二类，关于违反《城乡规划法》的建筑。在农村集体土地上的违反《城乡规划法》的违法建筑，主要是指在乡、村庄规划区内未依法取得乡村建设规划许可证或者未按照乡村建设规划许可证的规定进行建设的建筑。对于这类违法建筑，根据《城乡规划法》第

---

①　最高人民法院的一个批复也衔接了这一点。最高人民法院《关于违法的建筑物、构筑物、设施等强制拆除问题的批复》规定："根据行政强制法和城乡规划法有关规定精神，对涉及违反城乡规划法的违法建筑物、构筑物、设施等的强制拆除，法律已经授予行政机关强制执行权，人民法院不受理行政机关提出的非诉行政执行申请。"

②　《土地管理法》第83条规定："依照本法规定，责令限期拆除在非法占用的土地上新建的建筑物和其他设施的，建设单位或者个人必须立即停止施工，自行拆除；对继续施工的，作出处罚决定的机关有权制止。建设单位或者个人对责令限期拆除的行政处罚决定不服的，可以在接到责令限期拆除决定之日起十五日内，向人民法院起诉；期满不起诉又不自行拆除的，由作出处罚决定的机关依法申请人民法院强制执行，费用由违法者承担。"

③　《土地管理法实施条例》第52条规定："违反《土地管理法》第五十七条的规定，在临时使用的土地上修建永久性建筑物的，由县级以上人民政府自然资源主管部门责令限期拆除，按占用面积处土地复垦费5倍以上10倍以下的罚款；逾期不拆除的，由作出行政决定的机关依法申请人民法院强制执行。"第53条规定："违反《土地管理法》第六十五条的规定，对建筑物、构筑物进行重建、扩建的，由县级以上人民政府自然资源主管部门责令限期拆除；逾期不拆除的，由作出行政决定的机关依法申请人民法院强制执行。"

65条的规定，由乡、镇人民政府实施强制拆除。[①]

（三）违反交通、环境、自然资源管理中的建筑障碍物

违反交通、环境、自然资源管理中的建筑障碍物，是指除上述两类违法建筑以外的违反《道路交通安全法》《海上交通安全法》《防洪法》《水法》《环境保护法》《气象法》《森林法》《水土保持法》《水污染防治法》《固体废物污染环境防治法》等所建造的建筑障碍物。按《行政强制法》的有关规定，对这类违法建筑障碍物可以采取代履行的执行方式，而且这种执行方式的实施已由《行政强制法》第50条和第52条直接授权给行政处理决定机关。

典型案例

行政强制执行权应当由法律设定的行政机关实施

案情简介：

某年，杜某在其房屋上擅自加建第二层共两间约63平方米的房屋。建房后一直未办理审批手续，也无合法的产权证明。某市城市管理行政执法局依照《城乡规划法》第40条第1款、第64条的规定作出了限期拆除决定书，责令杜某3日内自行拆除，逾期将依法强制拆除。杜某不服，提起诉讼要求撤销该限期拆除决定，人民法院经审理驳回了其诉讼请求。接着该市城市管理行政执法局向杜某送达了拆除催告书，限杜某在10日内自行拆除，杜某未自行拆除。该市城市管理行政执法局便向杜某作出并送达了强制拆除决定书。杜

---

① 《城乡规划法》第65条规定："在乡、村庄规划区内未依法取得乡村建设规划许可证或者未按照乡村建设规划许可证的规定进行建设的，由乡、镇人民政府责令停止建设、限期改正；逾期不改正的，可以拆除。"

某不服，提起诉讼，要求撤销该强制拆除决定。

　　一审人民法院经审理判决驳回杜某的诉讼请求。杜某不服，提起上诉。某市中级人民法院经审理认为，对违法建筑的强制拆除在法律上属于行政强制执行，行政强制执行权应由法律设定。根据《城乡规划法》第68条的规定，城乡规划主管部门作出责令停止建设或者限期拆除的决定后，当事人不停止建设或者逾期不拆除的，建设工程所在地县级以上地方人民政府可以责成有关部门采取查封施工现场、强制拆除等措施。因此，对于违反《城乡规划法》的违法建筑的强制拆除，须由县级以上地方人民政府责成有关部门组织实施，县级以上人民政府才是法律授权享有行政强制执行决定权的主体。本案中，某市城市管理行政执法局在未经县级以上地方人民政府责成程序的情况下，对违反《城乡规划法》的违法建筑直接作出强制拆除决定属于超越职权，依法应予撤销。故判决撤销一审判决，撤销该市城市管理行政执法局作出的强制拆除决定。

　　案例评析：

　　对于当事人的违法建筑，理应依法查处。根据《城乡规划法》第64条的规定，对于违法建筑，尚可采取改正措施消除对规划实施的影响的，限期改正，处以罚款；无法采取改正措施消除影响的，限期拆除，不能拆除的，没收实物或者违法收入，可以并处建设工程造价百分之十以下的罚款。强制拆除当事人违法建筑的行为，属于行政强制执行行为，而不是行政强制措施行为。《行政强制法》第13条第1款规定："行政强制执行由法律设定。"这就是说，由谁来实施强制执行得由全国人大及其常委会制定的"法律"来规定，行政法规、地方性法规和规章都无权设定行政强制执行权。针对本案，《城乡规划法》第68条恰恰是这样规定的："城乡规划主管部门作出责令停止建设或者限期拆除的决定后，当事人不停止建设或者逾期不拆除的，建设工程所在地县级以上地方人民政府可以责成有关部门采取查封施工现场、强制拆除等措施。"这就是说，对于违反《城乡规划法》的违法建筑的强制拆除，须由建设工程所在地县级以上地方人民政府作出决定，而不是由城乡规划主管部门或者城市管理行政执法局作出决定。城市管理行政执法局虽然集中行使某些行政处罚权以及相关的行政强制措施权，但它不能行使强制执行的决定权。《行政强制法》第17条第2款规定："依据《中华人民共和国行政处罚法》的规定行使相对集中行政处罚权的行政机关，可以实施法律、法规规定的与行政处罚权有关的行政强制措施。"这就是说，行政强制措施权可以随行政处罚权的集中而集中，但行政强制执行权并未随行政处罚权的集中而集中。所以，本案二审判决是正确的，对本案当事人杜某的违法建筑不得由该市的城市管理行政执法局作出拆除决定，而应当报请县级以上人民政府作出拆除决定。

（本案例根据真实案例编写）

🔍 思考题

1.我国现行的行政强制执行体制是怎样的？

2.行政机关与人民法院的强制执行权是如何划分的？

3.对于哪些事务行政机关具有直接的强制执行权？

4.专门法院对行政决定具有强制执行权吗？

第七章　行政机关强制执行程序

本章知识要点

- □ 行政强制执行一般程序
- □ 金钱给付义务的执行程序
- □ 代履行的执行程序
- □ 房屋拆除的执行程序

第一节　行政强制执行一般程序

一、行政强制执行一般程序的意义

行政强制执行程序，系指由法律设定的具有行政强制执行权的行政机关，依照《行政强制法》和其他法律的规定，具体实施行政强制执行任务所应当遵循的步骤、方式和时限。行政强制执行程序是一种法定程序；严格遵循行政强制执行程序，是行政程序法定原则的体现和要求。

行政强制执行程序在行政法上具有诸多意义：它是认定行政强制执行行为是否合法的标准之一，违反行政强制执行程序，属于违反法定程序的行政违法行为，后果严重者可能会导致该行政强制执行行为无效或者被撤销；它同时是行政相对人正确有效行使程序权利的依据和保障。设置科学合理的行政强制执行程序，对于规范行政机关强制执行行为，提高行政效率，防止行政强制权的滥用，保障行政相对人的合法权益，具有重要而直接的意义。

我国现行行政强制执行程序集中在《行政强制法》第四章行政机关强制执行程序的有关规定之中。该章共设三节：第一节是一般规定，第二节是金钱给付义务的执行，第三节是代履行。第一节一般规定确立了行政强制执行中的一般程序，第二节金钱给付义务的执行和第三节代履行分别确立了行政强制执行中的金钱给付义务的执行程序和代履行的执行程序，后两者是特别程序。行政强制执行中的一般程序是指所有行政强制执行行为都应当遵循的基本法律程序。它适用于直接强制执行与间接强制执行，对金钱给付义务的执行与对行为义务的执行，对作为义务的执行与对不作为义务的执行，对可替代义务的执行与对不可替代义务的执行。

二、行政强制执行的条件

行政强制执行的条件，是指行政机关启动行政强制执行程序的前提。《行政强制法》第34条规定："行政机关依法作出行政决定后，当事人在行政机关决定的期限内不履行义务的，具有行政强制执行权的行政机关依照本章规定强制执行。"这就意味着，行政机关启动行政强制执行必须符合以下几个条件。

1.当事人负有行政法上的义务。行政法上的义务，系指当事人根据行政法，基于一定的法律行为和法律事实而形成的，处于一定行政法律关系中的义务。这种义务表现为当事人必须进行一定的作为或者不作为，否则将承担不利的法律后果。如当事人必须接受行政处罚、必须依法纳税等，都属于行政法上的义务范畴。行政强制执行是对当事人行政法上义务之执行。

2.该义务已由行政基础决定所确定。法规上的义务是一种抽象的义务，只有通过具体行政决定的转化，才能转变为某一当事人的具体义务。例如，根据《兵役法》的规定，年满18周岁的公民有服兵役的义务。但是，针对某一年满18周岁的公民，在通过具体的行政决定确定该义务之前，这一服兵役的义务还只是一个抽象而可能的义务，只有通过某一个具体的征兵决定，才使得这一公民产生了具体而实际的服兵役义务。所以，任何法律义务都是抽象的，它都有赖于具体行政决定的转换。法律义务是行政决定所确定义务的基础，没有法律义务就不可能有行政决定所确定的义务；但有法律义务，未必就一定形成行政决定义务。行政强制执行是对行政基础决定所确定义务的执行，而不是直接对法律义务的执行。

3.当事人逾期不履行该义务。当事人负有法律义务，并且这一法律义务已经行政基础决定转换而被确定为当事人的具体义务的，行政强制执行尚不能启动，还须有当事人逾期不履行该义务的事实。这一事实有两个要素：第一，当事人未履行义务。这是指当事人不履行由行政基础决定所确定的义务。这一义务可以是金钱给付义务，也可以是行为义务；可以是作为义务，也可以是不作为义务。这里的"不履行"，是指义务未被履行的客观状态，包括义务未履行、义务未被按要求履行。第二，当事人已逾履行义务的规定期限。当事人未履行义务不会马上发生行政强制执行问题，关键还要看它是否"逾期"。当事人在规定期限内不履行义务，不会发生强制执行问题。只有"逾期"还未履行者，才会发生强制执行问题。这里的"逾期"，需要区别以下两种情况。

（1）行政基础决定所确定的期限。这里的"逾期"是指超过了行政基础决定所确定的期限，而不是指超过了执行催告书或者执行决定书所规定的期限。譬如，某行政处罚决定书载明，当事人如果接受处理，自接受处理之日起15日内到指定银行缴纳罚款。

（2）逾期不申请行政复议或者提起行政诉讼的期限。"复议诉讼不停止行政行为执行"，因此原则上，行政机关无须等待当事人超过复议或诉讼期限再行强制执行，但是，如果法律有特别规定，那就应当等待当事人超过复议或诉讼的期限。如《税收征收管理法》第88条第3款规定："当事人对税务机关的处罚决定逾期不申请行政复议也不向人民法院起诉、又不履行的，作出处罚决定的税务机关可以采取本法第四十条规定的强制执行措施，或者申请人民法院强制执行。"这时，就应当将当事人申请行政复议的期限或者提起行政诉讼的期限作为"逾期"中的"期限"。

4.当事人无正当理由不履行该义务。仅有当事人逾期不履行行政基础决定所确定义务的客观状态，依然不足以启动行政强制执行程序，还须看当事人不履行是否有正当理由。之所以要区别是否有"正当理由"，就是为了区分当事人是拒不履行还是无法履行。拒不履行是指当事人有条件履行，但他因不肯履行而没有履行，主观上存在恶意；无法履行是客观上的条件使他无法履行，如遇不可抗力、条件不具备、规定履行时间太短而做不到等，这种情况下当事人主观上无恶意。行政机关只有在当事人拒不履行的情况下方能进入强制执行程序。

三、行政强制执行的原则

这里所阐述的行政强制执行原则，系指由《行政强制法》和有关法律确立的，行政机关在实施强制执行过程中应当遵循的基本规则。它和本书第一章第三节行政强制法的基本原则所阐述的行政强制合法原则、行政强制适当原则、教育与强制相结合原则、禁止谋利原则和权利救济原则不处于同一个层次。行政强制执行原则是行政强制法原则的下位原则。

（一）行政复议、行政诉讼不停止执行原则

行政复议和行政诉讼，是在行政相对人对行政主体的行政行为不服时诉请法律救济的两大行政法途径，是行政复议机关和人民法院对行政主体行政行为进行合法性和合理性监督的重要手段。但当行政相对人对行政决定不服申请了行政复议或者提起了行政诉讼时，在此期间，原行政决定是否必须执行，这是行政强制执行中无法回避、必须解决的问题。

关于法律救济是否具有延缓执行原行政行为的法律效果，在我国，无论是《行政复议法》还是《行政诉讼法》，都坚持"复议诉讼不停止行政行为执行"的原则。《行政复议法》第21条规定："行政复议期间具体行政行为不停止执行；但是，有下列情形之一的，可以停止执行：（一）被申请人认为需要停止执行的；（二）行政复议机关认为需要停止执行的；（三）申请人申请停止执行，行政复议机关认为其要求合理，决定停止执行的；（四）法律规定停止执行的。"《行政诉讼法》第56条规定："诉讼期间，不停止行政行为的执行。但有下列情形之一的，裁定停止执行：（一）被告认为需要停止执行的；（二）原告或者利害关系人申请停止执行，人民法院认为该行政行为的执行会造成难以弥补的损失，并且停止执行不损害国家利益、社会公共利益的；（三）人民法院认为该行政行为的执行会给国家利益、社会公共利益造成重大损害的；（四）法律、法规规定停止执行的。当事人对停止执行或者不停止执行的裁定不服的，可以申请复议一次。"这就表明，我国行政机关实施强制执行，原则上不因当事人申请行政复议或提起行政诉讼而停止，除非符合《行政复议法》第21条和《行政诉讼法》第56条所规定的几种停止执行的情形。

"复议诉讼不停止行政行为执行"的原则，不仅适用于行政机关自己强制执行的行政决定，也适用于行政机关申请人民法院强制执行的行政决定。

（二）间接强制执行优于直接强制执行原则

直接强制执行，是指行政执行机关自身采取强制手段，直接达到当事人履行义务或当事人义务被履行的状态，如直接从当事人在银行的账户上扣缴税款。间接强制执行，是指行政执行机关通过代履行或执行罚等间接强制手段，达到当事人履行义务或当事人义务被履行的状态。可是，有时这两者的界限很难划分，因为"直接性"与"间接性"本身就是相对而言的。直接强制与间接强制的最大区别在于，是通过某一执行手段直接达到了当事人义务被履行的状态，还是需要通过当事人自己的行为转换或第三人的行为转换而达到当事人义务被履行的状态。

间接强制优于直接强制是行政执行法而不是民事执行法上的一项基本原则，它为各国行政强制执行制度所接受。我国《行政强制法》虽然对于这一原则未作明文表达，但是这一精神仍处处可验。《行政强制法》第5条规定："行政强制的设定和实施，应当适当。采用非强制手段可以达到行政管理目的的，不得设定和实施行政强制。"

所谓间接强制优于直接强制，系指在行政强制执行手段的选择上，首先应当选择间接强制执行手段；只有当间接强制执行手段无法达到执行目的时，方可选择直接强制执行手段。它同样是我国行政强制执行中的一项基本原则，是行政强制适当原则的要求和体现。

（三）执行和解原则

《行政强制法》第42条规定："**实施行政强制执行，行政机关可以在不损害公共利益和他人合法权益的情况下，与当事人达成执行协议。**执行协议可以约定分阶段履行；当事人采取补救措施的，可以减免加处的罚款或者滞纳金。执行协议应当履行。**当事人不履行执行协议的，行政机关应当恢复强制执行。**"由此确立了行政强制执行中的执行和解原则。

《行政强制法》意义上的执行和解，系指在行政强制执行过程中，在不损害公共利益和他人合法权益的情况下，行政机关与当事人自愿就义务履行的时间、方式作出约定，共同遵守。执行和解既是行政强制执行制度，又是行政强制执行制度中的一项基本原则。其法律特征体现为以下几点。

第一，双方自愿是执行和解的前提。和解是指双方当事人的合意，它须以双方当事人意思上的自愿为基础。在行政强制执行的和解中，须以作为执行主体一方的行政机关与作为被执行人的当事人双方的自愿为前提，任何一方都不是在被胁迫和误解的状态下做某件事的。

第二，不损害公共利益和他人合法权益是执行和解的基本条件。《行政强制法》第42条明文设立了这一条件。在我国，公共利益是指国家利益、社会利益和不特定的社会成员所享有的利益。他人合法权益是指双方当事人以外的其他组织或者个人的合法权益。执行和解，双方签订执行协议，不得损害公共利益和他人合法权益，否则，有关组织和个人可以主张该协议无效。

第三，执行协议是执行和解的书面载体。**行政机关与当事人达成执行和解，应当签订执行协议。执行协议应当采用书面形式。**行政机关与当事人签订执行协议书，是执行和解原则的体现和要求，是行政机关与当事人实现执行和解的标志。执行协议书的内容应当包括：双方当事人；义务履行的时间和方式；遵守与不遵守协议的后果；时间和地点；等等。执行协议书虽然不像司法调解书那样具有执行力，但它是具有法律效果的法律文书。

第四，履行义务时间和方式的变通是执行和解的具体内容。尽管达成了执行和解，但是当事人所应当履行的义务是不得取消的。既然是执行和解，就意味着双方就双方的权利与义务有一定的变通。不存在变通性，执行和解就不复存在。但变通主要限于履行义务的时间与方式方面，如履行时间的适当推迟，从一次性履行变通为分阶段履行；再如执行方式的适当改变，从现金履行变通为财物履行等，特别是当事人采取补救措施的，行政机关可以减免加处的罚款或者滞纳金。

第五，从执行程序的启动到完成前是执行和解的有效时间。行政强制执行程序以催告为启动点，以义务被实现或者执行终结为程序终点。在整个行政强制执行程序之内，都可以实现执行和解，签订执行和解协议。执行程序启动之前或者结束之后，都无以发起执行和解。

第六，执行协议签订具有法律效果。执行和解协议一经签订，就会产生法律效果。具体表现在：（1）产生遵守的义务。执行和解协议一经签订，无论是行政机关还是当事人，都应当严格遵守，不得擅自改变或放弃。（2）产生执行中止或者终结的效果。某些协议的履行过程和履行结果，会导致执行中止或者执行终结。（3）导致履行义务时间和方式的改变。由于执行协议会在一定程度上变通原义务履行的时间和方式，从而导致原义务履行时间和方式的改变，其中包括因当事人采取补救措施而使行政机关减免加处的罚款或者滞纳金。（4）形成不遵守执行协议的法律后果。如果当事人签订执行协议后又不履行，行政机关应当恢复强制执行。

（四）文明执行原则

所谓文明执法，就是在执法过程中树立以人为本、执政为民的理念，充分尊重行政相对人的权益，严格遵循法律规定的执法程序，坚持教育与处罚相结合，管理与服务相结合，不断提高行政执法效能，为建设和谐社会和法治社会提供保障之要求和状态。文明执法是推进社会主义物质文明、政治文明和精神文明协调发展的体现，是全面落实依法治国基本方略的具体内涵，是以人为本的要求。

文明执行，是文明执法的要求和内容，是我国行政强制执行的基本原则之一。早在《国有土地上房屋征收与补偿条例》的立法中，我国已对文明拆迁作出明确要求。① 文明执行原则集中体现在《行

---

① 《国有土地上房屋征收与补偿条例》第27条明文规定："实施房屋征收应当先补偿、后搬迁。作出房屋征收决定的市、县级人民政府对被征收人给予补偿后，被征收人应当在补偿协议约定或者补偿决定确定的搬迁期限内完成搬迁。任何单位和个人不得采取暴力、威胁或者违反规定中断供水、供热、供气、供电和道路通行等非法方式迫使被征收人搬迁。禁止建设单位参与搬迁活动。"

政强制法》第43条规定上。该条规定：**"行政机关不得在夜间或者法定节假日实施行政强制执行。但是，情况紧急的除外。行政机关不得对居民生活采取停止供水、供电、供热、供燃气等方式迫使当事人履行相关行政决定。"**根据这一规定，文明执行原则主要表现为两个方面的要求。

第一，行政机关不得在夜间或者法定节假日实施行政强制执行。这是对行政强制执行的时间限制。这里需要弄清以下几个问题。

1.什么是"夜间"？需要以法律规定为准。我国虽有几部法律规定了"夜间"①，但对"夜间"时间段作出解释的目前是《噪声污染防治法》。根据该法第88条的规定，"夜间"是指晚10点至次日早晨6点之间的期间。②目前，我国的"夜间"时间段应当以此为参照。

2.什么是"法定节假日"？根据国务院发布的《全国年节及纪念日放假办法》，我国法定节假日包括三类：第一类是全体公民放假的节日。包括：（1）新年，放假1天（1月1日）；（2）春节，放假3天（农历正月初一、初二、初三）；（3）清明节，放假1天（农历清明当日）；（4）劳动节，放假1天（5月1日）；（5）端午节，放假1天（农历端午当日）；（6）中秋节，放假1天（农历中秋当日）；（7）国庆节，放假3天（10月1日、2日、3日）。第二类是部分公民放假的节日及纪念日。包括：（1）妇女节（3月8日），妇女放假半天；（2）青年节（5月4日），14周岁以上的青年放假半天；（3）儿童节（6月1日），不满14周岁的少年儿童放假1天；（4）中国人民解放军建军纪念日（8月1日），现役军人放假半天。第三类是少数民族习惯的节日，由各少数民族聚居地区的地方人民政府，按照各该民族习惯，规定放假日期。

---

① 如《道路交通安全法》等。

② 《噪声污染防治法》第88条规定："本法中下列用语的含义：……（二）夜间，是指晚上十点至次日早晨六点之间的期间，设区的市级以上人民政府可以另行规定本行政区域夜间的起止时间，夜间时段长度为八小时……"

3."法定节假日"不是指双休日。双休日不等于法定节假日；但法定节假日可以发生在双休日。所以从理论上说，行政机关不得在夜间或者法定节假日实施行政强制执行，并未排除双休日可以实施行政强制执行。但如果行政强制执行从工作日开始，延续到双休日、夜间和法定节假日是否可以，《行政强制法》本身未作规定，但从立法精神来看，也应当尽量避免。①

4.为什么不得在"夜间"和"法定节假日"实施行政强制执行？"夜间"是公民的自然休息时间，是几千年来的"日落而息"习惯之反映；"法定节假日"是《劳动法》明文规定休息的时间。②休息权是劳动者获得休息和休假的一项基本权利，旨在保障公民身心健康和自由发展。赋予并保障劳动者休息权是个人和社会发展的共同需要，禁止在"夜间"和"法定节假日"实施行政强制执行，与社会进步和文明发展相吻合。再者，作此规定是针对现实中的一些"夜袭""堵被窝"等不文明执行行为。

5.情况紧急的除外。《行政强制法》第43条第1款在设置对于不得在"夜间"和"法定节假日"实施行政强制执行规定的同时，设定了一个例外，即"情况紧急的除外"。这个"除外"条款意味着，在"情况紧急"条件下，行政机关是可以在"夜间"和"法定节假日"实施行政强制执行的。所谓情况紧急的情形，大体包括：一是有证据证明当事人有逃逸、转移或者隐匿财物的迹象的；二是属于《行政强制法》第52条所指的情形，需要立即清除道路、河道、航道或者公共场所的遗洒物、障碍物或者污染物的。类似情况都属于"情况紧急"，行政机关可以立即执行，不受"不得在夜间或者法定

---

① 最高人民法院《关于行政机关在星期六实施强制拆除是否违反〈中华人民共和国行政强制法〉第四十三条第一款规定的请示的答复》指出："依照《中华人民共和国行政强制法》第四十三条第一款及第六十九条的规定，行政机关不得在星期六实施强制拆除，但情况紧急的除外。"

② 《劳动法》第40条规定："用人单位在下列节日期间应当依法安排劳动者休假：（一）元旦；（二）春节；（三）国际劳动节；（四）国庆节；（五）法律、法规规定的其他休假节日。"

节假日实施行政强制执行"规定的约束。

第二，行政机关不得对居民生活采取停止供水、供电、供热、供燃气等方式。这是对行政强制执行的手段限制。这里有三点需要说明。

一是禁止"停止供水、供电、供热、供燃气等方式"针对的是居民生活，对于企业生产并不适用。 因为从民生角度考虑，人的生活是第一需要，生产是第二需要。对居民生活不得采取停止供水、供电、供热、供燃气等方式，符合以人为本的宗旨。

二是禁止停止供应的是水、电、热、燃气等生活资源，是人们生存和生活所必需的资源性资料， 而且这些资源常常被行政机关直接或间接地控制。所以，对此作禁止性规定是必要的。

三是禁止"停止供水、供电、供热、供燃气等方式"没有除外条款。 《行政强制法》第43条为"行政机关不得在夜间或者法定节假日实施行政强制执行"设定了例外条款，即"情况紧急的除外"，但没有为禁止"停止供水、供电、供热、供燃气等方式"设置除外条款。

四、行政强制执行程序的基本步骤

行政强制执行的基本步骤是行政强制执行程序的核心内容，是实现和达到行政强制执行目标的时间方式和程序保障。行政强制执行的基本步骤又构成了行政强制执行的法定程序，违反该步骤会构成程序违法。催告和送达—陈述和申辩—记录、复核、处理—执行决定—送达—执行，这是行政强制执行的基本程序环节。

（一）催告和送达

任何行政强制执行都应当期待当事人的自我履行，"告诫"便成了"整个行政强制之核心"。行政强制执行程序中的催告，是指当事人逾期不履行由行政基础决定所确定的义务，行政机关为督促当事人在强制执行前自行履行义务，而向当事人书面发出的要求其在一定期限内履行义务，否则将承担被强制执行后果的一种意思通知。

　　第一，**催告不具有延缓强制执行的效力。**催告是由行政机关向当事人发出的要求其在一定期限内履行义务的意思通知，它既不改变由行政基础决定所确定的履行义务，也不创设新的履行义务，只是向当事人提醒履行义务的内容、程序权利以及不履行的后果等，其目的在于通过威慑实现当事人自我履行的状态，不具有迟延执行效力。

　　第二，**催告是强制执行决定的前置程序，**是整个行政强制执行程序的逻辑起点。从时间上考量，催告发生在当事人逾期不履行行政基础决定所确定义务之后，又在行政机关作出行政执行决定之前，**不经催告，行政机关不得启动行政强制执行程序。**《行政强制法》第35条第一句明文规定："行政机关作出强制执行决定前，应当事先催告当事人履行义务。"这说明，催告是行政机关作出强制执行决定的前置程序，也是行政机关应当严格遵守、不可省略的"法定程序"。

　　第三，**催告不是一种执行决定，但它直接产生当事人陈述和申辩的权利。**相对于原行政决定即"行政基础决定"而言，执行决定是一种"行政执行决定"。催告既不是一种行政基础决定，也不是一种行政执行决定，它是一种无法为当事人设置或改变义务的程序性决定，这种程序性决定的直接法律效果是产生了当事人对原履行义务的陈述、申辩权利。

　　根据《行政强制法》第35条的规定，**催告应当采用书面形式。催告书是催告行为的法定形式，未采用书面形式的催告，如口头、电话等，不被法律所承认，属于违反法定程序。**催告书应当包含完整的有关信息，其中应当包括：（1）履行义务的期限；（2）履行义务的方式；（3）涉及金钱给付的，应当有明确的金额和给付方式；（4）当事人依法享有的陈述权和申辩权。

　　催告书作出并送达后，事态的发展会有以下几种情况：（1）当事人在催告书规定的期限内履行了义务，行政强制执行程序到此结束，属于行政强制执行的终结；（2）行政机关与当事人达成了执行和解，签订了执行协议书，行政强制执行程序中止；（3）当事人拒不履行义务而且无正当理由，这样，行政机关应当及时作出行政执行决定。

（二）陈述和申辩

当事人收到催告书后，基于《行政强制法》的规定和催告书的提示，可以行使陈述权和申辩权。陈述权和申辩权都是当事人表达自己意见的权利，有时很难区分。严格来说，它们还是存在差异的。陈述权是指当事人对自己主张的说明，如当事人对于某项申请的理由作解释和进一步的说明；申辩权是指当事人对他人对自己的指控进行辩解和反驳。它们的侧重点有所不同。

陈述和申辩是当事人的程序权利，它源自宪法有关公民的基本权利规定①，是正当程序原则的核心内容和基本要求。②**当事人在行政强制执行程序中的陈述权和申辩权，同时对应行政机关的程序义务；当事人权利的享受与行政机关义务的承担，构成了行政强制执行法定程序的必要环节。当事人放弃该权利不影响行政强制执行的继续，但行政机关不履行该义务，将构成程序违法，会减损行政强制执行行为的效力和导致行政机关责任人员的纪律责任。**

第一，关于主体。享受和行使陈述权和申辩权的主体，是在行政强制执行关系中应当承担履行义务的当事人，包括公民、法人或

---

① 《宪法》第41条规定："中华人民共和国公民对于任何国家机关和国家工作人员，有提出批评和建议的权利；对于任何国家机关和国家工作人员的违法失职行为，有向有关国家机关提出申诉、控告或者检举的权利，但是不得捏造或者歪曲事实进行诬告陷害。对于公民的申诉、控告或者检举，有关国家机关必须查清事实，负责处理。任何人不得压制和打击报复。由于国家机关和国家工作人员侵犯公民权利而受到损失的人，有依照法律规定取得赔偿的权利。"

② 这一程序权利被引入行政程序，首推我国的《行政处罚法》。《行政处罚法》早在1996年就引进和确立了听证制度和事先告知制度。2003年制定的《行政许可法》将听取意见制度完整地运用于许可审批领域。2011年制定的《行政强制法》将当事人的陈述和申辩推向极致。尤其是该法第36条规定："当事人收到催告书后有权进行陈述和申辩。行政机关应当充分听取当事人的意见，对当事人提出的事实、理由和证据，应当进行记录、复核。当事人提出的事实、理由或者证据成立的，行政机关应当采纳。"

者其他组织。当事人可以自己行使陈述、申辩权利，也可委托律师行使陈述、申辩权利。

第二，关于对象。当事人的陈述和申辩既可针对基础决定，也可针对催告书，因为它们在内容上是相通的。

第三，关于内容。对当事人的陈述和申辩的内容范围，不能不作限定。一般而言，当事人的陈述和申辩意见可以就下述内容发表：（1）原行政基础决定所确定的当事人义务是否合法；（2）对这一义务的履行方式是否合理；（3）对义务履行时间和方式进行变通的方案及理由；（4）当事人想表达并与执行有关的其他意见。换言之，当事人可以就行政强制执行行为所涉事实、理由和证据发表意见。

第四，关于方式。当事人行使陈述权和申辩权的方式，可以是书面的，也可以是口头的。以口头形式提出意见，行政机关必须负责记录并让当事人签字。行政机关听取当事人陈述和申辩意见，可以当场进行，也可以约时进行，还可以举行听证会。法律未对方式作出规定的，方式只要有利于当事人发表意见便可。

第五，关于时间。当事人发表陈述和申辩意见，从收到催告书之日起至强制执行决定作出前都是可以的。针对催告书之前的行政基础决定和催告书之后的行政执行决定，都适用其他的救济方式（行政复议和行政诉讼）。

（三）记录、复核、处理

行政强制执行程序的第三个环节，是记录、复核、处理。当事人依法提出陈述和申辩意见后，行政机关应当保存其书面材料；当事人口头提出陈述和申辩意见的，行政机关应当负责记录，让当事人核对签字后保存。对于当事人无论是书面还是口头提出的意见，都应当认真核对和考虑，本着实事求是原则，坚持以人为本，兼顾公共利益与当事人的私人权益，进行处理。

当事人提出的事实、理由或者证据成立的，行政机关应当采纳。

当事人的意见有道理并可接受的，一定要及时纠正或者修正。行政强制执行不合法的，要及时取消；行政强制执行不合理的，要及时调整。能达成执行和解的，尽量争取。当事人的意见不成立的，也要耐心地解释和说服。

（四）强制执行决定

根据《行政强制法》第37条第1款的规定，经催告，当事人逾期仍不履行行政决定，且无正当理由的，行政机关可以作出强制执行决定。行政机关作出强制执行决定是行政强制执行程序的第四个环节。

《行政强制法》第37条所规定的强制执行决定，就是指行政执行决定。行政执行决定，是指在行政强制执行过程中行政机关针对经催告逾期仍不履行执行义务且无正当理由的当事人，所作出的要求其立即履行义务的行政命令。行政基础决定与行政执行决定具有以下区别：行政基础决定是在行政强制执行程序之前作出的，行政执行决定则是在行政强制执行程序之中作出的；行政基础决定是由行政机关作出的实体性决定，行政执行决定是由行政执行机关作出的程序性决定；行政基础决定是一项本体性决定，它直接确定当事人的义务，行政执行决定是一项并不创设当事人实体义务的辅助性决定，它显然是为前一决定服务的，只是对由行政基础决定所确定的义务进行程序上的落实而已。行政执行决定应当以书面形式作出，并载明下列事项：（1）当事人的姓名或者名称、地址；（2）强制执行的理由和依据；（3）强制执行的方式和时间；（4）申请行政复议或者提起行政诉讼的途径和期限；（5）行政机关的名称、印章和日期。

（五）强制执行决定的送达

行政机关不作出强制执行决定就不得实施行政强制执行；强制执行决定不依法送达当事人就不具有法律效力。《行政强制法》第38

条明文规定，**催告书和行政强制执行决定书都应当直接送达当事人。当事人拒绝接收或者无法直接送达当事人的，应当依照《民事诉讼法》的有关规定送达。**送达是个受领行为，必须以当事人签收为准，无签收不视为送达。根据《民事诉讼法》的有关规定，行政机关对催告书和强制执行决定书的送达，适用以下几种方式：（1）直接送达；（2）留置送达；（3）委托送达；（4）邮寄送达；（5）转交送达；（6）公告送达。在上述六种送达方式中，公告送达应当是最后选择的方式，只有当行政机关采用上述第1—5种方式都无法送达时，才可采用公告方式。因为公告方式是不得已的方式，它无法保证当事人确实收悉公告内容。

（六）实施行政强制执行

强制执行决定作出和送达以后，行政机关应当尽快实施行政强制执行。这时，从法律设计和理论上讲，都不存在期待当事人自我履行、陈述和申辩以及等待其申请行政复议或者提起行政诉讼之环节，行政机关可以立即强制执行了。即使当事人对强制执行决定申请了行政复议或者提起了行政诉讼，也不停止行政强制执行，这是《行政强制法》第四章体现的精神。但是，如果在实施行政强制执行之前，当事人已经履行执行义务，或者与行政机关达成了执行和解，还是应当允许的。

五、行政强制执行的中止、终结和回转

行政强制执行的中止、终结和回转，是行政强制执行中的三大制度。

（一）行政强制执行的中止

《行政强制法》第39条规定："有下列情形之一的，中止执行：（一）当事人履行行政决定确有困难或者暂无履行能力的；（二）第

三人对执行标的主张权利，确有理由的；（三）执行可能造成难以弥补的损失，且中止执行不损害公共利益的；（四）行政机关认为需要中止执行的其他情形。中止执行的情形消失后，行政机关应当恢复执行。对没有明显社会危害，当事人确无能力履行，中止执行满三年未恢复执行的，行政机关不再执行。"这是《行政强制法》对执行中止制度的规定。

行政强制执行的中止，系指行政强制执行程序开始以后，由于出现致使强制执行无法进行下去的法定情形，行政机关暂时停止强制执行程序，待该情况消除后，继续执行的法律制度。中止的主要法律特征是暂停性和可恢复性。暂停性是指短期性，即短期内暂停执行，不是长期或者永远停止执行；可恢复性是指，从法律上讲行政机关拥有可恢复执行权力，从物理上讲具有可以恢复执行的现实性。中止有严格的适用条件。

1.当事人履行行政决定确有困难或者暂无履行能力的。当事人履行行政决定确有困难，是指当事人的客观处境使其无法履行义务；当事人履行行政决定暂无履行能力，是指当事人的主体条件使其无法履行义务。两者综合起来大体包括以下几种情况：（1）不可抗力。按《民法典》第180条第2款的解释，"不可抗力是不能预见、不能避免且不能克服的客观情况"。它包括海啸、地震等自然灾害和战争等。（2）经济和生活发生严重困难。因某种原因（如生病、失业、破产等），当事人的经济和生活发生困难，履行义务会使当事人及其家庭生活低于最低生活保障线。当然，这种情况主要针对其金钱给付义务的履行。（3）因身体原因，当事人暂时无法履行义务的，如生病、残疾等使当事人失去履行义务的身体条件。这种情况主要针对其行为上的作为义务的履行。（4）其他情形。

2.第三人对执行标的主张权利，确有理由的。执行标的，是指执行物，如建筑、其他物体、款项等。第三人，是指行政机关和当事人以外的与执行标的有法律关系的组织或者个人。第三人对执行标的主张权利，一般是指第三人主张对执行标的具有所有权、使用权、抵押权等，如果情况属实并且理由成立，应当中止执行，等待对第三人主张的权利核实以后再视情况处理，这是基于对第三人合法权益的保护。

3.执行可能造成难以弥补的损失，且中止执行不损害公共利益的。这种情况一般是指由于执行标的的特殊性（某一特定物、文物等），执行了会造成难以弥补的损失，并且不执行又不会损害公共利益的，应当中止执行。

4.行政机关认为需要中止执行的其他情形。这是一种兜底性规定，指除以上三种情况以外的行政机关认为需要中止执行的情形。有专家认为至少包括三种情况：一是被执行的自然人死亡，需要等待继承人继承权利或者承担义务，或者被执行的法人或者其他组织终止，尚未确定权利义务承受人的；二是人民法院已经受理以被执行的法人为债务人的破产申请的；三是行政机关与当事人已达成执行和解协议，等待当事人履行协议的。①此外，可能还包括行政机关怀疑行政基础决定有错，或者执行会遇到当事人的过激行为等情况。

恢复执行是指中止执行的法定情形消失后，行政机关恢复原行政强制执行程序的行为和状态。行政强制执行本质上是行政机关实现国家的行政管理目标，实现和维护法律秩序，所以，在中止执行的法定情形消失之后，行政机关有权力更有义务恢复执行。

不再执行是执行中止后的另一种程序结果。中止执行使原已启动的行政强制执行程序暂时停止，执行所涉及的法律关系和有关权利义务处于未定状态，长此以往对国家、社会和当事人都是不利的。出于公共利益与公民权益的平衡和稳定社会法律关系的考虑，《行政强制法》确立了"不再执行"制度。该法第39条第2款第二句规定："对没有明显社会危害，当事人确无能力履行，中止执行满三年未恢

---

① 参见袁曙宏主编：《行政强制法教程》，中国法制出版社2011年版，第113页。

复执行的，行政机关不再执行。"由此可见，不再执行是一种永远中止执行的制度。

（二）行政强制执行的终结

行政强制执行的终结，系指行政强制执行程序开始以后，由于出现致使强制执行已无必要或者已无可能进行下去的法定情形，行政机关决定结束执行，从此不再执行的法律制度。终结的主要法律特征是最终的封闭性。执行终结决定一旦作出，整个行政强制执行程序，无论已进行到哪个阶段，都将被宣告结束，任何法律实体行为和法律程序行为都将失去执行力。根据《行政强制法》第40条①的规定，行政强制执行的终结，适用于以下几种情形。

1.公民死亡，既无遗产可供执行，又无义务承受人的。当被执行人是公民时，如果该公民死亡，他又无遗产可供执行，那么，执行就因履行义务主体的消亡而终结，因为作为行政法上的履行义务不适用"父债子还"的传统规则。如果作为被执行人的公民死亡，他有遗产但无继承人或者继承人放弃继承权的，行政机关可直接执行该公民的遗产；继承人继承遗产的，行政机关可变更被执行人，但对继承人的执行以遗产为限。

2.法人或者其他组织终止，既无财产可供执行，又无义务承受人的。法人或者其他组织的终止有以下几种情况：（1）依法被撤销；（2）自行解散；（3）依法宣告破产；（4）分拆和重组等。法人或者其他组织终止后，在上述第（1）—（3）种情形中，无义务承受主体（但主管部门或者按法律程序能够依法处理好已发生的债务）；在第（4）种情形中会有义务承受主体。如果法人或者其他组织终止，既无财产

① 《行政强制法》第40条规定："有下列情形之一的，终结执行：（一）公民死亡，无遗产可供执行，又无义务承受人的；（二）法人或者其他组织终止，无财产可供执行，又无义务承受人的；（三）执行标的灭失的；（四）据以执行的行政决定被撤销的；（五）行政机关认为需要终结执行的其他情形。"

可供执行，又无义务承受人，则行政强制执行终结。如果法人或者其他组织终止，有义务承受人，行政机关应当变更被执行主体，继续进行执行程序。对终止组织义务承受人的执行与对死亡公民继承人的执行不同，后者以所继承的遗产为限，前者无类似限制。

3.执行标的灭失的。执行标的系指所执行的义务载体，如拆除违法建筑中的"建筑"，执行没收某交通工具中的"交通工具"，执行征收集体土地中的"集体土地"。如果自然（如地震、海啸等）或者人为（焚烧等）因素造成执行标的物灭失，行政强制执行便终结。

4.据以执行的行政决定被撤销的。这里的行政决定是指确定当事人义务的行政基础决定，它是行政强制执行的依据，而不是指行政强制执行程序中的催告书或者强制执行决定。行政基础决定被撤销，大体来自以下几种情况：（1）自我撤回；（2）行政复议撤销；（3）行政诉讼撤销；（4）行政监督撤销；（5）权力机关监督撤销。这里需要注意的是，如果行政基础决定仅在法律程序中被有关机关确认违法但不撤销，那它依然具有执行力，因为它的效力未被推翻。

5.行政机关认为需要终结执行的其他情形。这是一个兜底条款。

执行终结的适用时间和方式都与执行中止相同。它发生在整个行政强制执行过程中，既不是过程之前，也不是过程之后。执行终结后，行政机关应当制作"执行终结决定书"并送达当事人。

（三）行政强制执行的回转

执行回转是一项执行错误的弥补制度，适用于民事执行等广泛领域。[①]与行政强制执行的中止、终结一样，《行政强制法》对行政

---

① 《民事诉讼法》第240条规定："执行完毕后，据以执行的判决、裁定和其他法律文书确有错误，被人民法院撤销的，对已被执行的财产，人民法院应当作出裁定，责令取得财产的人返还；拒不返还的，强制执行。"

强制执行中的回转作出了专门规定。其第41条规定：**"在执行中或者执行完毕后，据以执行的行政决定被撤销、变更，或者执行错误的，应当恢复原状或者退还财物；不能恢复原状或者退还财物的，依法给予赔偿。"**

行政强制执行中的执行回转，是指在执行中或者执行完毕后，据以执行的行政决定被撤销、变更，或者执行错误时，行政机关将已执行的财产恢复到执行前状态的法律制度。它是行政强制执行程序中的个别现象，并不是行政强制执行中的必然环节；它是当被执行人的合法权益因行政机关的行政决定错误或者行政执行错误而受到侵害时的一种补救和救济措施。作为一种法律制度，执行回转具有下述法律特征。

第一，执行回转发生的条件，是据以执行的行政决定被撤销、变更，或者执行错误。其实这里有两种情况：一是行政决定被撤销或者变更，使得当事人应当履行的义务随之被撤销或者改变。这里的行政决定是指作为执行依据的，发生于行政强制执行程序以前的行政基础决定，而不是强制执行程序中的程序性决定（如强制执行决定、执行中止决定和执行终结决定等），因为行政基础决定才是当事人的"义务之源"。二是执行错误。这是指，虽然行政基础决定没有被撤销或者变更，但行政机关在执行实施过程中执行行为本身发生了错误，例如在拆除违法建筑时误拆了合法建筑。这两种情况都应当执行回转。

第二，执行回转的标的，限于财物。对于人身的强制执行无法进行执行回转。这里的财物，包括建筑、设施、工具、艺术品和生活用品等物质，也包括证书、文件等纸质用品，还包括金钱等。只要是可以复原的执行标的都适用执行回转。

第三，执行回转的方式，包括恢复原状和退还财物。这是两种针对不同性质执行标的的回转方式。恢复原状是指将已执行的标的恢复到执行前的状态和性能，退还财物是指将已执行的标的返还给当事人。返还标的物区分不同情况处理：执行标的物是特定物的，应当返还特定物；执行标的物是种类物的，应当返还相同规格、数量和品质的种类物；执行标的物是金钱的，应当返还相同数额的金钱及其孳息。[①]

第四，执行回转的范围和时间。执行回转是对已执行的标的物的回转，所以，执行回转的范围应当是已被全部执行或者部分执行的标的物。执行回转的时间，肯定发生在执行之后，尚未执行不会发生执行回转问题。

正如发动行政强制执行需要有执行依据一样，发动执行回转也需要有回转依据。执行回转的依据应当是有权机关对原行政决定进行依法撤销或者变更的处理决定，包括新的行政决定书、行政复议决定书、人民法院的司法裁判书等，或者是有权机关针对执行错误的确认书等，而且这些依据应当经过法定程序才具有最终效力。

如果发生执行回转不能时，行政机关应当按照《国家赔偿法》的规定，对受损人承担国家赔偿责任。执行回转不能，是指"不能恢复原状或者退还财物"，无法实现执行回转。它包括，特定物已灭失或者已被第三人善意取得；因技术和条件上的原因某些执行标的无法被修复等。

第二节　金钱给付义务的执行程序

一、金钱给付义务执行程序概述

在行政强制执行种类中，金钱给付义务的执行居于特别重要的地位。许多国家和地区的行政强制执行法，都将金钱给付义务执行

---

① 参见全国人大常委会法制工作委员会行政法室编著：《中华人民共和国行政强制法解读》，中国法制出版社2011年版，第135页。

单列设置并专门规定其执行程序。[①]

我国《行政强制法》在第四章行政机关强制执行程序中，单设一节（第二节金钱给付义务的执行）从第45条到第49条专门规定了金钱给付义务的执行程序。它与第一节一般规定所确立的一般程序的关系是特别与一般的关系：金钱给付义务执行程序有特别规定者，优先适用该程序；无特别规定者，适用一般程序规定。

金钱给付义务的执行，有直接执行与间接执行之分。直接执行主要表现为行政机关通过银行等金融机构直接划拨当事人的存款、汇款，以及通过对查扣物的拍卖和出卖抵缴执行款项。间接执行主要表现为行政机关对当事人实施执行罚，即加处罚款或者加收滞纳金。

二、对金钱给付义务直接执行程序

《行政强制法》就金钱给付义务直接执行，只对两种执行方式作了特别规定，即对存款、汇款的划拨和对查扣物的抵缴。

（一）对存款、汇款的划拨

划拨存款、汇款，是《行政强制法》第12条为行政机关设定的第二种行政强制执行手段。它是指行政机关对当事人拒不履行行政决定所确定的金钱给付义务，依照法律规定，通过有关金融机构、邮政机构将义务人账户上的存款或者邮寄给其的汇款，直接划入权利人账户的执行方式。

关于对存款、汇款划拨的程序，《行政强制法》第47条作出专门规定："划拨存款、汇款应当由法律规定的行政机关决定，并书面

---

① 德国1953年《联邦行政强制执行法》第一章和1957年《莱茵邦·柏尔兹行政强制执行法》第二章都设置了"金钱币债权的行政执行"。世界上最古老的行政强制执行法即奥地利1925年《行政强制执行法通则》也将"金钱给付的强制执行"置于突出位置。

通知金融机构。金融机构接到行政机关依法作出划拨存款、汇款的决定后，应当立即划拨。法律规定以外的行政机关或者组织要求划拨当事人存款、汇款的，金融机构应当拒绝。"根据《行政强制法》的这一规定，并结合中国人民银行《金融机构协助查询、冻结、扣划工作管理规定》，划拨存款、汇款的程序主要有三个环节。

第一个环节：作出划拨存款、汇款决定。

行政机关作出划拨存款、汇款的决定。这一决定不是指行政强制执行程序之前确定当事人义务的行政基础决定，而是指在行政强制执行程序中的行政执行决定。在执行的一般程序（催告和送达—陈述和申辩—记录、复核、处理—执行决定—送达—执行）中属于"执行决定"这一环节。《行政强制法》第47条直接规定这一程序环节，不是说前面几个程序环节不需要，而是因为前面几个环节属于一般程序。在"执行决定"这个环节上，《行政强制法》第47条是特别规定，因而优先适用该规定；前面几个环节（催告和送达—陈述和申辩—记录、复核、处理），《行政强制法》未作特别规定，那就适用一般规定。

由于《行政强制法》对涉及存款、汇款的金融事项采取严格的法律保留原则，所以理所当然地，划拨存款、汇款的决定应当"由法律规定的行政机关决定"。"行政强制执行由法律设定"的原则既约束作出行政基础决定的机关，同时也支配作出划拨存款、汇款决定的机关。"行政强制执行由法律设定"的原则既要求作出行政基础决定的机关由法律设定，同时也要求作出划拨存款、汇款决定的机关由法律设定。由于我国目前的法律制度是，在行政机关自己实施强制执行的领域内，作出行政基础决定的机关，作出划拨存款、汇款决定的机关，以及最后实施强制执行的机关，是同一机关。这样，问题又回归到执行主体上了。

关于对存款、汇款的划拨，中国人民银行《金融机构协助查询、冻结、扣划工作管理规定》附有一张表格，不妨参考相关部分（见

表7–1）。

表7–1 有权查询、冻结、扣划单位、个人存款的执法机关

单位名称	查询		冻结		扣划	
	单位	个人	单位	个人	单位	个人
人民法院	有权	有权	有权	有权	有权	有权
税务机关	有权	有权	有权	有权	有权	有权
海关	有权	有权	有权	有权	有权	有权
人民检察院	有权	有权	有权	有权	无权	无权
公安机关	有权	有权	有权	有权	无权	无权
国家安全机关	有权	有权	有权	有权	无权	无权
军队保卫部门	有权	有权	有权	有权	无权	无权
监狱	有权	有权	有权	有权	无权	无权
走私犯罪侦查机关	有权	有权	有权	有权	无权	无权
监察机关（包括军队监察机关）	有权	有权	无权	无权	无权	无权
审计机关	有权	无权	无权	无权	无权	无权
工商行政管理机关	有权	无权	暂停结算	暂停结算	无权	无权
证券监管管理机关	有权	无权	无权	无权	无权	无权

尽管中国人民银行在这一表格下面作出依据时间上的说明[①]，但是对照今天的立法变化，在对存款、汇款的划拨权方面还是基本适用的。现时有权作出划拨存款、汇款决定的行政机关包括但不限于以下几家：

——县级以上税务局。依据是《税收征收管理法》第40条[②]。

[①] 中国人民银行在这一表格下面注明："本表所列机关是《金融机构查询、冻结、扣划工作管理规定》发布之日前有关法律、行政法规明确规定具有查询、冻结或者扣划存款权力的机关。规定发布实施之后，法律、行政法规有新规定的，从其规定。"

[②] 该条规定："从事生产、经营的纳税人、扣缴义务人未按照规定的期限缴纳或者解缴税款，纳税担保人未按照规定的期限缴纳所担保的税款，由税务机关责令限期缴纳，逾期仍未缴纳的，经县以上税务局（分局）局长批准，税务机关可以采取下列强制执行措施：（一）书面通知其开户银行或者其他金融机构从其存款中扣缴税款……"

——海关。依据是《海关法》第60条^①。

——县级以上社会保险管理行政部门。依据是《社会保险法》第63条第2款^②。

《行政强制法》第47条第2款规定，法律规定以外的行政机关或者组织要求划拨当事人存款、汇款的，金融机构应当拒绝。

第二个环节：通知金融机构。

有权行政机关作出划拨存款、汇款决定之后，应当以书面形式通知有关金融机构。这里的金融机构是指依法经营存款业务的金融机构（含外资金融机构），包括政策性银行、商业银行、城市和农村信用合作社、财务公司、邮政储蓄机构等。

通知采取《协助扣划存款通知书》的形式。通知书内容应当完整、准确，应当包括：（1）被执行人；（2）执行依据；（3）需被扣划存款的单位或个人开户金融机构名称、户名和账号、大小写金额；（4）划入账号；（5）执行机关。《协助扣划存款通知书》应当附上作为执行依据的行政基础决定书和行政执行决定书。

第三个环节：审查和划拨。

办理协助扣划业务时，金融机构经办人员应当核实以下证件和法律文书：（1）有权机关执法人员的工作证件；（2）有权机关县团级以上机构签发的《协助扣划存款通知书》；（3）有关生效法律文书或行政机关的有关决定书。

金融机构在协助扣划单位或个人存款时，应当审查：（1）《协助

----

① 该条规定："进出口货物的纳税义务人，应当自海关填发税款缴款书之日起十五日内缴纳税款；逾期缴纳的，由海关征收滞纳金。纳税义务人、担保人超过三个月仍未缴纳的，经直属海关关长或者其授权的隶属海关关长批准，海关可以采取下列强制措施：（一）书面通知其开户银行或者其他金融机构从其存款中扣缴税款……"

② 该款规定："用人单位逾期仍未缴纳或者补足社会保险费的，社会保险费征收机构可以向银行和其他金融机构查询其存款账户；并可以申请县级以上有关行政部门作出划拨社会保险费的决定，书面通知其开户银行或者其他金融机构划拨社会保险费。用人单位账户余额少于应当缴纳的社会保险费的，社会保险费征收机构可以要求该用人单位提供担保，签订延期缴费协议。"

扣划存款通知书》填写的需被冻结或扣划存款的单位或个人开户金融机构名称、户名和账号、大小写金额；（2）《协助扣划存款通知书》上的义务人应与所依据的法律文书上的义务人相同；（3）《协助扣划存款通知书》上的扣划金额应当是确定的。如发现缺少应附的法律文书，以及法律文书有关内容与《协助扣划存款通知书》的内容不符，应说明原因，退回《协助扣划存款通知书》或所附的法律文书。

对于符合规定的，金融机构应当立即办理协助扣划业务。

（二）对查扣物的抵缴

对查扣物的抵缴，是指行政机关对于已经查封、扣押的财物，在一定条件下可以通过拍卖抵缴罚款的法律制度。它是由《行政强制法》第12条为行政机关设定的第三种行政强制执行手段，同样属于直接执行的方法。

根据《行政强制法》第46条第3款的规定，没有行政强制执行权的行政机关应当申请人民法院强制执行。但是，当事人在法定期限内不申请行政复议或者提起行政诉讼，经催告仍不履行的，在实施行政管理过程中已经采取查封、扣押措施的行政机关，可以将查封、扣押的财物依法拍卖抵缴罚款。由此可见，对查扣物的抵缴方式和程序具有下列法律特征。

第一，它的适用主体是原本没有强制执行权的行政机关。在我国双轨制的执行体制中，行政机关与人民法院执行权的分配原则是，法律规定行政机关有执行权的，行政机关便可自己实施强制执行；法律对行政机关没有授权的，行政机关应当申请人民法院强制执行，意味着这时的强制执行权归属于人民法院。当法律授予行政机关强制执行权时，一般对执行方式和程序都一并作了规定，行政机关按此规定办理便可，不受《行政强制法》第46条第3款的约束。《行政强制法》第46条第3款所设定的对查扣物的抵缴权专门授给原本没有强制执行权的行政机关，而且是一种普遍性授权。"在实施行政管理过程中已经采取查封、扣押措施的行政机关"都拥有这一抵缴权。

第二，它的适用义务是"罚款"。根据《行政强制法》第46条第3款的规定，行政机关通过拍卖当事人已被查封、扣押财物所得款项是用来履行交纳"罚款"义务的。换句话说，拍卖款是用来折抵"罚款"而不是税款、滞纳金等其他款项的。从文字本意来说，这里的"罚款"属于行政基础行为的罚款决定，而非作为执行罚的"加处罚款"。

第三，它的适用条件是当事人的财物在行政管理阶段已被依法查封或者扣押。这是一个非常关键的条件，如果当事人的财物未被查封、扣押，或者未在行政管理阶段（而不是行政强制执行阶段）被查封、扣押的，行政机关就没有拍卖权和抵缴权。之所以作这样的要求，是因为既然当事人的财物在管理阶段已被依法查封、扣押，而且到执行阶段尚未解除，一般来说，这些财物是可被合法执行的财物，为提高行政效率，作此规定并无不妥。

第四，它的适用时间是当事人在法定期限内不申请行政复议或者提起行政诉讼，经催告仍不履行，这时行政机关才能发动拍卖折抵行为。在这里，发动执行的时间点虽然是催告书规定的履行期之后，但在程序上依然需要通过两个不可缺失的环节：一是当事人在法定期限内不申请行政复议或者提起行政诉讼，如果已经进入行政复议或者行政诉讼程序，就不再适用拍卖折抵执行方式；二是超过法定的申请行政复议或者提起行政诉讼期限之后，行政机关又向当事人发出了催告书，敦促其限期履行义务，而当事人又逾期（催告书规定的履行期限）不履行时，行政机关才能实施拍卖折抵执行行为。

第五，它的执行方式是通过拍卖抵缴履行义务款项。这种执行方式虽然依然属于直接执行，但它需要通过拍卖变现环节。这里的"拍卖"，也称竞买，系指按照《拍卖法》的要求，以公开竞价的方式，将特定的物品或财产权利转让给最高应价者的买卖方式。它应当符合以下三个基本条件：（1）拍卖应当有两个以上的买主；（2）拍卖应当有不断变动的价格；（3）拍卖应当有公开竞争的行为。"变现"是指通过拍卖或者变卖等其他方式使物品转化为货币。"变现"的目的是实现当事人的金钱给付义务之履行。

三、对金钱给付义务间接执行程序

加处罚款和加收滞纳金是行政机关针对金钱给付义务的两种间接执行方法，同属于行政执行罚的范畴。

（一）加处罚款或者加收滞纳金

《行政强制法》共有2个条文（第45条、第46条）对加处罚款和加收滞纳金作出特别规定。这就意味着，加处罚款和加收滞纳金除了适用《行政强制法》第四章第一节所规定的一般程序外，还应当并且优先适用这两个条文所规定的特别程序。有关加处罚款和加收滞纳金的特别程序，我们应当关注以下几个内容要点。

第一，作出金钱给付义务决定的行政机关拥有加处罚款、加收滞纳金之权。《行政强制法》第45条是个普遍性授权条款，它为作出金钱给付义务决定的行政机关，设定了在当事人逾期不履行由行政决定所确定的金钱给付义务时，对其加处罚款或者加收滞纳金的职权。同时，它也解决了履行义务的适用范围问题。加处罚款或者加收滞纳金只适用于金钱给付义务的履行，不适用于行为（作为或不作为）义务的履行。

第二，加处罚款或者加收滞纳金应当"依法"作出。《行政强制法》第45条对这一权力的表述为"行政机关可以依法加处罚款或者滞纳金"。这里的"依法"意味着该条虽是一个普遍授权条款，但不是直接授权条款。虽然作出金钱给付义务决定的行政机关一概拥有加处罚款、加收滞纳金之权，但其具体行使该权力还有赖于具体法律的具体授权。这就是说，**行政机关不能直接依据《行政强制法》第45条行使加处罚款或者滞纳金的权力，还应当有其他法律的具体授权**。①特别是应当在具体法律对加处罚款、加收滞纳金已规定标准的前提下，行使这一权力，以体现"无标准便无授权"的原则。

第三，加处罚款或者加收滞纳金以当事人逾期不履行有关金钱给付义务的行政决定为前提。由行政机关作出的有关金钱给付义务的行政决定，属于行政基础决定。当事人逾期不执行该行政决定的，按照一般程序规定，就可进入行政强制执行程序。它与一般程序不同的是，在一般程序中，应当有事先催告这一独立的程序环节，而在加处罚款或者加收滞纳金程序中，《行政强制法》未作要求，那么，催告就可以与行政基础决定合并作出。

第四，**加处罚款与加收滞纳金原则上不得并用**。因为一般而言，加处罚款是针对"行政处罚决定"的执行罚，加收滞纳金是针对"征收税费决定"的执行罚，两者不可混淆和混用。再从《行政强制法》立法表达形式来看，在对加处罚款、加收滞纳金的表达中，总在两者之间用"或者"加以连接，如"行政机关可以依法加处罚款或者滞纳金"，这表明两者不可并用，只可选择其中一种。但如果法律有特别规定，则应当遵守特别规定。②

---

① 如《行政处罚法》第72条第1款第1项规定："当事人逾期不履行行政处罚决定的，作出行政处罚决定的行政机关可以采取下列措施：（一）到期不缴纳罚款的，每日按罚款数额的百分之三加处罚款，加处罚款的数额不得超出罚款的数额……"又如《税收征收管理法》第32条规定："纳税人未按照规定期限缴纳税款的，扣缴义务人未按照规定期限解缴税款的，税务机关除责令限期缴纳外，从滞纳税款之日起，按日加收滞纳税款万分之五的滞纳金。"这些规定才是直接的具体授权。

② 如我国《水法》第70条规定："拒不缴纳、拖延缴纳或者拖欠水资源费的，由县级以上人民政府水行政主管部门或者流域管理机构依据职权，责令限期缴纳；逾期不缴纳的，从滞纳之日起按日加收滞纳部分千分之二的滞纳金，并处应缴或者补缴水资源费一倍以上五倍以下的罚款。"

（二）执行罚本身的程序和执行问题

加处罚款、加收滞纳金是行政执行罚的两种方式。执行罚本身的具体程序和执行问题还需要明确两个问题。

第一，行政机关作出加处罚款或者加收滞纳金本身是否需要作出决定？如果需要作出加处罚款或者加收滞纳金的决定，从性质上说，这个决定是行政执行决定，而不是行政基础决定。行政执行决定在行政强制执行的一般程序中是有明确要求的，但在执行罚的条款中，《行政强制法》未作要求。我们认为，根据无特别规定者适用一般规定的规则，行政机关决定加处罚款或者加收滞纳金的，本身就应当作出决定，因为它是《行政强制法》所规定的一般程序要求。再则，根据《行政强制法》的立法精神，当事人对行政机关作出的行政执行决定是有权申请行政复议或者提起行政诉讼的，如果不作该决定，就会不便于当事人寻求法律救济。

第二，对行政机关作出的加处罚款或者加收滞纳金决定本身如何强制执行？加处罚款或者加收滞纳金是针对当事人逾期不履行由行政基础决定所确定的金钱给付义务而采取的执行罚措施，但是这种执行措施与其他执行措施不同的是，它本身又创设了一种新的金钱给付义务，而这种新的金钱给付义务又是需要执行的。《行政强制法》所设定的行政强制执行制度，是对行政基础决定的执行，而不是针对执行行为的执行。好在对于这一问题，《行政强制法》第46条第1款作了专门规定："行政机关依照本法第四十五条规定实施加处罚款或者滞纳金超过三十日，经催告当事人仍不履行的，具有行政强制执行权的行政机关可以强制执行。"这一规定确立了程序上的三个环节和相关内容。

（1）行政机关作出加处罚款或者滞纳金的决定。这一决定属于行政执行决定，因而其基本内容应当符合《行政强制法》第37条第2款的要求，同时还要符合第45条第1款第二句的要求，即"加处罚款或者滞纳金的标准应当告知当事人"。

（2）催告当事人。自作出加处罚款或者滞纳金决定（送达）之日起，当事人超过30日仍不履行的，行政机关需对当事人作出催告。催告不仅要求当事人履行原行政基础决定所确定的金钱给付义务，而且要求当事人履行执行罚（加处罚款或者滞纳金决定）所确定的新的金钱给付义务，即要求当事人基础义务和执行义务一并履行。执行罚程序与其他执行程序不同的是：其他执行程序是先催告后作执行决定，而执行罚程序中，是先作执行罚决定，后催告。

（3）强制执行。经催告后，若当事人依然不履行义务，行政机关自己拥有强制执行权的，便可自行实施强制执行；行政机关自己无强制执行权的，只能申请人民法院强制执行。这里的执行内容，既包括由行政基础决定所确定的原金钱给付义务，又包括由执行决定（加处罚款或者滞纳金的决定）所确定的新的金钱给付义务。①换言之，这时的强制执行，应当坚持基础决定与执行决定一并执行。一般在这种情况下，往往是当事人既没有执行基础决定，也没有执行执行决定，那就应当一并执行。假如基础决定是罚款10万元，执行决定是加处罚款10万元，那么，就应当将20万元一并执行。

（三）"罚数不超过本数"原则

《行政强制法》第45条第2款规定"加处罚款或者滞纳金的数额不得超出金钱给付义务的数额"。这在行政法理上称作"罚数不超过本数"原则。所谓"罚数不超过本数"，是指执行罚的数额不得大于

---

① 人民法院系统也有专家指出，"对于这些加处罚款或者滞纳金，只要单行法律没有授权行政机关强制执行，行政机关在申请执行生效行政决定的同时，可以一并或者单独申请执行加处罚款或者滞纳金"。详见江必新主编：《〈中华人民共和国行政强制法〉条文理解与适用》，人民法院出版社2011年版，第273页。

基础罚的数额。例如，对当事人作出1万元的罚款（基础罚），当事人拒不履行，行政机关可以加处罚款（执行罚），但加处的罚款数额不得超过1万元。加收滞纳金也是同理。这一原则对于维护当事人的合法权益，阻止行政机关滥用职权，防止出现"天价罚款"和"天价拖车费"现象是很有意义的。

四、对金钱给付义务执行的监督管理

行政强制执行与民事强制执行最大的不同是，在民事强制执行中，债权人也是当事人，而在行政强制执行中，债权人恰恰是国家。公法上的金钱给付义务是当事人向国家履行的，私法上的金钱给付义务是当事人向对方当事人履行的。对此，《行政强制法》专设第48条和第49条作了有关规定。

（一）拍卖财物应当依照拍卖法

《行政强制法》第48条规定："依法拍卖财物，由行政机关委托拍卖机构依照《中华人民共和国拍卖法》的规定办理。"这就严格了拍卖程序。

（二）所得款项应当上缴国库

根据《行政强制法》第49条的规定，划拨的存款、汇款以及拍卖和依法处理所得的款项应当上缴国库或者划入财政专户。任何行政机关或者个人不得以任何形式截留、私分或者变相私分。

行政机关将查封、扣押的财物或者划拨的存款、汇款以及拍卖和依法处理所得的款项，截留、私分或者变相私分的，由财政部门或者有关部门予以追缴；对直接负责的主管人员和其他直接责任人员依法给予记大过、降级、撤职或者开除的处分。

行政机关工作人员利用职务上的便利，将查封、扣押的场所、设施或者财物据为己有的，由上级行政机关或者有关部门责令改正，依法给予记大过、降级、撤职或者开除的处分。

第三节　代履行的执行程序

一、代履行概念和启动条件

代履行系由《行政强制法》第12条为行政机关设定的第五种行政强制执行手段。它是指在当事人拒不履行行政决定所确定的义务时，由行政机关或者第三人代替当事人履行该义务，并向当事人收取履行费用的执行方式。**代履行只适用于交通安全、环境污染防治和自然资源保护三个领域。**

《行政强制法》第50条规定："行政机关依法作出要求当事人履行排除妨碍、恢复原状等义务的行政决定，当事人逾期不履行，经催告仍不履行，其后果已经或者将危害交通安全、造成环境污染或者破坏自然资源的，行政机关可以代履行，或者委托没有利害关系的第三人代履行。"该条规定不仅为代履行作了普遍性授权，而且为代履行的实施设定了四个条件。

1.行政机关依法作出了要求当事人履行排除妨碍、恢复原状等义务的行政决定。这一决定属于行政基础决定，而且它针对的是行为作为义务，而不是金钱给付义务。代履行只适用于排除妨碍、恢复原状等义务的执行，不适用于金钱给付义务的执行。

2.当事人逾期不履行上述行政决定所确定的排除妨碍、恢复原状等义务。这里的"逾期"是指超过了行政决定所规定的履行期限。

3.经催告仍不履行。如果当事人逾期不履行行政机关依法作出的要求当事人履行排除妨碍、恢复原状等义务的行政决定，行政机关就应进行催告。催告后，当事人仍不履行的，才可启动代履行。

4.当事人不履行义务的后果已经或者将危害交通安全、造成环境污染或者破坏自然资源。到了这样的程度，行政机关才可代履行，或者委托没有利害关系的第三人代履行。

二、代履行的程序要求

根据《行政强制法》第51条规定，实施代履行时，程序上应当遵守下述规定。

1.在实施代履行前，应当向当事人送达代履行决定书。代履行决定书应当载明当事人的姓名或者名称、地址，代履行的理由和依据、方式和时间、标的、费用预算以及代履行人。

2.代履行三日前，催告当事人履行。当事人履行的，停止代履行；当事人不履行的，实施代履行。

3.代履行时，作出决定的行政机关应当派员到场监督，尤其是委托第三人代履行时。

4.代履行完毕，行政机关到场监督的工作人员、代履行人和当事人或者见证人应当在执行文书上签名或者盖章。

代履行的费用按照成本合理确定，由当事人承担。但是，法律另有规定的除外。

代履行不得采用暴力、胁迫以及其他非法方式。

三、立即代履行

以上是正常的代履行程序。如果需要立即清除道路、河道、航道或者公共场所的遗洒物、障碍物或者污染物，当事人不能清除的，行政机关可以决定立即实施代履行，无须经过"作出代履行决定—催告当事人履行"这两个程序环节。当事人不在场的，行政机关应当在事后立即通知当事人，并依法作出处理。

第四节 房屋拆除的执行程序

在前几章的论述中，我们将房屋拆除分为三类：一是国有土地上房屋的征收；二是集体土地上房屋的征收；三是对违法建筑的拆除。对于房屋拆除的执行程序也作同样的分述。

一、国有土地上房屋的征收程序

国有土地上房屋被征收后，大多是要拆除的，但也有可不拆除的（如列入文物保护范围的建筑）。但与当事人有关的是房屋征收问题，而不是征收后的拆除问题。因为如果当事人同意其房屋被征收，那么是否拆除就与当事人没有关系了；如果当事人不同意其房屋被征收，那么当然也不会同意被拆除。所以，对国有土地上房屋的拆除执行问题，其实是对国有土地上房屋的征收决定的执行问题。关于对国有土地上房屋的征收决定的执行程序，主要来自《国有土地上房屋征收与补偿条例》的规定。

二、集体土地上房屋的征收程序

与对国有土地上的房屋征收不同，对集体土地上房屋的征收是因国家对集体土地的征收而发生的。目前，国家对集体土地上房屋的征收没有单独的法律来进行规定，它是跟随土地征收程序进行的，因此它适用的是土地管理法上的土地征收条款。对集体土地上房屋的征收，与其说是对房屋的征收，不如说是对集体土地的征收和对征收土地及地上附属物的补偿。因为一般的做法是，农民原宅基地被征收后，政府会给他分配新的宅基地建房。

此外，国家对国有土地上的房屋征收后，可能是征而拆除，也可能是征而不拆；而对集体土地上房屋征收后一般都是拆除的。

也正因为国家对集体土地上房屋的征收没有专门法律作规定，征收程序也就不够规范和系统。目前有关这一程序的法律依据主要是《土地管理法》和《土地管理法实施条例》。

三、对违法建筑的拆除程序

上述两部分均是讨论对合法建筑，特别是房屋拆迁的强制执行程序问题，这里讨论对违法建筑拆除的强制执行程序问题。

在我国，违法建筑主要是指违反《城乡规划法》、《建筑法》和《土地管理法》等法律法规的建筑。在实践中，违法建筑主要有三类，即城镇国有土地上的违法建筑、农村集体土地上的违法建筑和违反交通、环境、自然资源管理的建筑障碍物。对违法建筑的拆除程序主要依据《城乡规划法》和《土地管理法》等。《行政强制法》也专设四条有关处理违法建筑的规定。第44条为拆除违法建筑普遍设置了一个最低的程序要求；第50—52条对违反交通、环境、自然资源管理中的建筑障碍物的清除设置了代履行的执行程序。

（一）对违法建筑的拆除基本程序要求

《行政强制法》第44条规定："对违法的建筑物、构筑物、设施等需要强制拆除的，应当由行政机关予以公告，限期当事人自行拆除。当事人在法定期限内不申请行政复议或者提起行政诉讼，又不拆除的，行政机关可以依法强制拆除。"这是《行政强制法》为对所有违法建筑的拆除设置的普遍性要求和程序，所有行政机关拆除各种违法建筑都应当遵守。

（二）对城镇国有土地上违法建筑的拆除程序

城镇国有土地上的违法建筑，包括建立在城镇国有土地上违反各种法律法规的建筑，如违反《城乡规划法》、《建筑法》和《土地管理法》等；但应当拆除的违法建筑主要是依据《城乡规划法》。

根据《城乡规划法》第68条的规定，城乡规划主管部门作出责令停止建设或者限期拆除的决定后，当事人不停止建设或者逾期不拆除的，建设工程所在地县级以上地方人民政府可以责成有关部门采取查封施工现场、强制拆除等措施。

现结合《行政强制法》，县级以上地方人民政府对城镇国有土地上违法建筑的拆除程序应当是：

1.县级以上地方人民政府作出限期拆除的行政决定并送达。

2.公告和催告当事人履行。当事人在限期拆除的行政决定所规定的期限内不予拆除的，行政机关应当公告并向当事人发出催告履行书。

3.申请行政复议或者提起行政诉讼。当事人对限期拆除的行政决定不服的，有权申请行政复议或者提起行政诉讼。

4.实施强制执行。当事人在法定期限内既不申请行政复议或者提起行政诉讼，又不履行的，县级以上地方人民政府实施强制执行。

（三）对农村集体土地上违法建筑的拆除程序

农村集体土地上的违法建筑，包括建立在农村集体土地上的违反各种法律法规的建筑，主要指违反《土地管理法》和《城乡规划法》等的建筑。

第一类，关于违反《土地管理法》的建筑。主要包括：未经批准或者采取欺骗手段骗取批准，在非法占用土地上建设的住宅、工厂和其他的设施。对于这些违法建筑的强制拆除，根据《土地管理法》第83条[1]

---

[1] 《土地管理法》第83条规定："依照本法规定，责令限期拆除在非法占用的土地上新建的建筑物和其他设施的，建设单位或者个人必须立即停止施工，自行拆除；对继续施工的，作出处罚决定的机关有权制止。建设单位或者个人对责令限期拆除的行政处罚决定不服的，可以在接到责令限期拆除决定之日起十五日内，向人民法院起诉；期满不起诉又不自行拆除的，由作出处罚决定的机关依法申请人民法院强制执行，费用由违法者承担。"

和《土地管理法实施条例》第52—53条①的规定，由作出行政处罚决定的行政机关申请人民法院强制执行。

第二类，关于违反《城乡规划法》的建筑。主要是指在乡、村庄规划区内未依法取得乡村建设规划许可证或者未按照乡村建设规划许可证的规定进行建设的建筑。对于这类违法建筑，根据《城乡规划法》第65条的规定，由乡、镇人民政府实施强制拆除。②

这两类违法建筑的强制拆除，除执行主体不同外，其他程序应当相同，都应当经过"行政机关作出限期拆除的行政决定并送达—公告和催告当事人履行—当事人对限期拆除的行政决定不服的，有权申请行政复议或者提起行政诉讼—当事人在法定期限内既不申请行政复议或者提起行政诉讼，又不履行的，行政机关实施强制执行"等程序环节。

（四）违反交通、环境、自然资源管理的建筑障碍物

违反交通、环境、自然资源管理的建筑障碍物，是指除上述两类违法建筑以外的违反《道路交通安全法》《海上交通安全法》《防洪法》《水法》《环境保护法》《气象法》《森林法》《水土保持法》《水污染防治法》《固体废物污染环境防治法》等所建造的建筑障碍物。

按《行政强制法》的有关规定，对这类违法建筑障碍物采取代

---

① 《土地管理法实施条例》第52条规定："违反《土地管理法》第五十七条的规定，在临时使用的土地上修建永久性建筑物的，由县级以上人民政府自然资源主管部门责令限期拆除，按占用面积处土地复垦费5倍以上10倍以下的罚款；逾期不拆除的，由作出行政决定的机关依法申请人民法院强制执行。"第53条规定："违反《土地管理法》第六十五条的规定，对建筑物、构筑物进行重建、扩建的，由县级以上人民政府自然资源主管部门责令限期拆除；逾期不拆除的，由作出行政决定的机关依法申请人民法院强制执行。"

② 《城乡规划法》第65条规定："在乡、村庄规划区内未依法取得乡村建设规划许可证或者未按照乡村建设规划许可证的规定进行建设的，由乡、镇人民政府责令停止建设、限期改正；逾期不改正的，可以拆除。"

履行的执行方式，而且实施这种执行方式的权力已由《行政强制法》第50条和第52条直接授予行政处理决定机关。

典型案例

行政机关对违反《城乡规划法》的违法建筑
实施强制拆除权应当依照《行政强制法》规定程序进行

案情简介：

某物业公司在M小区内，未经任何报批，未取得《建设工程规划许可证》，擅自将11号楼东边原规划的公共绿地建成了100.85平方米的车库。该县的住房和城乡建设局认为当事人的行为违反了《城乡规划法》第40条的规定，便依照该法第64条的规定作出处理决定。决定书内容包括：（1）限当事人15日内自行拆除；（2）并处罚款人民币5000元。

当事人逾期既不拆除违法建筑，也不交纳罚款。住房和城乡建设局便申请人民法院强制执行。人民法院经审查认为，对于违反《城乡规划法》的违法建筑的强制拆除，根据《城乡规划法》第68条和最高人民法院《关于违法的建筑物、构筑物、设施等强制拆除问题的批复》，行政机关自己拥有强制执行权，故裁定驳回行政机关申请人民法院强制执行的申请。

案例评析：

我国行政强制执行制度中的执行主体有两类：一是行政机关；二是人民法院。根据《行政强制法》第13条的规定，法律规定行政机关具有强制执行权的，由行政机关自己强制执行；法律没有规定行政机关强制执行的，作出行政决定的行政机关应当申请人民法院强制执行。

对于违反《城乡规划法》的违法建筑的强制拆除，行政机关自已具有强制执行权。《城乡规划法》第68条规定："城乡规划主管部门作出责令停止建设或者限期拆除的决定后，当事人不停止建设或者逾期不拆除的，建设工程所在地县级以上地方人民政府可以责成有关部门采取查封施工现场、强制拆除等措施。"根据这一规定，对本案当事人违法建筑的强制执行，应当由该地县级人民政府作出强制拆除决定，然后可以责成有关部门实施。最高人民法院《关于违法的建筑物、构筑物、设施等强制拆除问题的批复》也指出："根据行政强制法和城乡规划法有关规定精神，对涉及违反城乡规划法的违法建筑物、构筑物、设施等的强制拆除，法律已经授予行政机关强制执行权，人民法院不受理行政机关提出的非诉行政执行申请。"所以，对于本案当事人违法建筑的强制拆除，行政机关不应当申请人民法院强制执行，而应当自己依法强制执行。

行政机关自己实施强制执行，应当符合《行政强制法》第四章的规定，特别是应当适用第44条的规定。该条规定："对违法的建筑物、构筑物、设施等需要强制拆除的，应当由行政机关予以公告，限期当事人自行拆除。当事人在法定期限内不申请行政复议或者提起行政诉讼，又不拆除的，行政机关可以依法强制拆除。"这就是说，对本案违法建筑的强制拆除，除应当遵守《行政强制法》第四章的有关规定外，还应当公告，限期当事人自行拆除。当事人在公告规定期限内既不自行拆除，又不在规定期限内申请行政复议和提起行政诉讼的，行政机关方可实施强制执行。

另外，对于本案中罚款的强制执行问题，由于《城乡规划法》对此执行权未作规定，作出处罚决定的行政机关应当先适用《行政处罚法》第72条第1款第1项规定，逾期每日按罚款数额的百分之三加处罚款（加处罚款的数额不得超出罚款的数额），然后将原罚款和加处罚款一并申请人民法院强制执行。

🔍 思考题

1. 行政强制执行的基本原则是什么？

2. 行政机关实施强制执行应当遵循哪些程序要求？

3. 如何理解加处罚款、滞纳金不超过本数？

4. 如何做到对"违法建筑"也要"合法地"拆？

第八章　申请人民法院强制执行程序

📖**本章知识要点**

　　□ 非诉行政执行案件的管辖
　　□ 非诉行政执行申请人及申请条件
　　□ 非诉行政执行案件的受理和审查
　　□ 非诉行政执行案件的裁定和执行

第一节　非诉行政执行案件

　　行政机关自己有强制执行权的，自己实施强制执行；自己无强制执行权的，就应当申请人民法院强制执行。就人民法院而言，行政机关申请其强制执行行政决定的案件，称为"非诉行政执行案件"，它和人民法院执行生效司法裁判的"诉讼执行案件"不同。

一、非诉行政执行案件的定位

　　非诉执行与诉讼执行不同，二者最大的区别在于：诉讼执行是由人民法院执行由自己通过司法程序形成的司法裁判，而非诉执行是由人民法院执行由其他组织（仲裁机构、公证组织或者行政机关）通过其他程序形成的生效法律文书。在现行的法律制度中，非诉执行又包括以下几种。

　　第一，对仲裁裁决的执行。这是指人民法院对依法设立的仲裁机构所作裁决的执行。这一执行的法律依据是《民事诉讼法》第231条第2款①、第244条第1款②，以及《仲裁法》第62条③。这类执行的特点在于：（1）执行的依据是仲裁机构的仲裁决定，而不是人民法院自己作出的司法裁判；（2）执行以仲裁当事人的申请为前提，不是人民法院的依职权行为；（3）人民法院对仲裁决定拥有审查权。根据《民事诉讼法》和《仲裁法》的有关规定，对依法设立的仲裁机构作出的裁决，一方当事人不履行的，对方当事人可以向有管辖权的人民法院申请执行。受申请的人民法院应当执行。④

　　第二，对公证债权文书的执行。这是指人民法院对由公证机关作出的依法赋予强制执行效力的债权文书的强制执行。这一执行的法律依据，除了《民事诉讼法》第231条第2款外，还有《民事诉讼法》第245条⑤和《公证法》第37条⑥。这类执行的特点在于：（1）执

---

　　① 《民事诉讼法》第231条第2款规定："法律规定由人民法院执行的其他法律文书，由被执行人住所地或者被执行的财产所在地人民法院执行。"

　　② 《民事诉讼法》第244条第1款规定："对依法设立的仲裁机构的裁决，一方当事人不履行的，对方当事人可以向有管辖权的人民法院申请执行。受申请的人民法院应当执行。"

　　③ 《仲裁法》第62条规定："当事人应当履行裁决。一方当事人不履行的，另一方当事人可以依照民事诉讼法的有关规定向人民法院申请执行。受申请的人民法院应当执行。"

　　④ 但是，如果被申请人提出证据证明仲裁裁决有下列情形之一的，经人民法院组成合议庭审查核实，裁定不予执行：（1）当事人在合同中没有订有仲裁条款或者事后没有达成书面仲裁协议的；（2）裁决的事项不属于仲裁协议的范围或者仲裁机构无权仲裁的；（3）仲裁庭的组成或者仲裁的程序违反法定程序的；（4）裁决所根据的证据是伪造的；（5）对方当事人向仲裁机构隐瞒了足以影响公正裁决的证据的；（6）仲裁员在仲裁该案时有贪污受贿，徇私舞弊，枉法裁决行为的。另外，如果人民法院认定执行该裁决违背社会公共利益的，裁定不予执行。

　　⑤ 《民事诉讼法》第245条规定："对公证机关依法赋予强制执行效力的债权文书，一方当事人不履行的，对方当事人可以向有管辖权的人民法院申请执行，受申请的人民法院应当执行。公证债权文书确有错误的，人民法院裁定不予执行，并将裁定书送达双方当事人和公证机关。"

　　⑥ 《公证法》第37条规定："对经公证的以给付为内容并载明债务人愿意接受强制执行承诺的债权文书，债务人不履行或者履行不适当的，债权人可以依法向有管辖权的人民法院申请执行。前款规定的债权文书确有错误的，人民法院裁定不予执行，并将裁定书送达双方当事人和公证机构。"

行的依据是公证机关依法作出的债权文书，而不是人民法院自己作出的司法裁判。（2）执行以公证债权文书的当事人的申请为前提，不是人民法院的依职权行为。（3）人民法院对公证债权文书拥有审查权。经审查，发现公证债权文书确有错误的，人民法院应裁定不予执行，并将裁定书送达双方当事人和公证机关。

第三，非诉行政执行。这是指无行政强制执行权的行政机关依法作出行政决定后，当事人既不申请行政复议或者提起行政诉讼，又逾期不履行该行政决定的，由该行政机关申请人民法院强制执行的制度。这一制度的特点和法律依据容后再述。

二、非诉行政执行案件的界定

在以上人民法院执行制度的结构中，与行政法有关的只是两项制度，即"对行政裁判的执行"与"非诉行政执行"。但是，"对行政裁判的执行"属于《行政诉讼法》上的执行制度，不是行政强制执行中的"非诉行政执行"。这一制度的特点体现为以下几个方面。

第一，执行的依据是行政机关作出的行政决定，而不是人民法院自己作出的司法裁判。

第二，被执行人是行政相对人，不是行政机关。在非诉执行中，由于作为执行依据的行政决定是行政主体针对行政相对人的决定，因而它只以作为行政相对人的公民、法人或者其他组织为被执行人，行政机关只是执行申请人而不是被执行人。

第三，以行政机关没有行政强制执行权为条件。"非诉行政执行"制度的存在，是以行政机关没有行政强制执行权为条件的。如果行政机关自身具有强制执行权，行政机关便可自己也应当由自己实施强制执行，无须申请人民法院强制执行。

第四，以行政机关申请执行为启动条件。非诉执行不是人民法院的依职权行为，它以当事人申请执行为前提。而且，这里的申请人以行政机关为限，行政相对人不能为申请人。

第五，以行政相对人在法定期限内既不申请行政复议或者提起行政诉讼，又逾期不履行行政决定为前提。行政机关申请人民法院强制执行，或者说发动非诉执行，应当符合两个条件：一是行政相对人在法定期限内不行使法律救济权，即不申请行政复议或者提起行政诉讼；二是逾期不履行该行政决定。这两个条件缺一不可。

第六，人民法院对行政决定拥有审查权和裁决权。行政机关提出执行申请以后，人民法院有权对申请以及作为申请内容的行政决定进行合法性审查，并依法作出是否准予执行的裁定。对行政决定进行审查并作出裁定，是人民法院的法定职权和职责。

三、非诉行政执行的法律依据

非诉行政执行是我国特有的一项行政强制执行制度，也是一项由法律直接设定，其他法规和司法解释作配套规定的严格法律制度。这一制度的直接法律依据是：

——《民事诉讼法》第231条第2款规定："法律规定由人民法院执行的其他法律文书，由被执行人住所地或者被执行的财产所在地人民法院执行。"

——《行政诉讼法》第97条规定："公民、法人或者其他组织对行政行为在法定期限内不提起诉讼又不履行的，行政机关可以申请人民法院强制执行，或者依法强制执行。"

——《行政强制法》第53条规定："当事人在法定期限内不申请行政复议或者提起行政诉讼，又不履行行政决定的，没有行政强制执行权的行政机关可以自期限届满之日起三个月内，依照本章规定申请人民法院强制执行。"

——《行政处罚法》第72条第1款规定："当事人逾期不履行行政处罚决定的，作出行政处罚决定的行政机关可以采取下列措施：……（四）依照《中华人民共和国行政强制法》的规定申请人民法院强制执行。"

此外，还有几个行政法规对非诉行政执行作了衔接性规定。例如：

——《国有土地上房屋征收与补偿条例》第28条规定："被征收人在法定期限内不申请行政复议或者不提起行政诉讼，在补偿决定规定的期限内又不搬迁的，由作出房屋征收决定的市、县级人民政府依法申请人民法院强制执行。强制执行申请书应当附具补偿金额和专户存储账号、产权调换房屋和周转用房的地点和面积等材料。"

——《进出口商品检验法实施条例》第57条规定："当事人对出入境检验检疫机构、海关总署作出的复验结论、处罚决定不服的，可以依法申请行政复议，也可以依法向人民法院提起诉讼。当事人逾期不履行处罚决定，又不申请行政复议或者向人民法院提起诉讼的，作出处罚决定的机构可以申请人民法院强制执行。"

最高人民法院的一些司法解释，对于非诉行政执行制度的完善，特别是对于司法程序中的操作，起到了很大的作用。这些司法解释包括：最高人民法院《关于适用〈中华人民共和国行政诉讼法〉的解释》；最高人民法院《关于人民法院执行工作若干问题的规定（试行）》；最高人民法院《关于人民法院办理执行案件若干期限的规定》；最高人民法院《关于办理申请人民法院强制执行国有土地上房屋征收补偿决定案件若干问题的规定》；等等。

第二节　非诉行政执行案件的管辖

非诉行政执行案件的管辖，系指人民法院在受理非诉行政执行案件时，上下级人民法院之间和同级人民法院之间的分工关系。从理论上说，非诉行政执行案件的管辖属于整个行政诉讼管辖的一部分，但它又与一般的行政诉讼管辖制度不同。

一、非诉行政执行案件管辖的有关规定

关于非诉行政执行案件的管辖，《行政诉讼法》并没有直接作出规定，但《行政强制法》和最高人民法院的一些司法解释作出了具体规定：

——《行政强制法》第54条规定："行政机关申请人民法院强制执行前，应当催告当事人履行义务。催告书送达十日后当事人仍未履行义务的，行政机关可以向所在地有管辖权的人民法院申请强制执行；执行对象是不动产的，向不动产所在地有管辖权的人民法院申请强制执行。"

——最高人民法院《关于适用〈中华人民共和国行政诉讼法〉的解释》第3条规定："各级人民法院行政审判庭审理行政案件和审查行政机关申请执行其行政行为的案件。专门人民法院、人民法庭不审理行政案件，也不审查和执行行政机关申请执行其行政行为的案件。铁路运输法院等专门人民法院审理行政案件，应当执行行政诉讼法第十八条第二款的规定。"第157条规定："行政机关申请人民法院强制执行其行政行为的，由申请人所在地的基层人民法院受理；执行对象为不动产的，由不动产所在地的基层人民法院受理。基层人民法院认为执行确有困难的，可以报请上级人民法院执行；上级人民法院可以决定由其执行，也可以决定由下级人民法院执行。"

——最高人民法院《关于人民法院执行工作若干问题的规定（试行）》第11条规定："专利管理机关依法作出的处理决定和处罚决定，由被执行人住所地或财产所在地的省、自治区、直辖市有权受理专利纠纷案件的中级人民法院执行。"第12条又规定："国务院各部门、各省、自治区、直辖市人民政府和海关依照法律、法规作出的处理决定和处罚决定，由被执行人住所地或财产所在地的中级人民法院执行。"

——最高人民法院《关于办理申请人民法院强制执行国有土地上房屋征收补偿决定案件若干问题的规定》第1条规定："申请人民法院强制执行征收补偿决定案件，由房屋所在地基层人民法院管辖，高级人民法院可以根据本地实际情况决定管辖法院。"

二、非诉行政执行案件的管辖原则

1.普通法院管辖。我国的法院系统，有专门法院与普通法院之分，前者如海事法院、军事法院等，后者如各级人民法院。而有的普通法院又设有作为派出机构的人民法庭。根据上述规定，对于非诉执行只能由普通法院管辖，人民法庭不受理该类案件，专门法院原则上不受理非诉执行案件。

2.申请人所在地有管辖权的人民法院管辖。行政机关申请人民法院强制执行其行政行为的，由申请人所在地的基层人民法院受理。法律另有规定的，按其规定。

3.不动产所在地法院管辖。执行对象为不动产的，由不动产所在地的人民法院管辖。对于不动产案件，由不动产所在地人民法院管辖，这是民事诉讼和行政诉讼的通例。这一制度设计的目的是有助于案件的审理和执行。

4.上级法院管辖。对于行政机关申请人民法院强制执行其行政决定的案件，基层人民法院受理后，认为执行确有困难的，可以报请上级人民法院执行；上级人民法院可以决定由其执行，也可以决定由下级人民法院执行。

5.中级人民法院管辖。专利管理机关依法作出的处理决定和处罚决定，由被执行人住所地或财产所在地的省、自治区、直辖市有权受理专利纠纷案件的中级人民法院执行；国务院各部门、各省、自治区、直辖市人民政府和海关依照法律、法规作出的处理决定和处罚决定，由被执行人住所地或财产所在地的中级人民法院执行。

第三节　申请人及申请条件

一、申请人

处理非诉行政执行案件的司法程序以申请人向人民法院提出申请为前提和起点，而在这一程序中的申请人，是作出行政处理决定的行政机关。将申请人确定为行政机关的法律依据，是《行政诉讼法》第95条和《行政强制法》第53条。

关于提起非诉行政执行的申请人应当是行政机关这一法律要求，具体有两点需要把握。

第一，申请人应当是行政机关。这就同时意味着：（1）非行政机关不得成为提起非诉行政执行的申请人，因为它们不是行政主体，不会与行政相对人构成行政法律关系；（2）行政机关的工作人员（公务员）不得成为提起非诉行政执行的申请人，因为他们是行政人而不是行政主体，他们无法以自己的名义与行政相对人构成行政法律关系；（3）受行政机关行政裁决约束的民事主体也不得成为提起非诉行政执行的申请人，法律另有规定的除外。[①]

第二，申请人应当是作出行政处理决定的行政机关。在行政实践中，大量的行政决定都可由某一行政机关独立作出，但也有个别行政决定需要经过上级行政机关的审批。在这样的行政审批关系中，应当以对行政相对人作出行政决定的落款单位为行政处理机关，由其作为提起非诉行政执行的申请人。

二、申请条件

行政机关就非诉行政执行向人民法院提起强制执行申请，应当

---

① 见本章第六节对行政裁决的强制执行。

具备申请条件。《行政诉讼法》第97条规定："公民、法人或者其他组织对行政行为在法定期限内不提起诉讼又不履行的，行政机关可以申请人民法院强制执行，或者依法强制执行。"最高人民法院《关于适用〈中华人民共和国行政诉讼法〉的解释》第155条第1款规定："行政机关根据行政诉讼法第九十七条的规定申请执行其行政行为，应当具备以下条件：（一）行政行为依法可以由人民法院执行；（二）行政行为已经生效并具有可执行内容；（三）申请人是作出该行政行为的行政机关或者法律、法规、规章授权的组织；（四）被申请人是该行政行为所确定的义务人；（五）被申请人在行政行为确定的期限内或者行政机关催告期限内未履行义务；（六）申请人在法定期限内提出申请；（七）被申请执行的行政案件属于受理执行申请的人民法院管辖。"另《行政强制法》有两个条文涉及行政机关申请人民法院强制执行的条件。该法第53条规定："当事人在法定期限内不申请行政复议或者提起行政诉讼，又不履行行政决定的，没有行政强制执行权的行政机关可以自期限届满之日起三个月内，依照本章规定申请人民法院强制执行。"第54条规定："行政机关申请人民法院强制执行前，应当催告当事人履行义务。催告书送达十日后当事人仍未履行义务的，行政机关可以向所在地有管辖权的人民法院申请强制执行；执行对象是不动产的，向不动产所在地有管辖权的人民法院申请强制执行。"上述规定表明，申请人申请非诉执行的条件涉及以下几个方面。

（一）对有关主体的要求

在主体方面，非诉行政执行案件申请人民法院强制执行，应当由行政机关针对由行政决定所确定的义务人向有管辖权的人民法院提出申请。如果对于行政裁决的执行，当事人在法定期限内既不起诉又不履行，作出裁决的行政机关在申请执行的期限内未申请人民法院强制执行的，生效行政裁决确定的权利人或者其继承人、权利承受人也可申请人民法院强制执行。

（二）对执行依据的要求

任何强制执行都应当有合法的执行依据。执行依据系指执行机关据以实施强制执行的法律文书。它是当事人申请强制执行的前提，也是人民法院启动强制执行的必要条件。在强制执行过程中，执行依据应当始终存在，如果被依法撤销，执行程序就应当终止。

在非诉行政执行程序中，行政机关已经依法作出的行政处理决定，便是执行依据。行政强制执行所涉及的行政决定有基础决定与执行决定之分。作为执行依据的行政决定应当是指基础决定。执行决定不过是在程序上对基础决定的重复进而起催告作用而已。

行政决定要成为执行依据，应当符合三项要求：（1）该行政决定合法；（2）该行政决定已经生效；（3）该行政决定具有可执行内容。

（三）对当事人的行为状态要求

在非诉行政执行中，当事人的行为状态也构成行政机关申请人民法院强制执行的条件。根据《行政强制法》第53条和《行政诉讼法》第97条的规定，行政机关申请人民法院强制执行的条件是，当事人在法定期限内既不申请行政复议或者提起行政诉讼，又不履行行政决定。这里的"不履行行政决定"，应当包括"没有履行"和"没有完全履行"。

在行政机关自己实施行政强制执行的程序中，当事人在法定期限内不申请行政复议或者提起行政诉讼不是必然的条件。[1]因为行

---

[1] 依据是《行政强制法》第34条。该条规定："行政机关依法作出行政决定后，当事人在行政机关决定的期限内不履行义务的，具有行政强制执行权的行政机关依照本章规定强制执行。"

政复议和行政诉讼不中止执行是《行政复议法》第21条①和《行政诉讼法》第56条②所确立的原则。

（四）对有关时间的要求

行政机关在非诉行政执行案件中申请人民法院强制执行，应当在规定的时间内提出申请。规定的时间包括以下几种。

第一，**当事人不履行义务已超过法定期限**。这是时间中的"下限"标准。我国的行政强制执行，无论是司法执行还是行政执行，无论是诉讼执行还是非诉执行，都采用期待当事人自觉履行原则。只有在义务人于规定期限内不自觉履行时，行政机关才可申请人民法院强制执行。至于当事人履行义务的"法定期限"的确定，可区分几种情况。

（1）行政决定确定了当事人履行义务的期限，而法规未规定履行义务的期限的，以行政决定所确定的当事人履行义务的期限为法定期限。（2）行政决定未规定当事人履行义务的期限，而法规对当事人履行义务的期限作出规定的，以法规所规定的当事人履行义务的期限为法定期限。（3）当基础决定和执行决定所确定的义务履行期限不一致时，以执行决定所确定的当事人履行义务的期限为法定期限。因为执行决定比基础决定的作出时间要近，一般来说，越近

---

① 《行政复议法》第21条规定："行政复议期间具体行政行为不停止执行；但是，有下列情形之一的，可以停止执行：（一）被申请人认为需要停止执行的；（二）行政复议机关认为需要停止执行的；（三）申请人申请停止执行，行政复议机关认为其要求合理，决定停止执行的；（四）法律规定停止执行的。"

② 《行政诉讼法》第56条规定："诉讼期间，不停止行政行为的执行。但有下列情形之一的，裁定停止执行：（一）被告认为需要停止执行的；（二）原告或者利害关系人申请停止执行，人民法院认为该行政行为的执行会造成难以弥补的损失，并且停止执行不损害国家利益、社会公共利益的；（三）人民法院认为该行政行为的执行会给国家利益、社会公共利益造成重大损害的；（四）法律、法规规定停止执行的。当事人对停止执行或者不停止执行的裁定不服的，可以申请复议一次。"

作出的行政决定越符合实际情况。

第二，**当事人不申请行政复议或者提起行政诉讼已超过法定期限**。这也是时间中的"下限"标准。在现实中的一般规律和制度设计是，当事人如果同意接受行政决定，就会也应当履行该行政决定所规定的义务；当事人如果不同意接受行政决定，就不会履行该行政决定所规定的义务，但他会申请行政复议或者提起行政诉讼。但如果当事人既不接受行政决定，拒不履行行政决定所确定的义务，又不申请行政复议或者提起行政诉讼，那么，程序就会走不下去。为此，无论是《行政诉讼法》还是《行政强制法》，都规定在这样的情况下，行政机关可以申请人民法院强制执行。（1）当事人对行政决定不服而申请行政复议的期限是60日或是法律规定的60日以上的期限。《行政复议法》第9条规定："公民、法人或者其他组织认为具体行政行为侵犯其合法权益的，可以自知道该具体行政行为之日起六十日内提出行政复议申请；但是法律规定的申请期限超过六十日的除外。因不可抗力或者其他正当理由耽误法定申请期限的，申请期限自障碍消除之日起继续计算。"（2）当事人对行政决定不服而提起行政诉讼的期限是六个月或法律规定的其他期限。《行政诉讼法》第46条第1款规定："公民、法人或者其他组织直接向人民法院提起诉讼的，应当自知道或者应当知道作出行政行为之日起六个月内提出。法律另有规定的除外。"

第三，**行政机关向人民法院申请强制执行应当自期限届满之日起三个月内提出**。这是时间中的"上限"标准。这里的"期限届满"，是指当事人不履行义务已超过法定期限，同时，当事人不申请行政复议或者提起行政诉讼已超过法定期限。如果这里的几个时间不一致，以最后一个时间为起算时点。从这一"时点"起，行政机关应当在三个月内提出强制执行的申请，否则人民法院可以不予受理。

第四，**催告书送达10日后当事人仍未履行义务的，行政机关方可向人民法院申请强制执行**。这是时间中的"下限"标准。《行政强制法》第54条规定："行政机关申请人民法院强制执行前，应当催告当事人履行义务。催告书送达十日后当事人仍未履行义务的，行政机关可以向所在地有管辖权的人民法院申请强制执行；执行对象是不动产的，向不动产所在地有管辖权的人民法院申请强制执行。"根据这一规定，行政机关在符合上述第一种、第二种、第三种时间要求后可以向人民法院申请强制执行时，还应当事先向当事人发出《催告书》，为当事人留出自我履行的时间和机会。如果《催告书》送达10日后当事人仍未履行义务，行政机关便可向人民法院申请强制执行。这里的催告是行政机关申请人民法院强制执行前的催告，与行政机关自己实施强制执行中的催告相对应。非诉执行中的《催告书》应当与行政机关自身实施强制执行中的《催告书》一样，在形式上应当采用书面形式，在内容上应当包含以下各项内容：（1）履行义务的期限；（2）履行义务的方式；（3）涉及金钱给付的，应当有明确的金额和给付方式；（4）当事人依法享有的陈述权和申辩权；（5）当事人不履行义务的后果。

《催告书》应当在行政机关申请人民法院强制执行之前发出，这一点是明确的；但它的"时间起点"，即最早可以在什么时间发出，《行政强制法》未明确。权威部门的解释是，"可以在行政复议或者行政诉讼期限届满之日的前十日向当事人发出催告书"，"也可以在当事人申请行政救济的期限届满后向当事人发出催告书"。[1]也有专家认为，"只要在行政决定所确定的履行期限届满后，相对人仍未履行义务的，行政机关就可能催告自动履行"[2]。

最后应当说明，上述四种期限会有交叉和重合，这是正常而被允许的，符合《行政强制法》的精神。但在时间要求上，应当是上述四个

---

[1]　参见全国人大常委会法制工作委员会行政法室编著：《中华人民共和国行政强制法解读》，中国法制出版社2011年版，第181页。

[2]　参见江必新主编：《〈中华人民共和国行政强制法〉条文理解与适用》，人民法院出版社2011年版，第284页。

时间要求都符合时才可提起非诉强制执行的申请。上述四个时间要求的同时符合，不是指四个期限的简单相加，而是指要件上的同时具备。

三、申请材料

对于符合上述申请条件者，行政机关方可正式向人民法院提出非诉行政执行的申请。最高人民法院《关于适用〈中华人民共和国行政诉讼法〉的解释》第155条第2款规定："行政机关申请人民法院执行，应当提交行政强制法第五十五条规定的相关材料。"而根据《行政强制法》第55条①的规定，行政机关向人民法院申请强制执行时，应当提供下列材料。

（一）强制执行申请书

行政机关申请人民法院强制执行应当以书面形式提出。强制执行申请书是行政机关申请人民法院强制执行的意思表示。行政机关不提出强制执行申请书，则整个非诉行政执行程序无法启动。强制执行申请书应当载明以下内容：（1）申请人和被申请人的有关信息；（2）有管辖权的人民法院；（3）申请强制执行的方式（如划拨存款或者拆除建筑物等）；（4）申请强制执行的具体理由和法律依据；（5）其他应当载明的有关内容。强制执行申请书应当由行政机关负责人签名，加盖行政机关的印章，并注明日期。

（二）行政决定书及作出决定的事实、理由和依据

这里的"行政决定书"是指作为执行依据的基础决定，如行政处罚决定等；"事实"是指该行政决定据以作出的有关事实，如当事

---

① 《行政强制法》第55条规定："行政机关向人民法院申请强制执行，应当提供下列材料：（一）强制执行申请书；（二）行政决定书及作出决定的事实、理由和依据；（三）当事人的意见及行政机关催告情况；（四）申请强制执行标的情况；（五）法律、行政法规规定的其他材料。强制执行申请书应当由行政机关负责人签名，加盖行政机关的印章，并注明日期。"

人违法行为的事实；"理由"是指作出该行政决定的道理；"依据"是指作出该行政决定的法律依据。这一依据与上述申请强制执行的依据不同，这里是指作出基础行政决定的依据。

（三）当事人的意见及行政机关催告情况

行政机关在申请人民法院强制执行之前，有几个环节要听取当事人的意见，尤其是发出催告书时。另外，应当表明向当事人送达催告书的情况，因为根据《行政强制法》第54条的要求，向当事人送达催告书是行政机关申请人民法院强制执行的前置性环节。

（四）申请强制执行标的情况

执行标的，又称执行客体、执行对象，系指强制执行所指向的对象，如银行存款、建筑物等。行政机关向人民法院申请强制执行时，应当向人民法院提供执行标的的情况，以便人民法院实施强制执行。

（五）法律、行政法规规定的其他材料

这是一个兜底条款，除以上材料以外，由法律和行政法规规定应当提交的其他材料，行政机关在申请执行时也应当提交。这里之所以将其他材料限定为"法律、行政法规"规定的材料，是为了防止人民法院随意扩大要求行政机关提交材料的范围。

第四节　受理、审查、裁定和执行

一、人民法院的受理

（一）审查和受理

根据《行政强制法》第五章和最高人民法院《关于适用〈中华

人民共和国行政诉讼法〉的解释》的有关规定，行政机关按规定的要求向人民法院提出强制执行的申请后，人民法院应当先作形式审查，符合形式条件的就应当受理。这里的形式条件就是：（1）有明确的申请人（行政机关）和被申请人；（2）当事人在法定期限内既不申请行政复议或者提起行政诉讼，又不履行行政决定；（3）行政机关提交的申请材料齐全；（4）行政机关在规定期限内提出申请；（5）行政机关对当事人已送达了执行《催告书》并超过10日，当事人仍不履行义务。

这里之所以作形式审查而不是实质审查，是因为这一阶段的审查解决的是是否受理的问题，而不是是否执行的问题。因为是形式审查，人民法院尚不需要审查作为执行依据的行政决定的合法性。

经审查，人民法院认为行政机关申请强制执行符合申请条件的，就应当按照《行政强制法》第56条的规定在5日内受理。人民法院要求行政机关补充材料的，补充材料时间不计在内。受理的，应当制作受理通知书并送达申请人和被申请人。

（二）异议和复议

经审查，人民法院如果认为行政机关的申请不符合申请的条件，就应当裁定不予受理。行政机关对人民法院不予受理的裁定有异议的，可以在15日内向上一级人民法院申请复议，上一级人民法院应当自收到复议申请之日起15日内作出是否受理的裁定。该裁定为最终裁定，不得上诉。

如果上一级人民法院的复议决定支持下一级人民法院不予受理的裁定，行政机关应当视不同情况作不同的补救办法：材料需要补正的，补正材料；还不到申请执行时间的，应当到达申请时间时再行申请；不属于该人民法院管辖范围的，应当向有管辖权的人民法院提出申请；等等。如果上一级人民法院的复议决定否定下一级人民法院不予受理的裁定，可以交原下一级人民法院继续审查，也可自行受理后作出是否准予强制执行的裁定，还可指定辖区内的其他法院受理处理。

二、人民法院的审查

人民法院受理行政机关非诉执行的申请之后，执行程序就从受理阶段进入审查阶段。这一阶段的审查与受理前的审查不同。前一阶段的审查主要是审查行政机关申请人民法院强制执行的材料是否齐全，以便决定是否受理；这一阶段的审查则是对作为执行依据的行政决定的合法性审查，以便决定是否准予强制执行。

根据《行政强制法》第57条和第58条的规定，人民法院对行政机关强制执行的申请进行书面审查，即不采取开庭审查方式，但人民法院发现有下列情形之一的，在作出裁定前可以听取被执行人和行政机关的意见：（1）明显缺乏事实根据的；（2）明显缺乏法律、法规依据的；（3）其他明显违法并损害被执行人合法权益的。

三、人民法院的裁决

（一）裁决的标准

人民法院对行政机关强制执行的申请进行审查后，对于符合下列条件者，应当作出准予执行的裁定；相反，就应当裁定不予执行。

1.行政机关已经按要求向人民法院提供了规定的材料。这些材料就是由《行政强制法》第55条所规定的五个方面的材料。

2.作为执行依据的行政决定已具备法定的执行效力。这一法定的执行效力，是指当事人在法定期限内既不履行行政决定所确定的义务，又不申请行政复议或者提起行政诉讼，使得基础决定具有了确定的执行力。

3.没有出现《行政强制法》第58条和最高人民法院《关于适用

〈中华人民共和国行政诉讼法〉的解释》第161条所规定的情形之一。这些情形包括：（1）实施主体不具有行政主体资格的；（2）明显缺乏事实根据的；（3）明显缺乏法律、法规依据的；（4）其他明显违法并损害被执行人合法权益的。

（二）裁决的期限

关于作出裁定的期限，《行政强制法》第57条和第58条规定了两种不同的时间：自受理之日起7日内作出裁定和30日内作出裁定。这与执行申请是否有三种情形有关：（1）明显缺乏事实根据的；（2）明显缺乏法律、法规依据的；（3）其他明显违法并损害被执行人合法权益的。有这三种情形之一的，适用30日期限；其他适用7日期限。

人民法院作出裁定，如果是准予执行，那么案件就进入强制执行的实施阶段；如果是不予执行，那就应当说明理由，并在5日内将不予执行的裁定送达提出申请的行政机关。

（三）对裁决的异议和复议

根据《行政强制法》第58条第3款的规定，行政机关对人民法院不予执行的裁定有异议的，可以自收到裁定之日起15日内向上一级人民法院申请复议，上一级人民法院应当自收到复议申请之日起30日内作出是否执行的裁定。

四、人民法院的执行

（一）执行程序

关于人民法院对于非诉执行案的执行程序，《行政强制法》、《行政诉讼法》和最高人民法院《关于适用〈中华人民共和国行政诉讼法〉的解释》都未作详细规定。但根据《行政诉讼法》第101

条①的规定，非诉执行程序应当适用民事案件的执行程序。根据《民事诉讼法》和最高人民法院《关于人民法院执行工作若干问题的规定（试行）》，一般经过以下几个程序环节。

1.送达强制执行裁定书。人民法院对非诉执行案件经审查作出准予强制执行裁定后，应当同时送达执行申请人与被申请人。将执行裁定书送达被执行人，一方面是为其提供一个陈述意见的机会，其可依法提出异议；另一方面也为其自觉履行义务提供一定的时间，其可在规定的期限内自行履行义务。

2.异议和处理。执行中的异议来自几个方面：当事人、利害关系人和案外人。根据《民事诉讼法》第232条和第234条以及最高人民法院《关于人民法院执行工作若干问题的规定（试行）》的有关规定，当事人、利害关系人认为执行行为违反法律规定的，可以向负责执行的人民法院提出书面异议。当事人、利害关系人提出书面异议的，人民法院应当自收到书面异议之日起15日内进行审查，理由成立的，裁定撤销或者改正；理由不成立的，裁定驳回。案外人、当事人对裁定不服，认为原判决、裁定错误的，依照审判监督程序办理；与原判决、裁定无关的，可以自裁定送达之日起15日内向人民法院提起诉讼。

3.采取执行措施。经过以上程序，执行决定被最终确定后，由人民法院组织执行。人民法院的执行措施有：（1）划拨；（2）变价；（3）收入提取；（4）拍卖、变卖；（5）强制交付；（6）迁出房屋、退出土地；（7）代履行；（8）加倍罚息；（9）支付迟延履行金；等等。

---

　　① 《行政诉讼法》第101条规定："人民法院审理行政案件，关于期间、送达、财产保全、开庭审理、调解、中止诉讼、终结诉讼、简易程序、执行等，以及人民检察院对行政案件受理、审理、裁判、执行的监督，本法没有规定的，适用《中华人民共和国民事诉讼法》的相关规定。"

（二）执行期限

虽然在执行程序中已有许多期限规定，但从立案到实施执行，或者从人民法院作出准予执行裁定到实施执行的期限，尚未有法律作出规定。根据最高人民法院《关于人民法院办理执行案件若干期限的规定》第1条[①]的规定，非诉执行案件一般应当自立案之日起3个月内执结。其第13条规定，下列期间不计入办案期限：（1）公告送达执行法律文书的期间；（2）暂缓执行的期间；（3）中止执行的期间；（4）就法律适用问题向上级人民法院请示的期间；（5）与其他法院发生执行争议报请共同的上级人民法院协调处理的期间。

第五节　对交出土地和房屋拆除的执行

一、对交出被征收集体土地的强制执行

关于集体土地被征收以后，当事人拒不交出的，由谁实施强制执行，目前有两个实体法上的依据：

——《土地管理法》第81条规定："依法收回国有土地使用权当事人拒不交出土地的，临时使用土地期满拒不归还的，或者不按照批准的用途使用国有土地的，由县级以上人民政府自然资源主管部门责令交还土地，处以罚款。"

——《土地管理法实施条例》第62条规定："违反土地管理法律、法规规定，阻挠国家建设征收土地的，由县级以上地方人民政府责

---

① 最高人民法院《关于人民法院办理执行案件若干期限的规定》第1条规定："被执行人有财产可供执行的案件，一般应当在立案之日起6个月内执结；非诉执行案件一般应当在立案之日起3个月内执结。有特殊情况须延长执行期限的，应当报请本院院长或副院长批准。申请延长执行期限的，应当在期限届满前5日内提出。"

令交出土地；拒不交出土地的，依法申请人民法院强制执行。"

在这类非诉执行案中，申请人是县级以上人民政府及其自然资源主管部门，被执行人是侵占土地的当事人，包括集体组织或者个人；执行标的是已被依法征收但仍被占用的原集体所有的土地（此时在权属上已属于国有），以及土地上的附属物。

根据最高人民法院《关于审理涉及农村集体土地行政案件若干问题的规定》第14条第1款的规定，县级以上人民政府土地管理部门向人民法院申请强制执行其作出的责令当事人交出土地行政决定的，应当符合下列条件：

1.征收土地方案已经有权机关依法批准；

2.市、县人民政府和土地管理部门已经依照土地管理法和土地管理法实施条例规定的程序实施征地行为；

3.被征收土地所有权人、使用人已经依法得到安置补偿或者无正当理由拒绝接受安置补偿，且拒不交出土地，已经影响到征收工作的正常进行；

4.符合最高人民法院《关于执行〈中华人民共和国行政诉讼法〉若干问题的解释》第八十六条规定的条件。①

这类案件的法院管辖，适用对不动产执行的管辖，即由不动产所在地基层人民法院管辖。

人民法院对这类案件的审查、裁定和执行，有特别规定的适用特别规定，无特别规定的适用前几节所述的一般规定。

---

①　本条已在最高人民法院《关于适用〈中华人民共和国行政诉讼法〉的解释》中改为第155条。其第1—2款规定："行政机关根据行政诉讼法第九十七条的规定申请执行其行政行为，应当具备以下条件：（一）行政行为依法可以由人民法院执行；（二）行政行为已经生效并具有可执行内容；（三）申请人是作出该行政行为的行政机关或者法律、法规、规章授权的组织；（四）被申请人是该行政行为所确定的义务人；（五）被申请人在行政行为确定的期限内或者行政机关催告期限内未履行义务；（六）申请人在法定期限内提出申请；（七）被申请执行的行政案件属于受理执行申请的人民法院管辖。行政机关申请人民法院执行，应当提交行政强制法第五十五条规定的相关材料。"

二、对国有土地上房屋征收决定的强制执行

在我国现行土地制度中，对集体土地存在征收，而对国有土地不存在征收。对集体土地上的房屋是随土地征收而一同解决，但对国有土地上的房屋征收需要单独处理。如果说，对于集体土地房地处理规则是"以地带房"，那么，对于国有土地房地处理规则重在"以房带地"，即如果房屋被征收，所涉国有土地使用权同时被收回。

（一）法律依据

对国有土地上房屋征收补偿决定的强制执行，目前有两个规范依据：一个是国务院的行政法规，即《国有土地上房屋征收与补偿条例》；另一个是司法解释，即最高人民法院《关于办理申请人民法院强制执行国有土地上房屋征收补偿决定案件若干问题的规定》。国务院《国有土地上房屋征收与补偿条例》第28条第1款明文规定："被征收人在法定期限内不申请行政复议或者不提起行政诉讼，在补偿决定规定的期限内又不搬迁的，由作出房屋征收决定的市、县级人民政府依法申请人民法院强制执行。"最高人民法院《关于办理申请人民法院强制执行国有土地上房屋征收补偿决定案件若干问题的规定》，对这类执行案的执行条件和程序作了详细规定。

国有土地上房屋征收补偿决定，是指市、县级人民政府依法对国有土地上房屋进行征收，同时给予补偿的行政决定。严格地说，它可分为"征收决定"和"补偿决定"，尽管在操作上有时可以合为一个决定。从行政法理论上说，"征收决定"是一个"不利决定"，具有"执行性"，被征收人具有交出被征收物的义务；而"补偿决定"是一个"授益决定"，不具有"行政执行性"。行政机关申请人民法院强制执行针对的是"征收决定"而不是"补

偿决定"。但在法律制度和实践中，"征收补偿决定"已是一个统称概念。

对国有土地上房屋征收补偿决定的强制执行，其实是指当事人对市、县级人民政府作出的征收补偿决定不服，在规定的期限内既不申请行政复议或者提起行政诉讼，又不搬迁的，由作出征收补偿决定的行政机关申请人民法院强制执行的法律制度。

（二）申请条件及程序

对国有土地上房屋征收决定的强制执行，应当由申请人针对被申请人向有管辖权的人民法院提出。这里的申请人，应当是作出征收补偿决定的市、县级人民政府。既不是省、自治区和直辖市人民政府，也不是市、县级人民政府的工作部门。因为房地产实行属地管理，而且以市、县级人民政府为直接的管理主体。被申请人，应当是征收补偿决定的相对人，具体指拒不搬迁房屋的当事人。这类执行案件的管辖法院，是房屋所在地基层人民法院，高级人民法院可以根据本地实际情况决定管辖法院。

申请人向人民法院申请强制执行对国有土地上房屋征收补偿决定，首先应当符合一个前提，即当事人对征收补偿决定不服，在规定期限内不申请行政复议或者提起行政诉讼，又不搬迁房屋。这一前提既来自国务院《国有土地上房屋征收与补偿条例》第28条第1款的规定，也来自《行政强制法》第53条的规定。

申请人向人民法院申请强制执行对国有土地上房屋征收补偿决定，应当在规定期限内提出。这一申请期限，根据《行政强制法》第53条[①]和最高人民法院《关于办理申请人民法院强制执行国有土

---

① 《行政强制法》第53条规定："当事人在法定期限内不申请行政复议或者提起行政诉讼，又不履行行政决定的，没有行政强制执行权的行政机关可以自期限届满之日起三个月内，依照本章规定申请人民法院强制执行。"

地上房屋征收补偿决定案件若干问题的规定》第2条第3款①的规定，是指当事人在法定期限内不申请行政复议或者提起行政诉讼，又不履行行政决定的，市、县级人民政府可以自期限届满之日起3个月内，向人民法院申请强制执行。

（三）申请材料

申请人向人民法院申请强制执行对国有土地上房屋征收补偿决定，应当提交有关材料。材料包括《国有土地上房屋征收与补偿条例》第28条规定的材料，以及最高人民法院《关于办理申请人民法院强制执行国有土地上房屋征收补偿决定案件若干问题的规定》补偿要求的材料。

根据《国有土地上房屋征收与补偿条例》第28条的规定，行政机关申请人民法院强制执行征收补偿决定，应当提交以下材料：

1.《强制执行申请书》。申请书应当由申请机关负责人签名，加盖申请机关印章，并注明日期。

2.行政机关确定给当事人的补偿金额和专户存储账号。这便于人民法院确认补偿金额已经到位，以实现房屋征收"先补偿、后搬迁"的原则。

3.行政机关确定给当事人的产权调换房屋和周转用房的地点和面积等材料。这便于人民法院确认当事人的住房已得到落实。

另外，根据最高人民法院《关于办理申请人民法院强制执行国有土地上房屋征收补偿决定案件若干问题的规定》第2条的规定，行政机关还应当提交以下材料：

1.征收补偿决定及相关证据和所依据的规范性文件；

---

① 最高人民法院《关于办理申请人民法院强制执行国有土地上房屋征收补偿决定案件若干问题的规定》第2条第3款规定："强制执行的申请应当自被执行人的法定起诉期限届满之日起三个月内提出；逾期申请的，除有正当理由外，人民法院不予受理。"

2.征收补偿决定送达凭证、催告情况及房屋被征收人、直接利害关系人的意见；

3.社会稳定风险评估材料；

4.申请强制执行的房屋状况；

5.被执行人的姓名或者名称、住址及与强制执行相关的财产状况等具体情况；

6.法律、行政法规规定应当提交的其他材料。

（四）受理

人民法院认为强制执行的申请符合形式要件且材料齐全的，应当在接到申请后5日内立案受理，并通知申请机关；不符合形式要件或者材料不全的应当限期补正，并在最终补正的材料提供后5日内立案受理；不符合形式要件或者逾期无正当理由不补正材料的，裁定不予受理。

申请机关对不予受理的裁定有异议的，可以自收到裁定之日起15日内向上一级人民法院申请复议，上一级人民法院应当自收到复议申请之日起15日内作出裁定。

（五）审查与裁定

人民法院受理行政机关申请之后，应当对征收补偿决定是否合法和适当进行审查。人民法院在审查期间，可以根据需要调取相关证据、询问当事人、组织听证或者进行现场调查。

人民法院应当自立案之日起30日内作出是否准予执行的裁定；有特殊情况需要延长审查期限的，由高级人民法院批准。

征收补偿决定存在下列情形之一的，人民法院应当裁定不准予执行：（1）明显缺乏事实根据；（2）明显缺乏法律、法规依据；（3）明显不符合公平补偿原则，严重损害被执行人合法权益，或者使被执行人基本生活、生产经营条件没有保障；（4）明显违反行政目的，严重损害公共利益；（5）严重违反法定程序或者正当程序；（6）超越职权；（7）法律、法规、规章等规定的其他不宜强制执行的情形。

人民法院裁定不准予执行的，应当说明理由，并在5日内将裁定送达申请机关。申请机关对不准予执行的裁定有异议的，可以自收到裁定之日起15日内向上一级人民法院申请复议，上一级人民法院应当自收到复议申请之日起30日内作出裁定。

第六节　对行政裁决的强制执行

一、行政裁决

行政裁决是行政机关根据当事人申请，根据法律法规授权，居中对与行政管理活动密切相关的民事纠纷进行裁处的行为。[①]行政裁决是一种独立的行政行为，其结果形式是一个"行政裁决决定"。行政裁决与其他行政行为不同的是，它是一种"准司法行为"。它并不与相对人发生一种管理与被管理的行政关系，而是以中间人的身份居间处理一种平等主体之间的民事关系。

根据现行法律规定，我国的行政裁决存在下列确权领域：（1）对土地、矿藏、水流、荒地或者滩涂权属的确权；（2）对林地、林木、山岭权属的确权；（3）对海域使用权的确权；（4）对草原权属的确权；（5）对水利工程权属的确权；（6）对企业资产性质的确认；等等。[②]

二、对行政裁决的执行

行政裁决本身就是行政决定的一个种类。所以，对行政裁决的强制执行，应当适用对所有行政决定强制执行的原则和程序，即法

---

① 参见中共中央办公厅、国务院办公厅《关于健全行政裁决制度加强行政裁决工作的意见》。

② 参见最高人民法院《关于行政案件案由的暂行规定》。

律规定行政机关具有强制执行权的，由行政机关自己强制执行；法律没有规定行政机关具有强制执行权的，由行政机关申请人民法院强制执行。行政机关向人民法院申请对行政裁决的强制执行（非诉执行），适用对一般行政决定的强制执行程序。

但是，行政裁决涉及三方关系（民事关系中的甲乙方和作为中间人的行政机关），如果行政机关不在规定期限内向人民法院申请强制执行，就会损害另一方民事主体的合法权益，最高人民法院的一个司法解释为此设定了一个补充程序。最高人民法院《关于适用〈中华人民共和国行政诉讼法〉的解释》第158条规定：**"行政机关根据法律的授权对平等主体之间民事争议作出裁决后，当事人在法定期限内不起诉又不履行，作出裁决的行政机关在申请执行的期限内未申请人民法院强制执行的，生效行政裁决确定的权利人或者其继承人、权利承受人在六个月内可以申请人民法院强制执行。享有权利的公民、法人或者其他组织申请人民法院强制执行生效行政裁决，参照行政机关申请人民法院强制执行行政行为的规定。"**

三、补充程序的特别要求

最高人民法院《关于适用〈中华人民共和国行政诉讼法〉的解释》第158条对行政裁决非诉执行所设定的补充程序，其实是一种特别程序。那就是，该处有特别规定的适用特别规定；没有特别规定的，适用对行政决定执行的一般程序。

（一）适用前提

适用上述特别程序应当符合以下几个前提条件，缺一不可。

1.针对行政裁决。行政裁决也是一种行政决定，但与其他行政决定不同的是，它是对民事关系的一种裁断。这一程序只适用于行政裁决，不适用于其他行政决定。

2.该行政裁决已经生效，但是负有义务一方当事人在法定期限内既不申请行政复议或者提起行政诉讼，又不履行该裁决。

3.作出行政裁决的行政机关未在法定期限内申请人民法院强制执行。根据《行政强制法》第53条的规定，行政机关向人民法院申请强制执行的期限，是自期限届满之日起3个月内。

（二）申请人

提起非诉执行的申请人原则上是作出行政决定的行政机关，但对于行政裁决的执行，在上述前提下，可以由享有权利的公民、法人或者其他组织作为申请人。享有权利的公民、法人或者其他组织，是指由生效行政裁决确定的权利人或者其继承人、权利承受人。

（三）申请期限

享有权利的公民、法人或者其他组织向人民法院申请强制执行的期限与行政机关申请人民法院强制执行的期限不同。行政机关向人民法院申请非诉执行的期限是3个月，从当事人既不履行又不申请复议或提起诉讼期满之日起计算；但享有权利的公民、法人或者其他组织向人民法院申请强制执行的期限是6个月，同样从当事人（另一方）既不履行又不申请复议或提起诉讼期满之日起计算。之所以确定为6个月，是因为前3个月已被行政机关占用了。

（四）其他程序

根据最高人民法院《关于适用〈中华人民共和国行政诉讼法〉的解释》第158条第2款的规定，享有权利的公民、法人或者其他组织申请人民法院强制执行生效行政裁决，参照行政机关申请人民法院强制执行行政行为的规定。这里参照的程序要求包括强制执行申请书的要求、提交其他材料的要求等。

第七节　非诉行政执行的其他制度

一、立即执行

以上所述的非诉执行程序均属常态程序，这种程序从行政机关申请（或当事人申请）到人民法院实施强制执行，一般需要3个月时间。①这样的制度设计，虽然在很大程度上保护了相对人的合法权益，但难以适应紧急情况。为此，《行政强制法》第59条规定："**因情况紧急，为保障公共安全，行政机关可以申请人民法院立即执行。经人民法院院长批准，人民法院应当自作出执行裁定之日起五日内执行。**"

这属于立即执行制度，它是非诉执行中的一种特殊制度和紧急程序。适用这一紧急程序应当符合两个条件：一是情境上"情况紧急"，二是目的上"为保障公共安全"。联系起来的条件就是，如果不立即强制执行，就会危害公共安全。例如，不排除妨碍泄洪的违法设施，会导致严重的安全事故，便可适用立即执行。

立即执行制度是对《行政强制法》第56—58条所规定期限的突破，而不是对申请条件和审查标准的突破。行政机关申请强制执行的条件、人民法院的审查、裁定环节和标准等都不得省略，唯一可以省略的是程序中的时间。所谓突破期限，不是指要突破上述期限的高限，而是指原则上每一环节都要"立即"决定。而且有一个"高限"是，人民法院应当自作出执行裁定之日起5日内执行。但是，所有程序上的突破，都需要经过一个审批程序，即经人民法院院长同意。

---

① 根据最高人民法院《关于人民法院办理执行案件若干期限的规定》，非诉执行案件一般应当在立案之日起3个月内执结。

二、财产保全

行政诉讼执行中的财产保全，系指遇有关财产可能被转移、隐匿、毁灭等情形，从而可能造成对利害关系人权益的损害或可能使人民法院将来难以执行时，在行政诉讼前或行政诉讼中，或在非诉执行程序前，为了确保具体行政行为或将来生效裁判的全部履行，经当事人申请或者依职权作出裁定，对当事人有争议的财物所采取的临时性强制措施。

关于非诉执行中的财产保全，最高人民法院《关于适用〈中华人民共和国行政诉讼法〉的解释》第159条作出了规定："行政机关或者行政行为确定的权利人申请人民法院强制执行前，有充分理由认为被执行人可能逃避执行的，可以申请人民法院采取财产保全措施。后者申请强制执行的，应当提供相应的财产担保。"非诉执行中的财产保全具有下列四个特点。

第一，财产保全的适用条件是有充分理由认为被执行人可能逃避执行。这须有充分的理由来证明这一可能性。

第二，财产保全可以由行政机关提出申请或者行政行为确定的权利人提出申请。后者提出申请应当提供相应的财产担保。

第三，财产保全只适用于有财产给付内容的义务执行。没有财产给付内容的执行是不适用财产保全的。

第四，财产保全由人民法院决定和实施。因为非诉执行中的财产保全，属于司法制度而不是行政制度，因而应当由人民法院决定和实施。

三、执行费用

《行政强制法》第60条第1款明文规定："行政机关申请人民法院强制执行，不缴纳申请费。强制执行的费用由被执行人承担。"这意味着：

1.关于执行申请费。行政机关申请人民法院强制执行，不缴纳申请费，人民法院不得向行政机关收取申请费。

2.关于强制执行费用。这里是指申请费以外的，人民法院因审理和实施执行所实际发生的费用。这些费用应当由人民法院责令被执行人承担。人民法院以划拨、拍卖方式强制执行的，可以在划拨、拍卖后将强制执行的费用扣除。

四、执行中止、终结和回转

执行中止、终结和回转，是行政强制执行中的程序性制度，在行政机关实施的强制执行中，以及在行政机关申请人民法院的强制执行中，都会发生。而《行政强制法》以第39条、第40条和第41条对行政机关实施强制执行中的中止、终结和回转制度作出了明确规定，但对行政机关申请人民法院的强制执行，人民法院据此在实施强制执行中的中止、终结和回转，未作规定。原因是，人民法院在审理和实施强制执行中所采取的中止、终结和回转，完全适用《民事诉讼法》的有关规定。

（一）执行中止

人民法院在处理非诉执行案中的执行中止，系指行政非诉执行案经行政机关申请，人民法院依法受理之后，由于出现致使强制执行无法进行下去的法定情形，人民法院暂时停止强制执行程序，待该情况消除后，继续执行的法律制度。中止的主要法律特征是暂停性和可恢复性。

根据《民事诉讼法》第263条第1款的规定，有下列情形之一的，人民法院应当裁定中止执行：（1）申请人表示可以延期执行的；（2）案外人对执行标的提出确有理由的异议的；（3）作为一方当事人的公民死亡，需要等待继承人继承权利或者承担义务的；（4）作为一方当事人的法人或者其他组织终止，尚未确定权利义务承受人的；（5）人民法院认为应当中止执行的其他情形。

对于中止执行，人民法院应当制作"中止执行裁定书"，并送达有关当事人。"中止执行裁定书"一经送达，立即生效。中止的情形消失后，人民法院应当立即恢复执行程序。

（二）执行终结

执行程序的终结，是与执行中止相并列并且相互衔接的法律制度。人民法院在处理非诉执行案中的执行终结，系指非诉强制执行程序开始以后，由于出现致使强制执行已无必要或者已无可能进行下去的法定情形，人民法院决定结束执行，从此不再执行的法律制度。终结的主要法律特征是最终的封闭性。执行终结决定一旦作出，整个行政强制执行程序，无论已进行到哪个阶段，都被宣告结束，任何法律实体行为和法律程序行为都将失去执行力。

根据《民事诉讼法》第264条的规定，有下列情形之一的，人民法院应当裁定终结执行：（1）申请人撤销申请的；（2）据以执行的法律文书被撤销的；（3）作为被执行人的公民死亡，无遗产可供执行，又无义务承担人的；（4）追索赡养费、扶养费、抚养费案件的权利人死亡的；（5）作为被执行人的公民因生活困难无力偿还借款，无收入来源，又丧失劳动能力的；（6）人民法院认为应当终结执行的其他情形。

对于终结执行，人民法院应当制作"终结执行裁定书"，并送达有关当事人。"终结执行裁定书"一经送达，立即生效。

（三）执行回转

执行回转是一项执行错误的弥补制度，系指在执行中或者执行完毕后，据以执行的法律文书被撤销、变更，或者执行错误时，人民法院将已执行的财产恢复到执行前状态的法律制度。

《民事诉讼法》第240条规定："执行完毕后，据以执行的判决、裁定和其他法律文书确有错误，被人民法院撤销的，对已被执行的财产，人民法院应当作出裁定，责令取得财产的人返还；拒不返还的，强制执行。"如果无法实现回转，应当由负有违法责任的行政机关或者人民法院负责赔偿。

▤ 典型案例

行政机关申请人民法院强制执行应当限于当事人未履行的义务

案情简介：

2016年6月17日，吉林省甲市国土资源局对某有限公司作出行政处罚决定书，内容为：（1）责令退还非法占用的土地，拆除非法占用的土地上新建的建筑物和其他设施，恢复原貌；（2）对非法占用林地1000平方米处以5000元罚款；（3）移送当地司法机关。

某有限公司在法定履行期限内缴纳了罚款，但未退还非法占用的土地，未拆除非法占用土地上新建的建筑物和其他设施，未恢复土地原状。2017年4月19日，甲市国土资源局向甲市乙区人民法院申请强制执行上述行政处罚决定书中退还非法占用的土地，拆除非法建筑物，恢复原貌的行政处罚。

乙区人民法院受理后，依法组成合议庭进行了合法性审查，并于2017年5月11日作出行政裁定书，裁定：（1）准予强制执行甲市国土资源局行政处罚决定书；（2）行政处罚决定书中的罚款部分即林地1000平方米×5元/平方米=5000元，由乙区法院强制执行；（3）责令退还非法占用的土地，没收非法占用的土地上新建的建筑物和其他设施，恢复土地原状，由甲市国土资源局组织实施。

乙区人民检察院监督审查认为，乙区人民法院作出的行政裁定书的裁定内容超出了甲市国土资源局申请强制执行的范围，且与行政处罚决定书的内容不符。甲市国土资源局行政处罚决定作出后，某有限公司在法定履行期限届满之时，已履行缴纳罚款的义务，未履行退还非法占用的土地、拆除非法建筑物、恢复原貌的行政处罚，甲市国土资源局也仅就未履行的该项行政处罚申请乙区人民法院强制执行。乙区人民法院作出的裁定内容既包括未履行的行政处罚，也包括已经履行的罚款，超出了申请执行人申请强制执行的范围，不符合案件的真实情况，且裁定准予执行没收非法建筑物，恢复原貌的内容与行政处罚拆除非法建筑物，恢复原貌不符。乙区人民检察院根据《行政诉讼法》第93条的规定，提出检察建议，建议乙区人民法院依法纠正，并在今后办理非诉执行案件过程中严格进行审查，依法作出裁定，裁定准予执行的内容应与行政处罚的内容相符。乙区人民法院收到检察建议后，书面回复表示，依照《行政强制法》的相关规定进行审查，认真整改，在今后的工作中杜绝类似情况的发生。

案例评析：

这是一个非诉行政执行案件，也是一个成功的行政监察典型案例。

行政机关作出行政决定并生效之后，当事人在规定期限内不履行行政决定所确定义务的，行政决定便进入行政强制执行程序。法律规定行政机关具有强制执行权的，由行政机关自己实施强制执行；法律没有规定行政机关具有强制执行权的，作出行政决定的行政机关应当申请人民法院强制执行，这类执行就称为"非诉执行"。

顺便厘清一下本案所涉及的几个概念。当初国土资源局对某有限公司作出的"行政处罚决定书"，内容有三项：（1）责令退还非法占用的土地，拆除非法占用的土地上新建的建筑物和其他设施，恢复原貌；（2）对非法占用林地1000平方米处以5000元罚款；（3）移送当地司法机关。这三项决定内容不全是行政处罚。第（1）项是责令当事人纠正违法，在行政行为的性质上属于具有执行内容的行政命令；第（2）项属于行政处罚；第（3）项属于案件处理中的程序性决定。为此，将"行政处罚决定书"改名为"行政处理决定书"更为妥当和准确。

对于第（1）项和第（2）项决定内容，具有可执行性。如果当事人在规定期限内不自我履行的，便可进入行政强制执行程序。但在本案中，当事人对于第（2）项决定已经履行。现在要考虑的是对第（1）项决定，即对"退还非法占用的土地，拆除非法占用的土地上新建的建筑物和其他设施，恢复原貌"如何强制执行的问题。对于这一决定应当由行政机关自己强制执行，还是申请人民法院强制执行，取决于法律是否授权行政机关自己强制执行。法律授权行政机关自己强制执行的，由行政机关自己强制执行；法律没有授权行政机关强制执行的，则由行政机关申请人民法院强制执行（非诉执行）。这里的法律是指作为行政机关作出上述决定的"依据法"，即《土地管理法》。《土地管理法》第83条规定："依照本法规定，责令限期拆除在非法占用的土地上新建的建筑物和其他设施的，建设单位或者个人应当立即停止施工，自行拆除；对继续施工的，作出处罚决定的机关有权制止。建设单位或者个人对责令限期拆除的行政处罚决定不服的，可以在接到责令限期拆除决定之日起十五日内，向人民法院起诉；期满不起诉又不自行拆除的，由作出处罚决定的机关依法申请人民法院强制执行，费用由违法者承担。"根据这一规定，行政机关申请人民法院强制执行上述第（1）项决定是正确的。但是，人民法院在非诉执行程序中最终作出的裁定超出了行政机关申请执行的范围，这又是有违行政强制执行法律规定的。

（根据《最高人民检察院发布6起行政检察典型案例之二：吉林省某公司违法占地非诉执行监督案——监督行政非诉执行依法审查，维护国家、社会公共利益和公民合法权益》编写）

🔍 **思考题**

1. 非诉执行案件具有什么法律特性？
2. 在什么条件下行政机关才可申请人民法院强制执行？
3. 享有权利的公民、法人或者其他组织可以申请非诉执行吗？
4. 对土地和房屋的强制执行有什么特别要求？

附 录

中华人民共和国行政强制法

（2011年6月30日第十一届全国人民代表大会常务委员会第二十一次会议通过）

目 录

第一章 总 则

第一条 为了规范行政强制的设定和实施，保障和监督行政机关依法履行职责，维护公共利益和社会秩序，保护公民、法人和其他组织的合法权益，根据宪法，制定本法。

第二条 本法所称行政强制，包括行政强制措施和行政强制执行。

行政强制措施，是指行政机关在行政管理过程中，为制止违法行为、防止证据损毁、避免危害发生、控制危险扩大等情形，依法对公民的人身自由实施暂时性限制，或者对公民、法人或者其他组织的财物实施暂时性控制的行为。

行政强制执行，是指行政机关或者行政机关申请人民法院，对不履行行政决定的公民、法人或者其他组织，依法强制履行义务的行为。

第三条 行政强制的设定和实施，适用本法。

发生或者即将发生自然灾害、事故灾难、公共卫生事件或者社会安全事件等突发事件，行政机关采取应急措施或者临时措施，依照有关法律、行政法规的规定执行。

行政机关采取金融业审慎监管措施、进出境货物强制性技术监控措施，依照有关法律、行政法规的规定执行。

第四条 行政强制的设定和实施，应当依照法定的权限、范围、条件和程序。

第五条 行政强制的设定和实施，应当适当。采用非强制手段可以达到行政管理目的的，不得设定和实施行政强制。

第六条 实施行政强制，应当坚持教育与强制相结合。

第七条 行政机关及其工作人员不得利用行政强制权为单位或者个人谋取利益。

第八条 公民、法人或者其他组织对行政机关实施行政强制，享有陈述权、申辩权；有权依法申请行政复议或者提起行政诉讼；因行政机关违法实施行政强制受到损害的，有权依法要求赔偿。

公民、法人或者其他组织因人民法院在强制执行中有违法行为或者扩大强制执行范围受到损害的，有权依法要求赔偿。

第二章 行政强制的种类和设定

第九条 行政强制措施的种类：

（一）限制公民人身自由；

（二）查封场所、设施或者财物；

（三）扣押财物；

（四）冻结存款、汇款；

（五）其他行政强制措施。

第十条 行政强制措施由法律设定。

尚未制定法律，且属于国务院行政管理职权事项的，行政法规可以设定除本法第九条第一项、第四项和应当由法律规定的行政强制措施以外的其他行政强制措施。

尚未制定法律、行政法规，且属于地方性事务的，地方性法规可以设定本法第九条第二项、第三项的行政强制措施。

法律、法规以外的其他规范性文件不得设定行政强制措施。

第十一条 法律对行政强制措施的对象、条件、种类作了规定的，行政法规、地方性法规不得作出扩大规定。

法律中未设定行政强制措施的，行政法规、地方性法规不得设定行政强制措施。但是，法律规定特定事项由行政法规规定具体管理措施的，行政法规可以设定除本法第九条第一项、第四项和应当由法律规定的行政强制措施以外的其他行政强制措施。

第十二条 行政强制执行的方式：

（一）加处罚款或者滞纳金；

（二）划拨存款、汇款；

（三）拍卖或者依法处理查封、扣押的场所、设施或者财物；

（四）排除妨碍、恢复原状；

（五）代履行；

（六）其他强制执行方式。

第十三条 行政强制执行由法律设定。

法律没有规定行政机关强制执行的，作出行政决定的行政机关应当申请人民法院强制执行。

第十四条 起草法律草案、法规草案，拟设定行政强制的，起草单位应当采取听证会、论证会等形式听取意见，并向制定机关说明设定该行政强制的必要性、可能产生的影响以及听取和采纳意见的情况。

第十五条 行政强制的设定机关应当定期对其设定的行政强制进行评价，并对不适当的行政强制及时予以修改或者废止。

行政强制的实施机关可以对已设定的行政强制的实施情况及存在的必要性适时进行评价，并将意见报告该行政强制的设定机关。

公民、法人或者其他组织可以向行政强制的设定机关和实施机关就行政强制的设定和实施提出意见和建议。有关机关应当认真研究论证，并以适当方式予以反馈。

第三章　行政强制措施实施程序

第一节　一般规定

第十六条 行政机关履行行政管理职责，依照法律、法规的规定，实施行政强制措施。

违法行为情节显著轻微或者没有明显社会危害的，可以不采取行政强制措施。

第十七条 行政强制措施由法律、法规规定的行政机关在法定职权范围内实施。行政强制措施权不得委托。

依据《中华人民共和国行政处罚法》的规定行使相对集中行政处罚权的行政机关，可以实施法律、法规规定的与行政处罚权有关的行政强制措施。

行政强制措施应当由行政机关具备资格的行政执法人员实施，其他人员不得实施。

第十八条　行政机关实施行政强制措施应当遵守下列规定：

（一）实施前须向行政机关负责人报告并经批准；

（二）由两名以上行政执法人员实施；

（三）出示执法身份证件；

（四）通知当事人到场；

（五）当场告知当事人采取行政强制措施的理由、依据以及当事人依法享有的权利、救济途径；

（六）听取当事人的陈述和申辩；

（七）制作现场笔录；

（八）现场笔录由当事人和行政执法人员签名或者盖章，当事人拒绝的，在笔录中予以注明；

（九）当事人不到场的，邀请见证人到场，由见证人和行政执法人员在现场笔录上签名或者盖章；

（十）法律、法规规定的其他程序。

第十九条　情况紧急，需要当场实施行政强制措施的，行政执法人员应当在二十四小时内向行政机关负责人报告，并补办批准手续。行政机关负责人认为不应当采取行政强制措施的，应当立即解除。

第二十条　依照法律规定实施限制公民人身自由的行政强制措施，除应当履行本法第十八条规定的程序外，还应当遵守下列规定：

（一）当场告知或者实施行政强制措施后立即通知当事人家属实施行政强制措施的行政机关、地点和期限；

（二）在紧急情况下当场实施行政强制措施的，在返回行政机关后，立即向行政机关负责人报告并补办批准手续；

（三）法律规定的其他程序。

实施限制人身自由的行政强制措施不得超过法定期限。实施行政强制措施的目的已经达到或者条件已经消失，应当立即解除。

第二十一条　违法行为涉嫌犯罪应当移送司法机关的，行政机关应当将查封、扣押、冻结的财物一并移送，并书面告知当事人。

第二节　查封、扣押

第二十二条　查封、扣押应当由法律、法规规定的行政机关实施，其他任何行政机关或者组织不得实施。

第二十三条　查封、扣押限于涉案的场所、设施或者财物，不得查封、扣押与违法行为无关的场所、设施或者财物；不得查封、扣押公民个人及其所扶养家属的生活必需品。

当事人的场所、设施或者财物已被其他国家机关依法查封的，不得重复查封。

第二十四条　行政机关决定实施查封、扣押的，应当履行本法第十八条规定的程序，制作并当场交付查封、扣押决定书和清单。

查封、扣押决定书应当载明下列事项：

（一）当事人的姓名或者名称、地址；

（二）查封、扣押的理由、依据和期限；

（三）查封、扣押场所、设施或者财物的名称、数量等；

（四）申请行政复议或者提起行政诉讼的途径和期限；

（五）行政机关的名称、印章和日期。

查封、扣押清单一式二份，由当事人和行政机关分别保存。

第二十五条　查封、扣押的期限不得超过三十日；情况复杂的，经行政机关负责人批准，可以延长，但是延长期限不得超过三十日。法律、行政法规另有规定的除外。

延长查封、扣押的决定应当及时书面告知当事人，并说明理由。

对物品需要进行检测、检验、检疫或者技术鉴定的，查封、扣押的期间不包括检测、检验、检疫或者技术鉴定的期间。检测、检验、检疫或者技术鉴定的期间应当明确，并书面告知当事人。检测、检验、检疫或者技术鉴定的费用由行政机关承担。

第二十六条　对查封、扣押的场所、设施或者财物，行政机关应当妥善保管，不得使用或者损毁；造成损失的，应当承担赔偿责任。

对查封的场所、设施或者财物，行政机关可以委托第三人保管，第三人不得损毁或者擅自转移、处置。因第三人的原因造成的损失，行政机关先行赔付后，有权向第三人追偿。

因查封、扣押发生的保管费用由行政机关承担。

第二十七条 行政机关采取查封、扣押措施后，应当及时查清事实，在本法第二十五条规定的期限内作出处理决定。对违法事实清楚，依法应当没收的非法财物予以没收；法律、行政法规规定应当销毁的，依法销毁；应当解除查封、扣押的，作出解除查封、扣押的决定。

第二十八条 有下列情形之一的，行政机关应当及时作出解除查封、扣押决定：

（一）当事人没有违法行为；

（二）查封、扣押的场所、设施或者财物与违法行为无关；

（三）行政机关对违法行为已经作出处理决定，不再需要查封、扣押；

（四）查封、扣押期限已经届满；

（五）其他不再需要采取查封、扣押措施的情形。

解除查封、扣押应当立即退还财物；已将鲜活物品或者其他不易保管的财物拍卖或者变卖的，退还拍卖或者变卖所得款项。变卖价格明显低于市场价格，给当事人造成损失的，应当给予补偿。

第三节　冻　结

第二十九条 冻结存款、汇款应当由法律规定的行政机关实施，不得委托给其他行政机关或者组织；其他任何行政机关或者组织不得冻结存款、汇款。

冻结存款、汇款的数额应当与违法行为涉及的金额相当；已被其他国家机关依法冻结的，不得重复冻结。

第三十条 行政机关依照法律规定决定实施冻结存款、汇款的，应当履行本法第十八条第一项、第二项、第三项、第七项规定的程序，并向金融机构交付冻结通知书。

金融机构接到行政机关依法作出的冻结通知书后，应当立即予以冻结，不得拖延，不得在冻结前向当事人泄露信息。

法律规定以外的行政机关或者组织要求冻结当事人存款、汇款的，金融机构应当拒绝。

第三十一条 依照法律规定冻结存款、汇款的，作出决定的行政机关应当在三日内向当事人交付冻结决定书。冻结决定书应当载明下列事项：

（一）当事人的姓名或者名称、地址；

（二）冻结的理由、依据和期限；

（三）冻结的账号和数额；

（四）申请行政复议或者提起行政诉讼的途径和期限；

（五）行政机关的名称、印章和日期。

第三十二条 自冻结存款、汇款之日起三十日内，行政机关应当作出处理决定或者作出解除冻结决定；情况复杂的，经行政机关负责人批准，可以延长，但是延长期限不得超过三十日。法律另有规定的除外。

延长冻结的决定应当及时书面告知当事人，并说明理由。

第三十三条 有下列情形之一的，行政机关应当及时作出解除冻结决定：

（一）当事人没有违法行为；

（二）冻结的存款、汇款与违法行为无关；

（三）行政机关对违法行为已经作出处理决定，不再需要冻结；

（四）冻结期限已经届满；

（五）其他不再需要采取冻结措施的情形。

行政机关作出解除冻结决定的，应当及时通知金融机构和当事人。金融机构接到通知后，应当立即解除冻结。

行政机关逾期未作出处理决定或者解除冻结决定的，金融机构应当自冻结期满之日起解除冻结。

第四章　行政机关强制执行程序

第一节　一般规定

第三十四条 行政机关依法作出行政决定后，当事人在行政机关决定的期限内不履行义务的，具有行政强制执行权的行政机关依照本章规定强制执行。

第三十五条　行政机关作出强制执行决定前，应当事先催告当事人履行义务。催告应当以书面形式作出，并载明下列事项：

（一）履行义务的期限；

（二）履行义务的方式；

（三）涉及金钱给付的，应当有明确的金额和给付方式；

（四）当事人依法享有的陈述权和申辩权。

第三十六条　当事人收到催告书后有权进行陈述和申辩。行政机关应当充分听取当事人的意见，对当事人提出的事实、理由和证据，应当进行记录、复核。当事人提出的事实、理由或者证据成立的，行政机关应当采纳。

第三十七条　经催告，当事人逾期仍不履行行政决定，且无正当理由的，行政机关可以作出强制执行决定。

强制执行决定应当以书面形式作出，并载明下列事项：

（一）当事人的姓名或者名称、地址；

（二）强制执行的理由和依据；

（三）强制执行的方式和时间；

（四）申请行政复议或者提起行政诉讼的途径和期限；

（五）行政机关的名称、印章和日期。

在催告期间，对有证据证明有转移或者隐匿财物迹象的，行政机关可以作出立即强制执行决定。

第三十八条　催告书、行政强制执行决定书应当直接送达当事人。当事人拒绝接收或者无法直接送达当事人的，应当依照《中华人民共和国民事诉讼法》的有关规定送达。

第三十九条　有下列情形之一的，中止执行：

（一）当事人履行行政决定确有困难或者暂无履行能力的；

（二）第三人对执行标的主张权利，确有理由的；

（三）执行可能造成难以弥补的损失，且中止执行不损害公共利益的；

（四）行政机关认为需要中止执行的其他情形。

中止执行的情形消失后，行政机关应当恢复执行。对没有明显社会危害，当事人确无能力履行，中止执行满三年未恢复执行的，行政机关不再执行。

第四十条　有下列情形之一的，终结执行：

（一）公民死亡，无遗产可供执行，又无义务承受人的；

（二）法人或者其他组织终止，无财产可供执行，又无义务承受人的；

（三）执行标的灭失的；

（四）据以执行的行政决定被撤销的；

（五）行政机关认为需要终结执行的其他情形。

第四十一条　在执行中或者执行完毕后，据以执行的行政决定被撤销、变更，或者执行错误的，应当恢复原状或者退还财物；不能恢复原状或者退还财物的，依法给予赔偿。

第四十二条　实施行政强制执行，行政机关可以在不损害公共利益和他人合法权益的情况下，与当事人达成执行协议。执行协议可以约定分阶段履行；当事人采取补救措施的，可以减免加处的罚款或者滞纳金。

执行协议应当履行。当事人不履行执行协议的，行政机关应当恢复强制执行。

第四十三条　行政机关不得在夜间或者法定节假日实施行政强制执行。但是，情况紧急的除外。

行政机关不得对居民生活采取停止供水、供电、供热、供燃气等方式迫使当事人履行相关行政决定。

第四十四条　对违法的建筑物、构筑物、设施等需要强制拆除的，应当由行政机关予以公告，限期当事人自行拆除。当事人在法定期限内不申请行政复议或者提起行政诉讼，又不拆除的，行政机关可以依法强制拆除。

第二节　金钱给付义务的执行

第四十五条　行政机关依法作出金钱给付义务的行政决定，当事人逾期不履行的，行政机关可以依法加处罚款或者滞纳金。加处罚款或者滞纳金的标准应当告知当事人。

加处罚款或者滞纳金的数额不得超出金钱给付义务的数额。

第四十六条　行政机关依照本法第四十五条规定实施加处罚款或者滞纳金超过三十日，经催告当事人仍不履行的，具有行政强制执行权的行政机关可以强制执行。

行政机关实施强制执行前，需要采取查封、扣押、冻结措施的，依照本法第三章规定办理。

没有行政强制执行权的行政机关应当申请人民法院强制执行。但是，当事人在法定期限内不申请行政复议或者提起行政诉讼，经催告仍不履行的，在实施行政管理过程中已经采取查封、扣押措施的行政机关，可以将查封、扣押的财物依法拍卖抵缴罚款。

第四十七条　划拨存款、汇款应当由法律规定的行政机关决定，并书面通知金融机构。金融机构接到行政机关依法作出划拨存款、汇款的决定后，应当立即划拨。

法律规定以外的行政机关或者组织要求划拨当事人存款、汇款的，金融机构应当拒绝。

第四十八条　依法拍卖财物，由行政机关委托拍卖机构依照《中华人民共和国拍卖法》的规定办理。

第四十九条　划拨的存款、汇款以及拍卖和依法处理所得的款项应当上缴国库或者划入财政专户。任何行政机关或者个人不得以任何形式截留、私分或者变相私分。

第三节　代履行

第五十条　行政机关依法作出要求当事人履行排除妨碍、恢复原状等义务的行政决定，当事人逾期不履行，经催告仍不履行，其后果已经或者将危害交通安全、造成环境污染或者破坏自然资源的，行政机关可以代履行，或者委托没有利害关系的第三人代履行。

第五十一条　代履行应当遵守下列规定：

（一）代履行前送达决定书，代履行决定书应当载明当事人的姓名或者名称、地址，代履行的理由和依据、方式和时间、标的、费用预算以及代履行人；

（二）代履行三日前，催告当事人履行，当事人履行的，停止代履行；

（三）代履行时，作出决定的行政机关应当派员到场监督；

（四）代履行完毕，行政机关到场监督的工作人员、代履行人和当事人或者见证人应当在执行文书上签名或者盖章。

代履行的费用按照成本合理确定，由当事人承担。但是，法律另有规定的除外。

代履行不得采用暴力、胁迫以及其他非法方式。

第五十二条 需要立即清除道路、河道、航道或者公共场所的遗洒物、障碍物或者污染物，当事人不能清除的，行政机关可以决定立即实施代履行；当事人不在场的，行政机关应当在事后立即通知当事人，并依法作出处理。

第五章　申请人民法院强制执行

第五十三条 当事人在法定期限内不申请行政复议或者提起行政诉讼，又不履行行政决定的，没有行政强制执行权的行政机关可以自期限届满之日起三个月内，依照本章规定申请人民法院强制执行。

第五十四条 行政机关申请人民法院强制执行前，应当催告当事人履行义务。催告书送达十日后当事人仍未履行义务的，行政机关可以向所在地有管辖权的人民法院申请强制执行；执行对象是不动产的，向不动产所在地有管辖权的人民法院申请强制执行。

第五十五条 行政机关向人民法院申请强制执行，应当提供下列材料：

（一）强制执行申请书；

（二）行政决定书及作出决定的事实、理由和依据；

（三）当事人的意见及行政机关催告情况；

（四）申请强制执行标的情况；

（五）法律、行政法规规定的其他材料。

强制执行申请书应当由行政机关负责人签名，加盖行政机关的印章，并注明日期。

第五十六条 人民法院接到行政机关强制执行的申请,应当在五日内受理。

行政机关对人民法院不予受理的裁定有异议的,可以在十五日内向上一级人民法院申请复议,上一级人民法院应当自收到复议申请之日起十五日内作出是否受理的裁定。

第五十七条 人民法院对行政机关强制执行的申请进行书面审查,对符合本法第五十五条规定,且行政决定具备法定执行效力的,除本法第五十八条规定的情形外,人民法院应当自受理之日起七日内作出执行裁定。

第五十八条 人民法院发现有下列情形之一的,在作出裁定前可以听取被执行人和行政机关的意见:

(一)明显缺乏事实根据的;

(二)明显缺乏法律、法规依据的;

(三)其他明显违法并损害被执行人合法权益的。

人民法院应当自受理之日起三十日内作出是否执行的裁定。裁定不予执行的,应当说明理由,并在五日内将不予执行的裁定送达行政机关。

行政机关对人民法院不予执行的裁定有异议的,可以自收到裁定之日起十五日内向上一级人民法院申请复议,上一级人民法院应当自收到复议申请之日起三十日内作出是否执行的裁定。

第五十九条 因情况紧急,为保障公共安全,行政机关可以申请人民法院立即执行。经人民法院院长批准,人民法院应当自作出执行裁定之日起五日内执行。

第六十条 行政机关申请人民法院强制执行,不缴纳申请费。强制执行的费用由被执行人承担。

人民法院以划拨、拍卖方式强制执行的,可以在划拨、拍卖后将强制执行的费用扣除。

依法拍卖财物,由人民法院委托拍卖机构依照《中华人民共和国拍卖法》的规定办理。

划拨的存款、汇款以及拍卖和依法处理所得的款项应当上缴国库或者划入财政专户，不得以任何形式截留、私分或者变相私分。

第六章　法律责任

第六十一条　行政机关实施行政强制，有下列情形之一的，由上级行政机关或者有关部门责令改正，对直接负责的主管人员和其他直接责任人员依法给予处分：

（一）没有法律、法规依据的；

（二）改变行政强制对象、条件、方式的；

（三）违反法定程序实施行政强制的；

（四）违反本法规定，在夜间或者法定节假日实施行政强制执行的；

（五）对居民生活采取停止供水、供电、供热、供燃气等方式迫使当事人履行相关行政决定的；

（六）有其他违法实施行政强制情形的。

第六十二条　违反本法规定，行政机关有下列情形之一的，由上级行政机关或者有关部门责令改正，对直接负责的主管人员和其他直接责任人员依法给予处分：

（一）扩大查封、扣押、冻结范围的；

（二）使用或者损毁查封、扣押场所、设施或者财物的；

（三）在查封、扣押法定期间不作出处理决定或者未依法及时解除查封、扣押的；

（四）在冻结存款、汇款法定期间不作出处理决定或者未依法及时解除冻结的。

第六十三条　行政机关将查封、扣押的财物或者划拨的存款、汇款以及拍卖和依法处理所得的款项，截留、私分或者变相私分的，由财政部门或者有关部门予以追缴；对直接负责的主管人员和其他直接责任人员依法给予记大过、降级、撤职或者开除的处分。

行政机关工作人员利用职务上的便利，将查封、扣押的场所、设施或者财物据为己有的，由上级行政机关或者有关部门责令改正，依法给予记大过、降级、撤职或者开除的处分。

第六十四条 行政机关及其工作人员利用行政强制权为单位或者个人谋取利益的，由上级行政机关或者有关部门责令改正，对直接负责的主管人员和其他直接责任人员依法给予处分。

第六十五条 违反本法规定，金融机构有下列行为之一的，由金融业监督管理机构责令改正，对直接负责的主管人员和其他直接责任人员依法给予处分：

（一）在冻结前向当事人泄露信息的；

（二）对应当立即冻结、划拨的存款、汇款不冻结或者不划拨，致使存款、汇款转移的；

（三）将不应当冻结、划拨的存款、汇款予以冻结或者划拨的；

（四）未及时解除冻结存款、汇款的。

第六十六条 违反本法规定，金融机构将款项划入国库或者财政专户以外的其他账户的，由金融业监督管理机构责令改正，并处以违法划拨款项二倍的罚款；对直接负责的主管人员和其他直接责任人员依法给予处分。

违反本法规定，行政机关、人民法院指令金融机构将款项划入国库或者财政专户以外的其他账户的，对直接负责的主管人员和其他直接责任人员依法给予处分。

第六十七条 人民法院及其工作人员在强制执行中有违法行为或者扩大强制执行范围的，对直接负责的主管人员和其他直接责任人员依法给予处分。

第六十八条 违反本法规定，给公民、法人或者其他组织造成损失的，依法给予赔偿。

违反本法规定，构成犯罪的，依法追究刑事责任。

第七章 附 则

第六十九条 本法中十日以内期限的规定是指工作日，不含法定节假日。

第七十条　法律、行政法规授权的具有管理公共事务职能的组织在法定授权范围内，以自己的名义实施行政强制，适用本法有关行政机关的规定。

第七十一条　本法自2012年1月1日起施行。

图书在版编目 (CIP) 数据

行政强制制度教程 / 全国行政执法人员培训示范教
材编辑委员会编 . — 北京：中国法制出版社，2023.6
ISBN 978-7-5216-3210-1

Ⅰ. ①行⋯　Ⅱ. ①全⋯　Ⅲ. ①行政执法 － 强制执行 －
研究 － 中国　Ⅳ. ① D922.114

中国版本图书馆 CIP 数据核字（2022）第 243792 号

策划编辑：马　颖
责任编辑：宋　平　　　　　　　　　　　　　　　　　封面设计：李　宁

行政强制制度教程
XINGZHENG QIANGZHI ZHIDU JIAOCHENG
编者 / 全国行政执法人员培训示范教材编辑委员会
经销 / 新华书店
印刷 / 三河市紫恒印装有限公司
开本 / 710 毫米 × 1000 毫米　16 开　　　　　　　印张 / 17.25　字数 / 234 千
版次 / 2023 年 6 月第 1 版　　　　　　　　　　　　2023 年 6 月第 1 次印刷

中国法制出版社出版
书号 ISBN 978-7-5216-3210-1　　　　　　　　　　　定价：65.00 元

北京市西城区西便门西里甲 16 号西便门办公区
邮政编码：100053　　　　　　　　　　　　　　　　传真：010-63141600
网址：http://www.zgfzs.com　　　　　　　　　　**编辑部电话：010-63141825**
市场营销部电话：010-63141612　　　　　　　　**印务部电话：010-63141606**
（如有印装质量问题，请与本社印务部联系。）